民族传统体育文化的
弘扬与典型项目教学指导

陈晓梅　著

中国水利水电出版社
www.waterpub.com.cn

内 容 提 要

本书重点研究民族传统体育文化的弘扬与典型项目教学指导,在民族传统体育文化的弘扬这一理论部分,主要研究内容有民族传统体育的基本知识、发展历程与现状、内涵解析、与其他文化的关系、弘扬与发展的战略;在典型项目教学指导这一实践部分,重点涉及的项目有武术、养生气功、民间民俗体育以及不同少数民族地区的民族传统体育运动。这两部分的研究对民族传统体育文化的弘扬与发展以及人们科学参与民族传统体育实践具有积极的意义。

图书在版编目(CIP)数据

民族传统体育文化的弘扬与典型项目教学指导 / 陈晓梅著. -- 北京 : 中国水利水电出版社,2016.6(2022.9重印)
ISBN 978-7-5170-4336-2

Ⅰ. ①民… Ⅱ. ①陈… Ⅲ. ①民族形式体育-研究-中国 Ⅳ. ①G852.9

中国版本图书馆CIP数据核字(2016)第106482号

策划编辑:杨庆川　责任编辑:陈　洁　封面设计:马静静

书　　名	民族传统体育文化的弘扬与典型项目教学指导
作　　者	陈晓梅　著
出版发行	中国水利水电出版社
	(北京市海淀区玉渊潭南路 1 号 D 座 100038)
	网址:www. waterpub. com. cn
	E-mail:mchannel@263. net(万水)
	sales@mwr. gov. cn
	电话:(010)68545888(营销中心)、82562819(万水)
经　　售	北京科水图书销售有限公司
	电话:(010)63202643、68545874
	全国各地新华书店和相关出版物销售网点
排　　版	北京厚诚则铭印刷科技有限公司
印　　刷	天津光之彩印刷有限公司
规　　格	170mm×240mm　16 开本　18.5 印张　332 千字
版　　次	2016年6月第1版　2022年9月第2次印刷
印　　数	2001-3001册
定　　价	56.00 元

前　言

随着人类社会的进步,民族传统体育开始产生、形成,并在长达五千年的历史进程中,不断改革、创新,发展日益完善,成为今天内容丰富,意蕴深邃,集健身、养生、娱乐等功能于一身的中国传统文化遗产中的瑰宝,同时也成为世界人民共同的宝贵财富。在科技迅速发展、全球化进程加速的现代社会,弘扬、推广与普及民族传统体育文化对传承我国民族传统体育文化、提高民族传统体育的地位以及发展民族体育事业乃至我国整个体育事业具有深远的意义和作用。

目前,众多的民族传统体育项目被人们逐步认识与熟悉,并得到了很大程度的普及,适合学校教学的大量的民族传统体育项目也被纳入到学校体育课程教学中。近些年我国的民族传统体育发展较为快速,甚至武术等一些传统项目也走向了世界,广受世界人民的关注和重视。然而从总体来看,还有很大一部分民族传统体育项目未被挖掘和整理,一些已被挖掘出来的项目还未得到大范围的推广与普及。这些问题严重制约了我国民族传统体育文化的弘扬与传承,也限制了学校民族传统体育课程教学内容的丰富性,要想解决此类问题,首先需要充分了解和掌握民族传统体育文化的基本理论,转变传统的思想与观念,并加强民族传统体育项目的教学,将理论研究与实践教学高度结合起来。基于此,特撰写《民族传统体育文化的弘扬与典型项目教学指导》一书,以期弘扬民族传统体育文化,并通过典型项目的教学指导使人们参与民族传统体育运动的实践得以落实。

本书共有九章,具体来看,第一章是民族传统体育基本知识概述,主要通过民族传统体育概念、内容与分类、特点与价值这几方面来阐述民族传统体育的基本知识。第二章是民族传统体育发展的历史进程与现状研究,本章着重研究了民族传统体育的起源与发展历程,并分析了其发展现状以及其在未来的发展走向或趋势。第三章是民族传统体育文化的内涵解析,重点解析了民族传统体育的文化属性以及物质、精神、制度三方面的文化内涵。第四章是民族传统体育文化与其他文化的相关关系辨析,本章主要分析与研究了民族传统体育文化与节日文化、宗教文化、旅游文化、奥林匹克文化之间的相互关系。第五章是民族传统体育文化弘扬与发展的战略,本章重点从高校教学、国际化以及产业化的角度来研究民族传统体育文化的弘扬与发展战略。第六章至第九章为实践部分,主要阐述了典型项目的教学指导。其中,第六章主要是武术的教学指导;第七章为五禽戏、六字诀、八段锦、易筋经,以及十二段锦等养生气功的教学指导;第八章为龙狮运动、毽绳、风筝运动以及其他民间民俗项目的教学指导;第九章主要是不同少数民族地区的传统体育项目教学指导。

本书结构完整、内容丰富、逻辑清晰,高度结合了理论与实践两部分的内容,具有鲜明的针对性、时代性、目的性和实用性特征,不仅能够促进我国民族传统体育文化的相关理论研究,为我国民族传统体育文化的弘扬、传承及发展提供良好的战略路径,而且能够从教学实践上对人们参与民族传统体育运动提供科学的指导。

本书在撰写过程中,参考和采用了许多关于民族传统体育相关的书籍和资料,在此向有关专家和学者致以诚挚的谢意。由于时间和精力有限,书中难免存在错误或遗漏之处,恳请广大读者批评指正。

作　者
2016 年 5 月

目　录

第一章　民族传统体育基本知识概述

一个民族的民族传统体育是其民族性格和民族精神的反映,当前我国的民族传统体育受到了很大程度的冲击,因此弘扬和发展民族传统体育势在必行。本章将民族传统体育的概念、主要内容、分类、特点及价值进行深度解析,进而对民族传统体育的基本知识进行全方位、深层次梳理,为民族传统体育的发展发挥积极的作用。

第一节　民族传统体育的概念

概念是反映事物特有属性的思维方式,是构成科学理论的出发点和基本要素。只有深入理解民族传统体育的概念,才能对民族传统体育的本质有更为清晰的认知。因此,要想弘扬和发展民族传统体育,首先要对其概念有准确而深入的了解。民族传统体育是指某一民族或者某些民族特有的,包含传统因素的体育活动的总称。这里通过对民族传统体育的分解,进而更好地理解民族传统体育的概念。

一、民族

一个稳定的人们的共同体,即民族。民族是人类社会发展到特定历史阶段的产物和组合方式,是在人类社会不断发展与前进的过程中逐步形成的,在国家之前诞生,在国家之后消隐。作为历史范畴之一,民族经历了从发生到发展再到消亡的全过程,且其过程漫长、不同阶段也不尽相同。人类最开始且最早的社会集团是原始群。人类生产水平的不断提高以及生产过程中的实际需要,推动人类形成了稳定集体,即氏族由此形成。氏族是人类发展史上的重大突破。随后伴随着人类的不断繁衍和血缘纽带的不断强化,几个具有血缘关系的氏族结合成了具备军事性质的部落。在部落的不断壮大过程中,其内部的血缘关系逐渐被瓦解和破坏,进而形成了以地缘关系为基础、由更大人口组成的共同体,这一共同体就是民族。在人类社会的整体发展过程中,氏族整体加入胞族,胞族整体加入部落,部落整体加入民族,部落与民族是最为接近的组织形式,民族是在部落的基础上形成的一种相对稳定的共同体。民族作为一种共同体具有共同的地域、语言、经济生活以及相同文化下的共同心理水平。民族的形成经历了很长的发展过程,民族一旦形成,则在其稳定性的作用下不会因为一些短暂问题而消隐。

在我国现代学术中,"民族"这一专业术语频繁出现在中国现代学术中。学术界认为,"民族"一词发源于西方。在现代英文中 people、nation、nationality 均包含"民族"的含义;在法文和德文中 race、ethnic group、yolk 等同样包含"民族"的含义,这些词语绝大部分发源于希腊语、拉丁语以及古意大利语。然而,"民族"这一专业术语在我国汉语中出现的时间则为近代末期,尽管"民""族""人""类""种""部""种人""部人""民人""民种""民群"等词均有在中国古代典籍中被使用,但并没有将"民"与"族"组合为同一词语来使用。1837 年,编纂《东西洋每月统计传》中《乔舒亚降迦南国》这一文章的西洋传道士被认为是当前已知的在汉语中使用"民族"一词的第一人。随后,王韬与康有为编写的《强学报》中分别使用了"民族"这一词语。后来随着《辛丑条约》的签订,在中华民族的危亡时刻,以孙中山为代表的资产阶级革命派主动开展民族和民主活动,在革命文献中"民族"一词被大量使用,但在西欧民族概念的影响下往往将国家或种族的含义相互混淆。

关于对"民族"概念的界定,当前国内外尚未达成共识。《中国大百科全书·民族卷》认为:"民族、部落是以血缘关系为纽带的人们共同体,而民族则是以地缘关系定义为基础的人们共同体。"1913 年斯大林提出:"民族是人们在历史上形成的有共同语言、共同地域、共同经济生活以及表现于共同的民族文化特点上的共同心理素质这四个基本特征的稳定的共同体。"斯大林对"民族"的定义对我国学术界产生了极为深远的影响,至今为止这一观点被我国绝大多数学者所推崇,其原因在于这一定义将民族作为独特共同体必须拥有的最基本特征也是最重要特征充分地表述了出来,同时也对民族的四个基本特征间的关系进行了简明扼要的论述,此外也明确指出民族和人种在本质上存在着差异。

中国是一个统一的多民族国家,有包括汉族在内的 56 个民族,统称为"中华民族"。中国作为世界上疆土辽阔、人口众多、文化发达的国家,中华民族在形成过程中具有多样性特征,经历了长时间的分化、融合和发展。从大量远古文化遗存中能够看出,在距今五六千年的新石器时代的北方、中原和南方三大不同系统特征已经出现。在同一时期,狄和匈奴开发了北部草原地区,肃慎、东胡等族开发了东北地区,氐、羌、戎诸族开发了西北地区和西部地区,华夏、夷、三苗等族开发了黄河流域、东部沿海一带和长江流域,淮、越等族开发了长江中下游以南地区。在不同民族和地区的经济与文化不断发展的过程中,各个民族和地区也与中原地区在经济方面进行了密切的交往,为此后我国形成多民族国家打下了良好的基础。公元前221年,秦始皇建立了统一的多民族的中央集权的封建国家,从此结束了长时间以来的封建割据。此后,尽管中国经历了反复的分分合合,但统一始终是不变的主题,并最终成为了历史的主流。纵观中国的发展历程,在整个过程中无不体现着不同民族间的紧密联系和整体间的不可分割性,形成了56个民族间你中有我、我中有你的亲密关系。中华民族在经历过形成、确立、迁徙、融合以及大统一等阶段逐渐形成了有共同地域、有统一行政建制,有共同经济生活及共同文化心理素质,基本上由同一人种组成的民族集合体,且最终形成了56个民族荣辱与共、团结共进的局面。

当前,我国是一个统一的多民族国家,其人口数量约占世界人口总量的五分之一。依照我国的官方划分,当前我国共有汉族、回族、壮族、蒙古族、满族、藏族、维吾尔族、鄂伦春族等56个民族。在56个民族中汉族人口最多,约占我国人口总数的90%以上;壮族、蒙古族、回族、藏族、维吾尔族等18个民族的人口总数超过100万;傈僳族、佤族、拉祜族等等15个民族的人口总数处于10~100万之间;布朗族、撒拉族、毛南族等22个民族的人口总数处于1~10万之间。从各个民族的分布地区来看,东北、华北、华东、中南、甘陕以及云、贵、川、渝等地区是汉族主要分布的地区;内蒙古自治区是蒙古族主要分布的地区;广西是壮族主要分布的地区;东北是满族主要分布的地区;宁夏是回族主要分布的地区;西藏、青海、四川和云南等地是藏族主要分布的地区;新疆是维吾尔族主要分布的地区。因此,在各个民族不断发展和融合的过程中,各个民族间"大杂居、小聚居"的分布特点也由此形成。不管民族的定义发生何种变化,各个民族特有的身体运动形式均会在民族不断发展的过程中形成和确立,这些特有的运动形式经过不断的继承和发展,最终成为我国民族传统体育中的一个分支。

二、传统

针对"传统"的概念,不同学者立足不同学科角度给予了不同的解释。在美国学者爱德华·希尔斯所著《论传统》一书中,作者站在社会学的角度对传统的含义、形成、变迁、传统与现代化、传统与创造性、启蒙运动以来的反传统主义、社会体制中的传统、宗教中的传统、科学中的传统、作品中的传统进行了重点研究,他指出:"传统是围绕人类的不同活动领域而形成的代代相传的行为方式,是一种对社会行为具有规范作用和道德感召力的文化力量,同时也是人类在历史长河中创造性想象的沉淀。"爱德华·希尔斯认为传统是文化的密码,传统促使不同历史阶段的连续性和同一性得到了有效保持,促使人类的生存更加富有秩序和意义。英国学者亚·卡尔·桑德斯认为,传统是储存的一种,是许多代人对知识不断传承和修正的结果;传统是知识的一种,每一代人将符号、语言、形象、概念等通过学习、传授、交感、模仿与启示等活动发生和完成对知识的流传。语言、风俗、民间传说、制度以及工具等是储存传统内容的载体,是在人类达到高级思维过程中形成和产生的。因此,形成后的传统对不同精神过程运用的程度和方向发挥着支配作用。中国人认为"传统"的大部分含义是民间"风俗",即将前人的生活习俗和社会活动等方面的经验进行统一和传承,进而在最大限度上促使后代遵照"传统"生活和参与社会活动。《辞海》中对传统的定义是:"传统"是指植根于思想、文化、道德、制度等各个领域的社会习惯性力量。从范围的角度进行划分,家庭、团体、社区、民族、国家等都会在潜移默化中影响和控制人们的社会行为。传统是历史发展的继承性的具体体现,传统的阶级性和民族性存在于阶级社会中,传统因素中的积极因素能够促进社会发展。

在传承和实践运用中,传统被广泛应用。传统的应用范围能够对人类活动的各个领域加以渗透,能够对人类以往经验所表达的各个角落加以灌溉。传承和统一人类社会经验概念的共识,即传统。这里从狭义和广义两个方面对传统的概念进行分析。和社会与经济有直接联系,并且直接影响社会发展的不断传承的文化特质是传统的狭义概念;除狭义的传统包括的要素外,广义的传统概念还包括语言文字、艺术风格、建筑模式、服饰装扮等,包括思想、道德、精神、风俗、艺术和制度等社会因素。

三、体育

体育作为一种复杂的社会现象,是一种基于人类生产和生活实践的需要,以运动作为基本手段来全面发展和占有自身力量的特殊实践活动。最初法国人在 1760 年法国的报刊上论述儿童身体教育问题时首先使用"体育"一词(Education Physique,简称 EP)。此后,"体育"一词在欧美国家相继使用。直至 19 世纪 60 年代,意译为同维持和发展身体的各种活动有关联的一种教育过程的体育概念才由西方传入。在体育工作者和学者对体育的概念进行长期多方的探讨研究中,赋予了"体育"一词多种不同的定义。

第一种观点认为,体育的主要任务是发展体力和增强个人体质,其本质应该是一种体育教育,或者是身体教育。正如日本学者前川正雄所说,体育是一种进行身体活动的教育,通过一定的教育科学手段或者教学媒介来实现。引用美国《韦氏大词典》中对体育的定义：体育是采用运动活动和有关经验从心理上、体力上、道德上、精神上和社会上来使个人充分发展，使他们成为国家和世界上一个有用的公民。这是美国学者布切尔的观点，他认为："体育是以身体活动为媒介，在培养身体、精神、情操等方面与社会相适应的公民。"我国部分学者观点也是如此，中国特色的社会主义体育不仅可以培养全面发展的人才，还能服务于生产劳动和国防建设，丰富了共产主义教育内容，成为了社会主义建设事业的重要组成部分。哲学上的观点认为，任何一种事物，其目的是什么，取决于这件事物的本质，而任何一件事物的本质，起决定作用的因素，都是单纯的或单一的。增强人民体质是体育彰显其教育本质的决定因素。第二种观点，也是国内多数体育工作者认可的观点被称为"体育运动观"或"大体育观"。他们认为，体育的关键在于竞争意识，以此体现竞技体育是体育的重要组成部分，同时也包括身体体育教育和群体体育。这一观点成为《中国大百科全书》《体育词典》中对体育概念做定义的标准，同时也是国内体育院校教材中对体育概念做阐释的参照。

上述两种观点在某些方面存在着不足，虽然描述了体育的多重属性，但是缺乏在哲学角度上对体育的本质属性的语言说明，描述不够清晰、简洁，同时缺乏对各个属性的深入揭示和质的规定性阐述。随着社会的不断发展和体育学科更加健全，通过其他社会事务的不断互动交流和关联探讨，体现出体育的深层次的社会价值及社会意义。以此为背景，在不断地探讨和研究中，诸多学者对体育有了更过的认识。很多学者通过总结得出，体育是"人类社会群体为了增强体质和肌体机能，促进肌体活动并强筋健骨的一种技巧，能够使人在精神方面获取知识、调节情感、增强意志，在身心都得到锻炼的情况下达到有益于发展社会生产力，变革生产关系的目的，使人类在物质文明和精神文明方面都得到进步而进行的一系列的群体性的肌体运动体系，同时也是兼具目的性、意识性、计划性、分步骤进行体育训练的过程，是同步建设社会主义物质文明和精神文明的重要手段"。各位学者的定义总结后包含以下两种观点。

第一种观点认为，体育是组成社会文化的重要部分。主要体现在以下几个方面：第一，体育具备学习性、历史性等文化特征。第二，体育是一种社会活动，是人类在生产生活中通过总结生活经验而创造出来的。第三，体育在意识形态方面具有一些更深层次东西，例如价值观、深层次的意识形态、良好性的行为规范等，不只是体现在一些外在的身体活动形式以及体育运动设施器材等物质性体系。可以说，体育运动已经成为社会文化的重要组成部分，这种深层次意识形态的运动体系已经广泛分布在人类生产生活的方方面面并组成了人类的共同理想。第二种观点认为，体育是一种在运动手段和实现目的两方面高度统一的科学性事物,属于人体科学的一部分。人类在以人体本身作为运动对象,通过一定的运动,达到预期的运动目的和身心变化。人类生命的生存发展、人体形态结构以及身体机能等方面都和体育有着很密切的关系。另外,在人类不断地探索人体未来发展、揭示人体奥秘的过程中,体育也起着很重要的作用。这种观点认为,人体科学原理和理论也应该成为体育概念的一部分。

总结上述两个观点,我们得出"体育是一种人类活动,其目的是强身健体、发展身体、提高个体身体机能"。体育能够直观地反映出自然界和社会对人类个体的要求,兼具自然属性和社会属性两个方面。体育的概念从广义和狭义上解释不尽相同。广义的体育概念就是"体育运动",是结合人体在生长发育以及动作形成和提高身体机能的自然规律,结合各种运动器材和媒介实现各项运动为手段,达到强身健体,提高个人运动技术水平,丰富个人业务文化生活的体育运动,从而为社会经济发展服务。广义的体育包含身体锻炼、身体体育教育、体现竞技意识的竞技体育三部分。而狭义的体育即人类教育活动的一部分,是人类在全面发展身体、增强全民体质,向社会群体传授专业体育知识技术和机能,同时培养个人道德与意识品质的体育教育过程,包含目的性、计划性、组织性等特性。

四、民族传统体育

(一)民族传统体育

至今为止,对于"民族传统体育"的定义依然没有达成统一共识。但从字面上来理解,以及民族传统体育学的研究中,民族传统体育在范围上应该包括世界各国的所有民族,在内容上包括中华民族及世界上其他民族的传统体育。这里主要研究和剖析中华民族的民族传统体育。

在我国,"民族"一词大多指少数民族,因此"民族体育"也指少数民族传统体育。但是从国际流行的现代体育的角度出发,所有中国人居住的地方开展的体育活动,并且具备中华民族传统特色的体育活动均属于中国民族体育。对于民族传统体育的概念界定,不同学者有不同的看法。人民体育出版社于1988年出版的体育学院通用教材《体育史》认为近代之前的体育竞技娱乐活动均属于民族传统体育。学者熊晓正在其论文《机遇与挑战——对我国民族传统体育发展之我见》指出:"民族传统体育是指近代体育传入前我国存在的体育模式,即1840年前,我国各族人民已经采用并流传至今的体育活动内容、社会表现方式与价值观念的总和。"①这一概念是站在的历史发展的立场，对自西方近代体育传入我国后，我国民族体育在大中城市、军队以及学校等社会生活中所受影响进行概念界定和研究的。学者熊志冲认为："中国传统体育是指中华大地上历代产生，并大多流传至今和在古代历史长河中由外族传入并在我国生根发展的一切体育活动。"②此外，一些学者在研究民族传统体育时避开了时间限定，将民族传统体育从文化学立场进行概括，指出民族传统体育是包括汉族在内的中国所有民族体育的关键组成部门，民族传统体育是现代体育"体育文化密码"的重要构成部分。民族传统体育是我国56个民族在体育活动方式上的保存和传承，是在民族发展的历史长河中保留下来的珍贵体育文化遗产。还有一些研究认为，某一个或某几个特定民族在特定区域开展的，并且时至今日仍然具有影响的体育竞技娱乐活动，即民族传统体育。上述学者对于民族传统体育的不同认识，其原因在于不同研究的学者均是站在不同研究立场来研究和解析民族传统体育。

中国民族传统体育是构成中国文明的一个重要组成部分，是古老东方保健体系的一个重要代表。中国民族传统体育不仅是指56个民族中深受百姓喜爱的民间游戏以及某些少数民族经典的传统竞技，更重要的是指在我国各个民族中开展程度十分普遍的体育活动。自然环境、地理条件、社会条件以及民族自身特点等因素均会对民族传统体育产生影响。为了更好地理解民族传统体育，可以从以下几个方面对其进行理解。其一，无论采取何种方式对民族传统体育系统进行孤立或者割裂均是不科学的，民族传统体育属于一个系统、一个整体。其二，对民族传统体育的界定应当紧密联系实际，不可出现其概念在内涵和外延方面太宽或者太窄。其三，要始终坚持民族传统体育是各个民族传统文化的有机组成部分，民族传统体育不仅是健身娱乐活动的一种，同时也可以作为一种广大群众强化体质技能训练的特殊教育手段。在人类社会不断发展的进程中，人们对民族传统体育的认识也会更加深入地探索和研究，在不断探索和争论的过程中其概念也会更加全面化、科学化。结合以上研究，我们认为民族传统体育具体是指在特定民族开展的，从社会不断演变的过程中传承下来的，拥有浓厚民族特色的，能够改造人体生理特征的各项身体活动的统称。

---

① 熊晓正. 机遇与挑战——对我国民族传统体育发展之我见[J]. 成都体育学院学报,1998(04).

② 熊志冲. 传统体育与传统文化[J]. 体育文化导刊,1989(05).

(二)少数民族传统体育

在多民族国家中,除人数最多的民族以外的其他民族,即少数民族。在我国,少数民族是指除汉族之外的其他民族。由此可知,除汉族民族传统体育之外的其他民族的传统体育,即"少数民族传统体育"。

第1届少数民族传统体育学术研究会于1986年9月在新疆顺利举行,这次会议针对"少数民族传统体育"的概念发表了四种观点。第一种观点认为各个少数民族不断传承,拥有民族色彩的各项体育活动的统称,即少数民族传统体育。第二种观点认为从古代体育中传承下来的,近代体育传入之前我国各个民族已经存在体育活动,即民族传统体育活动。第三种观点认为当前各个少数民族依然流传的,拥有浓厚民族色彩的包含自娱活动在内的所有体育活动,即少数民族体育活动。第四种观点认为具备民族性、传统性和体育性的体育活动,即少数民族传统体育。综合上述四种观点,在各个民族间长时间流传、拥有本民族浓厚的文化色彩、可以帮助参与者强身健体、可以发挥娱乐身心作用的各项身体活动,即少数民族传统体育。此外,不同学者也针对少数民族传统体育提出了自己的观点。学者刁振东指出:"少数民族传统体育是泛指某个民族世代相传并延续至今,在一定群体、一定区域内尚未形成对其他民族产生影响的体育活动的总称。"[①]学者刘吉昌则认为:"少数民族传统体育是广泛而持久流传在各民族中,以达到促进身心健康、自娱自乐为目的的各种活动(或游戏)的总称。"刘吉昌指出"少数民族传统体育产生于少数民族不同的自然环境和社会环境及其生产、生活方式之中,反映着不同民族的历史、文化、习俗和风情"。同时刘吉昌还指出:"少数民族传统体育具有锻炼身体、共享娱乐的特点。人们都把各自的民族精神贯注于每一项活动之中,充分表现独特的民族性格。它不仅是人们强健体魄的重要方式,而且也是人们自娱自乐,借以交流切磋、美化生活、凝聚民心的有效途径。"[②]

针对我国少数民族传统体育项目,可以从多种角度对其进行划分,每种划分方式都带有强烈的民族色彩和地域特征,都是对我国各个民族生活方式和民族习俗的一种反映,也是我国各个民族精神财富和群体智慧的集中体现。

---

① 刁振东. 民族传统体育概念界定与辨析[J]. 沈阳体育学院学报,2009(06).
② 刘吉昌. 论中国少数民族传统体育的特点及功能[J]. 贵州民族研究,1999(02).

第二节　民族传统体育的内容与分类

一、民族传统体育的内容

中华民族是一个有着悠久历史的民族,我国民族传统体育随着五千年文明发展到现在,由于不同民族在地理环境、生活习俗、产生背景和发展背景等方面存在着差异,因此形式多样、丰富多彩、带有强烈民族传统色彩的各类体育项目由此形成,并经历了代代相传,逐渐流传和发展至今。民族传统体育的内容繁多,这里主要介绍武术、摔跤、毽球、叼羊、陀螺、木球、押加、导引术以及民间体育游戏这几个项目。

(一)武术

武术是我国的传统体育项目,是我国传统民族文化的宝贵财富。武术历史悠久,是劳动人民在长期生活与生产实践中创造的。武术以其内容丰富,形式多样和锻炼身心的特点赢得了广泛的群众基础。经过长期的发展,武术仍然屹立在中华大地上,并不断地传承和发展着。

1. 武术的概念

《中国武术百科全书》对武术的基本定义作出如下解释:"武术是以技击动作为主要内容,以套路和格斗为运动形式,注重内外兼修的中国传统体育项目。"这个定义包含了两层含义:其一是以技击动作为内容的体育项目;其二是注重内外兼修的中国传统体育项目。

2. 武术的内容

武术是以踢、打、摔、拿、击、刺等技击动作为主要内容,通过徒手或借助器械的身体运动,都是以中国传统技击方法为其技术核心。

3. 武术的分类

按照不同的划分方法和标准,武术可以划分为不同的种类。

(1)按照运动形式划分,武术可划分为套路运动和搏斗运动。其中,套路运动的素材是技击,将其通过以攻守进退、刚柔虚实、动静疾徐等矛盾运动的变化编成的整套练习形式,可分为单练、对练和集体演练三种形式。而搏斗运动则是两人在一定条件下,按照一定的规则进行的斗技、斗智的对抗性实战形式。

（2）按照功能分类，武术可划分为竞技武术、健身武术、实用武术和学校武术等几种形式。

4. 武术动作的特点

（1）技击性

武术运动的主要动作内容是踢、打、摔、击、刺等，这些动作具有攻防技击性。

（2）多样性

武术具有内容和练习形式丰富性的特点，武术项目的类别不同，动作结构、技术要求、运动负荷和运动风格都会有所差异。人们要根据自身的年龄、体质、兴趣爱好和职业等特点来选择适合自己的不同武术项目。

（3）形神兼备性

形神兼备、内外合一的整体运动观是武术的基本要求。所谓的"形"，其实就是"外"，指的是人体的形体活动；而"神"则与"内"相同，是指人的意识与精神以及气息的运行。武术要求练习者在技术上要紧密结合内在的精神与外部的形体动作，保持意识、呼吸与动作的协调性。

5. 武术的价值

（1）强健体魄

武术在强健体魄方面的价值主要表现在以下两方面。一方面，武术的动作需要人体各部位的积极参与，这能促使练习者肌肉的力量和韧带、关节伸展性的增强，达到活动关节、强化筋骨、壮大体魄的效果；另一方面，武术还可以促使练习者的神经系统、内分泌系统和免疫系统功能增加，从而达到调理脏腑、打通经脉、调养精神的效果。

（2）休闲娱乐

在武术表演或比赛过程中，武术运动体现出了休闲娱乐功能，不仅给观众以美的享受，还能从精神上激励观众。武术的休闲娱乐价值主要表现在以下三方面。其一，武术动作造型具有艺术美。其二，武术套路演练时具有内外合一、形神兼备的和谐美。其三，在竞赛对抗格斗中，武术表现出精湛的攻防技巧和顽强拼搏的精神美。

（3）防身自卫

攻防动作是武术的主要动作，练习武术就是熟练攻防格斗动作，练习者通过练习能够提高其肢体的灵活性和反应能力，具有防身自卫的作用。长期练习武术，还能够全面提高练习者的身体素质，有助于在危急关头自卫防身。

(二)摔跤

在民族传统体育中,摔跤属于一项古老的运动。从形式的角度进行划分,可将其分为国际式摔跤、中国式摔跤以及蒙古式摔跤,同时也可将其分为古典式摔跤和自由式摔跤。

1. 摔跤的特点

(1)群众性

摔跤在世界上的许多文明古国中如印度、罗马、埃及、古巴比伦、中国等都有各自的发展历史,虽然不同的国家有着不同的运动风格、竞赛规则,但都拥有广泛的练习群体和群众基础。而且随着社会的进步和奥运会的影响,现在越来越多的人也参与到摔跤运动中来了,摔跤的群众性越来越明显。

(2)对抗性

摔跤是两个人在运动规则的范围内展开的搏斗,试图控制对手,摔倒与制服对手,并避免不被对方控制,具有较强的竞争激烈的对抗性。

(3)安全性

摔跤与其他不安全的格斗类项目不同,它是一种文明的身体对抗与较量,其规则规定对抗的双方不可以伤害对手的身体,否则就是犯规。摔跤运动之所以能够受到广大群众的喜爱,与摔跤的安全性特点也有密不可分的联系。

2. 摔跤的价值

(1)强身健体

摔跤强身健体的价值主要体现在以下三个方面。首先,摔跤运动可以增强人的速度、力量、灵敏、耐力、柔韧等,使人的身体素质得到全面提高与发展。其次,摔跤运动可以改善人的高级神经活动,增强、提高人的前庭分析器和运动分析器的稳定性。最后,摔跤运动能够提高人体的内脏功能如心血管系统与呼吸系统的运作,从而提高人的身体健康水平。

(2)防身自卫

摔跤是合理使用技术动作来控制对方,它来源于格斗,但是比其他格斗术的防身性更强。经常参加摔跤运动可以增强自己的防卫能力,保障安全。

(3)娱乐观赏

摔跤比赛是人们喜闻乐见的一种比赛形式,在比赛中,参赛选手斗智、斗勇、斗技,那些极具观赏性的高难度技术往往会赢得观众热烈的掌声。从古至今,民族摔跤运动经久不衰。例如,云南人民在火把节时一定会举行摔跤比赛,到时会有成千上万的观众来观看摔跤比赛,人数最多时数不胜数。

(三)毽球

毽球就是踢毽,它是我国民族传统体育项目之一,已有 2 000 多年的发展历史。

1. 毽球的特点

(1)群众性

毽球属于一项老少皆宜的民族传统体育活动,其拥有占地面积小、不受场地限制、运动器具简单、个人可以依照自身安排和体能状况来确定运动量和运动时间等优势。除此之外,毽球运动对老年人的身体健康也十分有益,能够发挥锻炼腰腿、舒筋活血、延年益寿以及促进身体健康等积极作用,所以毽球运动拥有着广泛的练习群体。

(2)融合性

毽球运动中可以融入羽毛球场地、足球踢法、排球战术等。以毽球运动与足球运动的融合为例,二者都是利用足内侧、足外侧、正脚面来控制球,需要利用髋关节、膝关节和踝关节来灵活配合协调。同时,毽球运动的接和落要给予缓冲,这对运动者在足球练习时体会接传球技术是极为有益的。

(3)娱乐性

毽球运动包括正踢、反踢、交叉踢、单人踢、双人踢、多人踢等多种踢法,属于娱乐游戏中的一种。参加毽球运动在强身健体的同时,还可以使运动者得到精神方面的享受。

2. 毽球的价值

(1)促进身心健康

踢、接、跳、绕等动作是毽球的主要动作,这些动作可以对运动者下肢的关节、肌肉和韧带进行充分锻炼,使其关节变得灵活,肌肉变得有力,韧带变得有弹性。与此同时,毽球还可以全面锻炼人的心、肺等系统功能,使血液循环通畅,也有利于帮助肠胃消化。

(2)提升协调能力

运动者在踢毽子的过程中,毽子在空中上下起伏,位置不定,运动者要有灵敏的反应力和快速、协调的踢毽动作才能够准确地控制毽子,然后在空中完成踢、接、跳、绕等各种动作。因此,长期练习毽球运动能提高运动者的灵敏素质、速度素质、反应能力以及协调能力。

(3)提高其他项目运动技术

依照毽球的融合性特点,在毽球运动中可以融入羽毛球场地、足球踢法、排球战术等,因而可以作为其他项目的一种辅助练习,以此来提高运动者在其他项目上的运动技术。

（四）叼羊

"摔跤见力气,叼羊见勇气"是民间流行的一句谚语。叼羊运动深受哈萨克族牧民的喜爱,彪悍勇猛的哈萨克族牧民常年在大草原放牧,在转场时不仅要保护畜群,同时还需要和恶劣的天气状况、凶猛无比的草原禽兽做持久的斗争。然而,叼羊运动在较量力量的同时,还能够进行智慧竞赛;在牧民付出巨大勇气的同时,还需要精湛的骑术。在叼羊运动中表现出色的牧民,通常也是放牧的能手,他们可以将失散于暴风雪中的牲畜寻找回来,能够在马背上附身将上百斤的羊提到马上,将畜群驮回指定地点。表现出色的叼羊手誉为"草原上的雄鹰",深受广大牧民的欢迎与爱戴。

哈萨克族叼羊时通常选择两岁左右的山羊,将山羊的头、蹄割去,并紧扎其食道,有时还会置于水中浸泡或者将水灌于羊的肚子中,进而保证其坚韧性。进行叼羊的运动者会预先组成团队,一些情况下就是两个团队之间的比赛。将冲群叼夺、掩护驮遁、追赶阻挡等任务合理分配给每队的队员,同时认真做好每队的战略部署。例如,当一位运动者夺得羊羔时,则该名运动者的一些同伴应当前拽缰绳,另外一些同伴则应当后抽马背,通过前拉后推以及左右护卫,进而达到冲出重围的最终目的。要想叼羊成功,不仅要求个人具备精湛的技术,同时也要求运动者做好集体的配合工作。总而言之,叼羊运动是民族传统体育项目中具有巨大价值的体育项目之一。

（五）陀螺

陀螺种类繁多,佤族的鸡棕陀螺形似鸡棕蘑菇;满族的陀螺小巧灵活,在冰面上旋转如风;哈尼族的陀螺则形似小萝卜。陀螺的制作方法简便,仅需要把木头削成圆柱的形状,使其形成上平下尖的形状即可。略微复杂的陀螺可以挖空柱体内部,进而使陀螺内部形成一个腔体。陀螺在传统上的两种玩法是:第一种利用鞭子将陀螺抽打至旋转,旋转时间长则为胜,旋转时间短则为输;第二种是经绳从上到下,缠绕于陀螺的上部,抛出旋转后撞击对方,以撞击对方陀螺,若对方陀螺被撞出圈、撞停、撞倒皆为负,这种玩法叫"撞架"。

陀螺属于白族、傣族、哈尼族、佤族、满族等少数民族的民族传统体育项目,陀螺比赛通常会在民族节日时举行。陀螺也深受拉祜族人的喜爱,同时它还被当成一项对抗性活动,一名运动者放,剩余运动者打。通常紫杨木是陀螺的主要制作材料,制成的陀螺大而沉,有一些重约1千克。拉祜人有一个传说,很久之前拉祜人种植的棉花不结桃,他们的祖先会命令他们打陀螺,用陀螺砸开花,棉花就随之结桃、开花了。

瑶族人打的陀螺和其他民族是不同的,其陀螺本质坚硬、顶部平滑、染有色彩、矮脚、在其脚尖会钉有铁钉,陀螺在旋转时色彩绚丽、极为美观。第5届民运会于1995年11月在云南昆明举办,陀螺经云南省人民政府推荐,被列入正式比赛项目。1999年,第6届全国少数民族传统体育运动会上陀螺仍为正式比赛项目。

(六)木球

木球在不同地区拥有不同的叫法,在宁夏地区有打篮子和赶毛球等叫法,在湖南地区有木棒球和木头球等叫法,在北京则称之为木球。我国少数民族地区是木球的主要开展地区,其中湖南地区和宁夏地区的发展状况较好。

湖南省的江华县处在湘粤桂三省的交界处,是古代时期楚地的咽喉,木球在该地区的瑶族十分盛行。瑶语的"毛莱球",就是木头球。相传毛莱球已经有500多年的发展历史,传说毛莱球起源于明代成化年间,即1465—1487年。据说,有一天在上游乡渡州寺一位瑶胞欢度传统节日——"万人缘"时,一伙歹徒窜入会场捣乱,其中一位手持拐棍的瑶族老人和这一伙歹徒进行说理,这伙歹徒们不仅不听老人的劝阻,竟然还向会场扔石头。老人立即举起拐棍把石头——打向歹徒,歹徒们随即纷纷逃窜。经过这一事件后,瑶族人民认为利用棍击石头可以发挥防身的功效,同时还可以作为一种游戏,进而增加生活的乐趣,此后瑶胞纷纷练习起来。传说后来有一位年轻人认为石头极易伤人,便将之前的石头用硬杂木削成桐粘苞大小的圆木来替代,同时还把木棍改造成了一端弯曲的形状,进而使得练习过程中更为得心应手,木球运动也就由此诞生了。新中国成立之后,在湖南省江华县木球运动发展迅速。1983年,江华县将木球运动项目纳入正式比赛项目,同时还制定了木球运动相关的试行比赛规则和木球场地器材的相关规定。在随后的不断修改中,当前这些规定已经较为完善。

在空坪、河滩、岗坡、禾场以及干稻田内都可以进行木球比赛,运动者使用的球和木棍都可以就地取材,并且易于寻找。最开始在木球比赛的场地器材上没有具体的规定,场地依据实际地形进行选择,使用器材依照比赛的实际条件而定,器材的制作规则也不统一。比赛使用的球棍大多是运动者自备的,或者预先把比赛双方的球棍放置在一块,一个运动者把眼睛蒙起来将球棍分成两部分,随后再通过抽签来决定。

(七)押加

1999 年,大象拔河于第 6 届全国少数民族传统体育运动会上被纳入正式比赛项目。1999 年 8 月 18 至 8 月 23 日,在西藏拉萨的第 6 届全国少数民族传统体育运动会的分会场上,来自我国各个地区的少数民族运动员参与这次比赛,比赛级别依次是 55 千克、60 千克、80 千克、80 千克以上级别。比赛采用三局两胜制度,没有时间上的限制,直到其中的一方获胜为止。比赛遵循的是国家民委、国家体育总局 1998 年审定的《押加竞赛规则》。

"押加"在不同地区有着不同的叫法,其中包括"格吞""郎毒杀响"等藏语叫法,"大象拔河"" 拉扒牛"等汉语叫法。这一民族传统体育的比赛方法是将带子套在脖子上进行拔河比赛,这一传统体育项目深受藏族牧民的欢迎与喜爱。据传说,当格萨尔王攻打达惹、罗宗国后,在其返回途中发现了成千上万头牦牛,于是就利用拔河对其进行分配。此外,也有传言说大象拔河的起源地是印度,随后佛教传人将其传入藏族地区,并逐渐在藏族地区流行起来。

藏族牧民身上通常系有腰带,在比赛时牧民会将其解下,并将腰带的两头依次接起,将其做成一个带圈后开始进行比赛,由于牧民的文化生活相对较少,开展带有浓郁民族色彩的拔河比赛,能够给牧民较为单调的生活变得更加丰富多姿。由于草原面积辽阔,且牧民通常会随身系有腰带,因此押加活动较为容易开展。

(八)导引术

以肢体的活动为主,同时配合呼吸吐纳的一种运动方式,即导引术。导引术是一项历史悠久的传统养生术和体疗方法,是构成我国民族传统体育的一个组成部分。意、气、形有机结合是导引术最为显著的特征,即通过肢体身躯对其行进行练习,通过锻炼呼吸对其气进行练习,同时通过意导气行。导引术的价值是能够通过宣导气血、伸展肢体,进而达到增强体质、预防和治疗疾病的目的。

导引术在我国有着悠久的历史,《淮南子》一书中描述了许多通过模仿动物动作来进行养生练习的记载,其中"六禽戏"("鸟伸""熊经""凫浴""鸱视""猿耀""虎顾")就是导引术。1973 年,湖南长沙马王堆 3 号西汉墓中出土了一幅《导引图》,其中彩绘有 44 个各种不同人物动作的导引图像,这是迄今所发现的最早的、最完整的古代导引图解。经过几千年的发展,导引术逐渐成为一个博大精深、拥有鲜明的特点的体育养生和医疗体系,时至今日其价值和功能仍是其他体育项目无可替代的。

（九）民间体育游戏

民间体育游戏是在各地区民间进行的具有较强娱乐性的体育活动，其形式自由灵活，具有较强的娱乐性，拥有广泛的练习群体和群众基础。在我国，民间体育游戏受到人们的热烈欢迎，是游艺民俗中最普遍、最常见、最有趣的娱乐活动。我国的民间体育游戏众多，可以划分为以下几大类，即季节游戏、儿童游戏、博戏、斗赛游戏、智能游戏、歌舞观赏游戏、助兴游戏、杂艺游戏和驯化小动物游戏等。

以上民族传统体育项目体现出了不同民族所经历的不同社会形态，也反映出了不同地域的独特特点，也可以有效表现出不同民族的不同生活方式。绚丽多彩的民族传统体育项目的产生与各民族的生产劳动、种族繁衍、宗教仪式、喜庆丰收、婚丧嫁娶以及各种节日有关系。例如，我国西南许多民族的秋千和丢包、蒙古族的打布鲁、回族的木球、朝鲜族的跳板、瑶族的跳鼓、傣族的跳竹竿、哈萨克等民族的姑娘追、苗族的划龙舟、羌族的推杆、高山族的竿球、侗族的哆毽、赫哲族的叉草球等传统体育活动都是常见的节日活动。此外，还有些民族传统体育项目带有军事性色彩。这些体育项目在年复一年、代代相传的过程中，成为民族物质、精神和社会生活的重要组成部分，并逐渐内化为民族性格的象征。

二、民族传统体育的分类

分类是指将事物分门别类的过程，分类又被称之为归类，是科学研究过程中不可或缺的一种方式和手段。1990 年的《中华民族传统体育志》统计显示，汉族搜集到的民间体育项目为 301 项，除汉族外的其他 55 个少数民族搜集到的民间体育项目为 676 项。将民族传统体育项目进行科学系统的分类后，便于对民族传统体育项目进行更为全面精确的认识。科学有效的分类不但是对民族传统体育文化进行比较研究的基础，同时还可以作为民族传统体育项目内容的框架。在整体格局上民族传统体育具有多样性，在地域分布上民族传统体育具有广阔性，在社会发展的历史进程上民族传统体育具有不平衡性，因此想要科学有效地对民族传统体育项目进行分类并非易事。依照不同的分类标准，可将民族传统体育分为以下几种类型。

（一）根据民族分类

我国是一个拥有 56 个民族的国家，各民族均有许多能够反映本民族传统文化，具有本民族特色的传统体育活动，有的项目起源于本民族，有的项目是在历史发展过程中由外族传入,在本民族中融合流传至今。另外,我国各民族人口分布呈现出大聚居、小杂居的特点,这就使得一些传统体育项目在多个民族中开展,也有一些传统体育项目为一个民族所仅有,在大范围内,众多民族很难完全趋同。通过按民族进行分类,我们可以更好地了解某一民族所开展的体育项目,并对其特点加以区分。各个民族在民族传统体育内容上的具体分类见表1-1。

表1-1　我国各民族有代表性传统体育项目表①

序号	民族名称	代表性项目	数量(项)
1	汉族	投壶、蹴鞠、布打球等	301
2	回族	木球、掼牛等	47
3	满族	珍珠球、冰嬉等	45
4	彝族	摔跤、赛马等	43
5	土家族	打飞棒、踢毽子等	43
6	苗族	秋千、划龙舟等	33
7	藏族	赛牦牛、赛马等	32
8	壮族	抛绣球、抢花炮等	28
9	柯尔克孜族	姑娘追、叼羊等	23
10	傈僳族	弩弓射击、泥弹弓等	21
11	拉祜族	射弩、鸡毛球等	19
12	高山族	竿球、顶壶等	17
13	蒙古族	摔跤、赛马等	15
14	白族	赛马、赛龙舟等	14
15	侗族	抢花炮、草球等	13
16	傣族	赛龙舟、跳竹竿等	13
17	东乡族	羊皮筏子、羊皮袋等	13
18	赫哲族	叉草球、叉草人等	13
19	毛南族	顶竹竿、下棋等	12

---

① 中国体育博物馆. 中华民族传统体育志[M]. 南宁:广西民族出版社,1990.

序号	民族名称	代表性项目	数量（项）
20	景颇族	火枪射击、爬滑竿等	12
21	佤族	射弩、摔跤等	12
22	维吾尔族	摔跤、赛马等	11
23	达斡尔族	曲棍球、颈力等	11
24	独龙族	射弩、溜索比赛等	11
25	鄂伦春族	射击、赛马等	11
26	基诺族	竹竿比赛、摔跤、高跷等	11
27	撒拉族	拔腰、打蚂蚱等	10
28	纳西族	东巴跳、秋千等	10
29	畲族	操石磉、打尺寸等	9
30	阿昌族	耍象、龙、荡秋、车秋等	9
31	普米族	射箭、射弩、磨秋、摔跤等	9
32	怒族	跳竹、怒球等	8
33	瑶族	人龙、打陀螺等	8
34	布依族	丢花包、秋千等	8
35	朝鲜族	跳板、摔跤等	7
36	哈萨克族	叼羊、姑娘追等	7
37	黎族	打花棍、钱铃双刀等	7
38	保安族	赛马、夺腰刀、抱腰等	7
39	裕固族	赛马、摔跤、射箭等	7
40	仫佬族	抢花炮、打篾球等	6
41	羌族	推杆、摔跤、骑射等	6
42	锡伯族	射箭、摔跤等	6
43	哈尼族	磨秋、打陀螺等	5
44	京族	踩高跷、跳竹竿等	5
45	布朗族	藤球、爬竿等	5
46	水族	赛马、狮子登高等	4
47	土族	轮子秋、拉棍等	3

序号	民族名称	代表性项目	数量(项)
48	仡佬族	打篾鸡蛋球、打花龙等	3
49	乌孜别克族	赛马、叼羊、摔跤等	3
50	鄂温克族	嘎里特克等	3
51	德昂族	套马、狩猎、滑雪等	3
52	塔吉克族	叼羊、赛马等	2
53	塔塔尔族	赛跳跑、爬竿等	2
54	珞巴族	射箭、碧秀(响箭)	2
55	俄罗斯族	嘎里特克等	1
56	门巴族	射击等	1

(二)根据地域分类

由于我国地域辽阔,各区域之间的自然地理环境、社会历史和文化、生产和生活方式、经济类型、风俗习惯以及民族心理等存在着明显差异,这也使得各区域民族体育各具特色,为了能够从整体上把握民族传统体育概貌及地域性特征,可按照我国地域分布情况分为东北内蒙古、中东南、西北和西南四大区域,以便对各区域民族开展的传统体育项目进行分类。

以上分类方式均有其特点和局限。因此,在具体的实际操作过程中,应根据研究目的和任务,采用不同的分类方法,以利于展示民族传统体育内容的广博性,这样做可以使我们对民族传统体育有更为全面和深刻的认识,从而更准确地把握其发展的基本规律。

(三)根据项目性质与作用分类

按照性质和作用,可将民族传统体育分为休闲娱乐类、竞技表演类、健身养生类三大类。

1. 健身养生类

健身养生类主要目的是为了养生健身、康复和预防疾病。项目多样,如太极拳、导引、气功等。动作一般比较简单、轻缓,强度不大,长期坚持锻炼,可达到预防疾病、强身健体的目的。

2. 休闲娱乐类

休闲娱乐类民族传统体育项目富有趣味性,轻松愉快,其目的是休闲娱乐,主要包括棋艺、投掷、踢打、舞蹈等项目,其中棋艺主要指各民族棋类项目,以启迪智力为主,如象棋、围棋、藏棋等;投掷有抛绣球、投火把、丢花包、抛沙袋等;踢打有踢毽子、踢沙包等;舞蹈有接龙舞、耍火龙、打棍、跳芦笙等。

3.竞技表演类

竞技类是指按竞赛规则规定的比赛场地、器械以及其他特定的条件进行智力、体力、技术、战术等方面的竞赛,如武术、毽球、珍珠球、射弩、押加、踩高跷、木球、龙舟、蹴球、秋千、马术、抢花炮、民族式摔跤、打陀螺等。

(四)根据项目形式与特点分类

根据现代体育运动项目的特点与形式,民族传统体育项目可分为跑跳投类、球类、射击、武艺、舞蹈、骑术、水上项目和游戏等。其中,跑跳投类项目有雪地走、跑火把、跳板、跳马、丢花包、投沙袋、掷石等;球类项目有珍珠球、蹴球、木球、叉草球、毽球等;射击项目有步射、射箭、射弩等;武艺项目有摔跤、斗力、打棍、各族武术、顶杠等;舞蹈项目有跳绳、踢毽子、皮筋、跳房子、跳花鼓、跳火绳、跳竹竿、东巴跳等;骑术项目有叼羊、赛马、赛牦牛、姑娘追等;水上项目有划竹排、赛皮筏、龙舟竞渡等;游戏项目有斗鸡、秋千、打手毽等。

第三节 民族传统体育的特点及价值

一、我国民族传统体育的特点

我国民族传统体育拥有强烈的民族色彩,其不仅是我国民族传统文化的延续与传承,同时也经历了时代变更和社会革新等因素的反复洗礼。伴随着时代的不断更新,民族传统体育也逐渐具备了多元化的发展特点,深深植根于我国各族人民之中。我国民族传统体育的特点主要体现在以下方面。

(一)民族性

民族性是指民族传统体育的形成与发展过程中各民族社会生活的综合反映。中华民族是一个多民族的国家,民族传统体育也是不同民族在长期的生产实践和社会活动中创造出来的,带有鲜明的民族特色。

我国拥有 56 个民族,各个民族均拥有本民族独特的民族色彩和民族风貌的传统体育项目,这也在很大程度上丰富了我国民族传统体育的形式和内容。而这些众多的民族传统体育项目作为蕴含着强烈民族气息和内涵的文化形式,自然也带有强烈的民族性特征,成为本民族和地区文化的象征。如藏族的赛牦牛、纳西族的东巴跳等都是其他民族所没有的。即使是同一体育项目,也各有其民族特点。例如,维吾尔族式摔跤“且里西”、彝族式摔跤“格”、藏族式摔跤“北嘎”等,虽然都是民族式摔跤,但比赛方式和规则都各不相同。与此同时,不同的民族体育项目由于其开展的地域、环境不同,自然也会深受开展地区和环境的民族语言、民族性格、风俗习惯、生活方式、宗教信仰等的影响,在民族体育的精神、要求等方面表现出不同的差异,这也使得民族传统体育文化呈现出相对的独立性,而这种独立性实际上也是民族传统体育文化民族性的表现。

（二）地域性

某一民族传统体育项目的形成必然是在一定的民族区域范围内,经过长时间的发展而逐渐形成的。而民族区域环境内的自然条件、文化背景等的不同,也使得这一民族传统体育项目带有一定的地域性特色。例如,世居北方的蒙古族,过着随草逐迁的游牧生活,他们善骑射,这也使该民族形成了以赛马、射箭为主要内容的民族传统体育项目。而对于世居南方的苗族,主要生活在“八山一水一分田”的云贵高原地区,该区域内山脉河流众多,因此也形成了抢花炮、赛龙舟、爬竿、射弩、打陀螺等适合在山间盆地开展的传统体育项目。这些传统体育项目的不同,实际上也反映了民族传统体育的地域性特点。

生产方式、地理环境和人文环境是形成民族传统体育地域性特征的主要原因。在生产方式方面,各自区域自然环境独特,生产方式也有区别,很容易就造成了各民族间体育差异。例如,从事畜牧业生产的蒙古族、哈萨克族等,得天独厚的生产、生活方式创造了赛马、叼羊、骑射等马上骑术项目。苗、侗等少数民族,在以小农经济为主的农业生产中,牛的作用较大,因此保留了在节日里“斗牛”的风俗。另外,畲族的赛海马、登山;高山族的投梭镖、挑担赛、舂米赛;壮族的打扁担等都来源于当地人民的生产劳动。在地理环境方面,地理环境的不同是造成民族传统体育地域性的主要因素。具体来看,各民族所处的地理环境以及地理环境所带来的自然条件不同,加之交通不便、信息量少、受经济自给性和地方封闭的影响,其民族传统体育自然带有十分明显的地域性,人们常说的“北人善骑,南人善舟”就是这个道理。例如,藏族生活于青藏高原上,这里独特的地理环境以及民俗风情,也感染了藏族的传统体育项目,其抱石头、北嘎、押加、拔河、赛牦牛、谷朵、掷股子、踢毽子、赛跑等大多带有粗犷、勇敢的特点。而满族生活在"白山黑水"的东北地区,这里地上森林茂密,山间河流纵横,因此狩猎与采集成了该民族生产方式中最重要的内容,这也成为满族民族传统体育项目(如采珍珠、赛威呼等)的反映。在人文环境方面,人文环境也是造成各民族传统体育地域化差异的一个重要因素。这些人文环境主要包括民族文化、风俗习惯、民族心理等。例如,北方人崇尚勇武,因此,在北方地区,力量型民族传统体育项目较多,如摔跤、骑马等;南方人性格较为平和细腻,善于思考,因此,在南方地区,心智类和技巧类民族传统体育项目较多,如爬油竿、上刀杆等。

(三)传统性

民族传统体育是民族世代相传,经过漫长的历史岁月沿袭发展而来的,它的传统性特征主要表现在以下几方面。首先,民族传统体育即使受到冲击也很难改变,能顽强地保存下来。其次,民族传统体育由于流传了较长时间,因而有广泛的群众基础,被社会所承认。再次,民族传统体育有浓厚的民族特点,并带有本民族传统社会经济形态的烙印。最后,民族传统体育通常是该民族的传统文化标志之一,具有民族凝聚力。

(四)传承性

传承性是民族传统体育在实践上传承的连续性,同时也是民族传统体育活动的一种传递方式。作为文化的传承应该包括两部分,即物质的传承和非物质的传承。

民族传统体育作为一种非物质文化的表现形式,只有通过口传身授的方式进行传承,才能使某种民族传统体育项目得以世代相传,在自然淘汰中逐渐形成一种相对稳定的文化传统或文化模式。总体上讲,民族传统体育的传承方式主要有群体传承、家庭(或家族)传承和社会传承三种。群体传承项目,如在各种风俗礼俗、岁时节令,以及大型民俗活动中所保留的民族传统体育活动的影子。家庭传承项目和社会传承,则主要表现在武术等一些专业性、技艺性比较强的项目。

(五)交融性

在数千年的发展过程中,民族传统体育形成了独具风格的文化体系,逐渐成为一个相对封闭而又开放的系统。而在民族传统体育形成与发展的时期,随着各种不同类型文化模式与类型的碰撞与交流,社会的进步、文明程度的提高,以及各民族之间的交流与渗透,民族文化得到进一步融合,而在此过程中,民族传统体育自然也会得到相互交融、互相学习,从而体现出某些共融性的特点。

（六）文化性

民族传统体育是我国传统文化的重要组成部分,它的产生与发展与民族文化、民族风俗一样与各民族地区人民的政治、经济、文化生活息息相关,蕴含着各民族不同的历史文化气息,因此可以说,它也具有文化性的特征。例如,舞龙运动作为龙文化的主要表现形式,是在"龙文化"的大背景下,经过人们不断加工和创造,发展至今的一项内容丰富、形式完美、表演技巧高超并带有浓郁民族色彩的体育竞技运动项目。舞龙运动是我国几千年祖祖辈辈传承下来的一种重要的文化形式,通过舞龙运动使广大民众在舞龙中,体验到对华夏民族一定程度的亲切感和归属感。正是中国传统文化的渗透和影响,才使得民族传统体育彰显出"刚健有为""中庸思想""天人协调"等文化特征,这与当代西方竞技体育的思想和方法完全不同。

（七）竞技性

在原始社会时期,我国就已经出现了民族体育的萌芽。到了先秦时期,民族体育被运用到培养锻炼士兵体能的过程中,而为了增强锻炼的效果,民族体育的竞技性得到了进一步的发展,这一方面显示了人类在自我生理锻炼上的发展,另一方面也满足了人们的竞争心理及实现自我价值的需要。例如,赛马、叼羊、射箭、赛龙舟等民族传统项目都充满着激烈的竞技性特点。

（八）娱乐性

大多数民族传统体育项目在形成最初主要是以消遣娱乐为主要目的的,而在正式形成后,又受其所处地域、民族等的影响,成长为具有一定模式的民族文化活动。因此,可以说,民族传统体育是人类在具备起码的物质生存条件的基础上,为满足精神需要而进行的文化创作。例如,秧歌就是一种自娱自乐的体育活动,人们主要在农闲时或节日当天扭秧歌,以此表达自己的喜悦心情。再如,苗族、壮族、彝族、瑶族和布依族等少数民族的人们喜欢打铜鼓,打铜鼓的同时以歌伴舞,用歌舞来辅助表演动作,风格淳朴,传达出浓郁的民族特色和欢快的气氛,这些体育活动受到各民族的欢迎,为节日增添了喜庆色彩。

（九）多样性

受我国地域辽阔、风俗各异等因素的影响，中华民族的各个民族都有自己的传统体育项目，而将所有的传统体育项目加在一起，数量近乎 1 000 个，可见我国民族传统体育项目的数量之多。这些数量多样的传统体育项目也充分展示了我国民族传统体育的多样性特征。此外，由于我国各项民族传统体育运动项目在动作结构上形式各异，因此对其技术要求也不尽相同，如舞龙、舞狮、龙舟竞渡、扭秧歌、拔河、风筝、武术、打陀螺、马术、踩高跷、荡秋千等各种活动都具有各自不同的技术特征。民族传统体育项目中，有按竞赛规则规定的比赛场地、器械以及其他特定的条件进行的智力、体力、心理、技术、战术等方面的竞技体育活动；也有以养生、健身和预防疾病为目的的导引、太极拳、气功等；还有富有趣味性、轻松愉快的各种民族舞蹈、围棋、钓鱼等娱乐性体育。而这也表现了我国民族传统体育的多样性特征。

（十）不平衡性

在自身发展的过程中，民族传统体育会受到许多来自内外部双重因素的影响和制约，在发展形态、流传范围等方面，表现出明显的差异。其中，对民族传统体育造成影响的内部因素包括活动的组织形式、参与人数、社会功能等；外部因素主要来自自然环境和社会领域两个方面。这些因素纵横交错，参差不齐，最终导致了民族传统体育发展程度的不平衡。深入剖析民族传统体育的不平衡性，其不平衡主要体现在发展形态和流传范围两个方面。

在发展形态上，不同的传统体育项目在发展形态上呈现出了明显的不平衡性，其中发展得较好的如武术、摔跤、围棋等，不仅已形成了一种规则系统化、模式固定化、活动人群常规化的成熟体育形态，而且开展得较为频繁；发展得一般的如木球、抢花炮、珍珠球等，仍然只在小范围内流传，但却呈现出多民族共同参与的趋势。在流传范围上，根据开展区域和参加人数的两个标准，大致上可从流传范围的角度将我国的民族传统体育分为指在全国范围广泛开展并拥有一定国际影响的项目；在某个民族聚居区广泛开展，但尚未流行于全国的项目；仅在某一地区、很少一些人中开展，而不被广泛了解与实践的项目三类。其中，第一类如武术、摔跤、毽球、舞龙、舞狮等，是我国民族传统体育中最重要、最典型的组成部分；第二类如藏族的赛牦牛、维吾尔族的叼羊、苗族的打毛毽等，是我国民族传统体育中富有民族风格的组成部分；第三类较少，目前已不多见，是民族传统体育中亟待发掘和整理的内容。

（十一）世界性、国际化

当前,我国部分民族传统体育项目正在逐步走向世界,原因在于其拥有极为广泛的群众基础,并与奥运会项目的设置标准和设置原则十分吻合。就我国民族传统体育项目中的武艺而言,至今为止已有170多个国家加入国际柔道联合会,男柔道于1964年被纳入奥运会比赛项目,女柔道于1992年被纳入奥运会比赛项目,国际武联于2000年6月正式被国际奥委会承认为其成员之一,中国式摔跤大赛已经在法国"巴黎市长杯"中成功举办数次,且参赛者数量众多、在观众中的反响十分强烈。与此同时,伴随着武艺类期刊在世界范围内的大量出现和传阅,武艺运动大世界范围内的普及程度大大提高。自《中华武术》作为我国武协主办的首个全国性武术刊物成功创刊后,《武术》《武林》《武魂》《武当》《搏击》《格斗》《健身》等各类武艺类杂志相继出版,张艺谋导演于2002年执导的武侠片《英雄》成功进入好莱坞,引起了全世界的广泛关注,并拥有数以万计的电影观众。伴随着武艺运动的快速发展与推广,已经得到了越来越多人的接受与认可,其直接参与者、间接参与者以及武艺爱好者均在持续增长,其世界性和国际化趋势也日渐凸显。

（十二）大众性与经济性

民族传统体育的多样性特征,决定了不同性别、不同年龄、不同职业、不同文化阶层、不同兴趣爱好、个同身体素质与运动需求的人,能够任意选择不同的民族传统体育项目进行运动和锻炼。民族传统体育项目在国内外均拥有较为广泛的群众基础,其强健体魄与修身养性等方面的内容不但能够满足广大群众的身心需求和情感需求,而且简单实用、操作性强。与此同时,太极拳(剑、刀、扇)、武术、中国式摔跤、柔道、博克、围棋、中国象棋、扭秧歌、传统导引养生术、各民族体育舞蹈等项目能够将民主传统体育项目的经济实用价值及其天然优势发挥的淋漓尽致,能够给予人们最大限度的身体享受和精神享受。

（十三）健身、健心、保健养生性

人们思想素质和科学文化素质的重要载体与物质基础是身体素质,这一基础性作用是民族传统体育运动项目在健身、健心、保健养生性这一特点上的具体体现。随着社会生活节奏的不断加快,竞争激烈的生活方式使人们身心紧张,身体和心理处于亚健康状态。而我国民族传统体育项目,如武术、太极拳、气功、保健、按摩、传统导引养生术等,在调理身心、康复医疗、抗老益寿、修身养性与保健、祛病延年等方面具有显著功效。我国著名心理学家王极盛认为,练习气功可以调节和改善人的情绪,提高人的情绪控制能力,减轻或缓解人的情绪紧张,还可以使容易诱发冠心病的 A 型性格转变为 B 型性格。如今,医学界已经认可和接受这种积极有效地认识心理治疗方法。世界著名未来学家约翰奈斯比特在其所著的《五大趋势》中指出:每当一个新的技术引进到社会,人类必然会产生一种需要加以平衡的反应,即产生一种高情感,约翰奈斯比特认为静坐、按摩、禅等民族传统体育运动均为高情感活动。

二、民族传统体育的价值

民族传统体育属于文化形态的一种,是在民族政治、经济、文化、教育等因素的相互作用、相互渗透以及共同发展下产生的。历史时期不同,则民族传统体育发挥出的价值和功能也不尽相同。民族传统体育作为一项体育运动,可以对个体需求和社会需求予以不同程度的满足。在人类社会不断发展和民族文化相互融合、相互渗透这一大背景下,民族传统体育的价值也呈现出多元化的发展趋势,逐渐拥有多项功能和价值。在运动实践中,民族传统体育的价值主要体现在以下几个方面。

(一)增强身体素质,修身养性,达到身心全面发展

我国民族传统体育项目主要是在人们的生产和生活中创造和发展起来的,它与人的身体活动有着非常密切的联系。人们通过直接参与到娱乐身心的运动中逐渐改善民族体质,从而进一步改善和提高各民族人民的健康水平。因此,民族传统体育具有健身价值,具有现代竞技体育的不可替代性。通过参与民族传统体育项目的运动锻炼,可以促进人的生长发育,提高运动能力,同时也可以使中枢神经系统的机能得到改善和提高,调节人的心理,提高人体对外界环境的适应能力。例如,荡秋千、跳绳、跳皮筋、爬竿等具有民族特色的各种娱乐游戏类项目,是适合广大群众进行健身锻炼的主要手段,经常参与这些运动,坚持锻炼,就可以增强体质,达到强身健体的目的。又如,我国民族传统体育中的"太极拳""五禽戏""八段锦""导引养生术"等,已成为人们进行健身和修身养性的最具实效性的手段。民族传统体育为全民健身活动的开展提供了丰富多彩的练习形式和方法,展现了无限的发展空间,它与全面健身活动的统一,是民族文化与体育文化发展的价值回归。

（二）通过休闲娱乐的方式,促使身心愉悦

消遣、休闲和娱乐是我国民族传统体育活动的主要目的,这些活动可以满足人们的身心和情感发展的需要,是以自娱自乐的游戏性和消遣性的活动方式来迎合大众,从而使人在娱乐活动中,情感得到表达。我国民族传统体育活动是人们在具备基本的物质生存条件的基础上,追求精神的需要而进行的文化创造。从简单易行、随意性较强的项目,到技艺精巧、有规则要求的竞技;从因时因地、自由灵活的娱乐戏耍,到配合岁时节令的大型文体生活广场表演,把宗教礼仪、生产劳动、欢度佳节、喜庆丰收等与体育相融合,将文化艺术形式、民族舞蹈等与民族体育融合在一起,更能充分地体现民族传统体育的娱乐性。民族传统体育活动以其独特的魅力和积极健康的文化娱乐方式,以及观赏性吸引着更多的人参与,并成为人们休闲生活中的重要内容之一。随着社会快速发展和人们生活水平的提高,人们为了缓解生理和心理所承受的负荷,缓解精神紧张,消除身体疲劳,通过参加各种体育运动锻炼,来达到愉悦身心的目的。因此,极具娱乐性的民族传统体育项目(如跳绳、拔河、放风筝、赛龙舟、武术、荡秋千、抢花炮等)将成为广大群众社会生活中日益重要的组成部分。

（三）将教育与身体活动有机结合,教书育人、传承文化

我国民族传统体育包含着人们的价值观、审美观、伦理道德观,以及人们的行为模式,它是一种综合的民族文化。作为一种最具说服力的教育手段,体育运动自古以来便是我国学校教育不可缺少的内容之一,对教育有着重要的影响。将民族传统体育融入到学校体育教育中,可以丰富和充实教学内容,激发和调动学生参与学习的积极性,可以培养坚强的意志品质和团结合作、勇敢的精神。另外,民族传统体育也是培养民族精神和民族认同感的有效方式,可以引导和规范民族中每一个成员向前发展,维护社会的和谐与稳定。因此,在文化传承过程中,民族传统体育文化充分体现着自身的教育价值。

（四）推动社会经济发展,充分发挥经济实用价值

我国民族传统体育资源具有主体性、广泛性、地域性的特点,根据这些特点,建立区域特色经济,对民族地区经济发展起到重要的推动作用。民族传统体育内容大多与生产、生活方式关系密切,它以经济活动方式为基础。通过开展传统体育活动,既可以培养团队精神、改善人们的精神面貌,又可以扩大体育人口的数量,增强人们的健身观念,积极参与体育运动锻炼,这

些都是拉动体育消费的因素。

从实际情况出发,民族传统体育为整个体育产业的发展创造了有利条件,注入了新的活力,这一价值主要体现在以下几个方面。首先,可以通过建立民族体育竞赛表演、健身娱乐、民族体育用品等市场,组织民族传统体育项目的比赛活动,宣传广告和电视转播等,获取一定的经济效益。其次,可以丰富我国民族传统体育文化,满足人们日益增长的健康消费需求,继续拓展人们体育文化教育和健身娱乐消费的空间。再次,可以建立与体育产业相关的经济实体,如体育活动器材、民族体育服饰等,促进民族体育用品的制造和销售。最后,发展体育旅游产业,使具有区域民族特色的民族体育项目与旅游相结合,从而拉动区域经济的快速发展,使经济效益和社会效益得到更好地体现。

(五)增强民族认同感和凝聚力,促进社会全面发展

随着社会发展和时代进步,各民族间在发展过程中,进行了交流和融合,民族所具有的共同区域、血缘关系、文化等都可能发生不同的变化。一个民族只有在被认同时,才能得以存在和发展。而民族认同取决于人们对该民族存在和发展的态度。民族传统体育活动在人们对本民族的自我认同中起着非常重要的作用。例如,为了纪念我国著名历史人物——屈原,每年端午节都会举行划龙舟比赛,通过这个活动可以使人们产生强烈的民族自豪感和自信心,也使得民族向心力、凝聚力和号召力加强。参加舞龙、舞狮、拔河、摔跤、斗牛、赛马、踩高跷等集体性项目,除了可以使参与者具有强烈的竞争心理和意识外,还有着集体荣誉感。所以,参加集体性的民族传统体育项目,既可以培养人们的团结协作精神,加强人们的群体意识,又可以培养人们对本民族的认同感和凝聚力。作为文化的一种载体,民族传统体育在民族间的联系和交流中起着桥梁和纽带的作用。

第二章 民族传统体育发展的历史进程与现状研究

我国民族传统体育的形成与发展并不是一朝一夕的，而是经历了漫长的历史进程，经过长期的发展，才逐渐形成了现在特色鲜明、内容丰富、理论体系较为完善的民族传统体育。本章重点在阐述我国民族传统体育起源与发展历程的基础上，对民族传统体育的发展现状与走向进行了分析与研究。

第一节 我国民族传统体育的起源

民族传统体育的产生主要与原始生产劳动、军事战争、种族繁衍、宗教祭祀、经济活动、教育传承以及健身娱乐有关，下面就对这几个影响我国民族传统体育产生的因素逐一进行阐述。

一、生产劳动

在我国原始社会时期，体育活动的萌生与生产劳动有着密不可分的关系。20世纪70年代，在山西阳高许家窑文化遗址中，挖掘出了古人类化石和数以万计的石器。据考证，这个文化遗址距今已有10万年的历史，其中挖掘出了1 500多枚大小不一的石球。这些石球是当时许家窑人使用的最有力的投掷武器。后来，随着先进战斗工具的出现（如弓箭等），人们狩猎的能力也得到了一定程度的提高，这时，石球与先进工具相比就显得过于笨重，因此人们在狩猎中就对其很少使用了。于是，石球便由起初的狩猎工具开始成为人们娱乐的工具，其功能发生了变化，人们扔石球的目的不再是为了击伤或击倒野兽，而是为了娱乐，在距今4～5万年前的西安半坡人文化遗址中发现了三个石球，这三个石球具体被放置在一个三四岁小孩的墓葬中，距今约有7 000年的历史。从这三个石球的放置地点能够看出，当时人们不仅用这些石球来狩猎与保护自己的安全，也有小孩将其当做是一种游戏的工具。

自从弓箭出现以后,人们狩猎的效率大大提高。特别是对狩猎民族来说,弓箭成为他们最重要的狩猎工具之一。后来,随着人们开始种植庄稼和饲养牲畜,便不再像之前那样重视狩猎了,人们弯弓射箭的目的已经不是像之前一样为了捕捉猎物,而是为了向人们展示自己的高超射艺,为了娱乐。这时射箭活动就带有一定的体育性质。在考古挖掘中,人们也发现了原始社会后期的骨制鱼镖和鱼钩,这说明捕鱼也是当时经常性的活动,与之相应的掷鱼镖、投垂钓以及游水等捕猎活动也已出现。由此可见,生产劳动与民族传统体育的形成有着非常密切的关系。

二、军事战争

在氏族公社阶段后期,五大民族集团开始出现,即华夏、东夷、南蛮、西戎和北狄,这是当时五大重要的势力。为了争夺生存空间或为了复仇,各民族集团内部或与外部爆发了战争。原始的军事活动也是促使民族传统体育萌芽与产生的一个重要社会因素。

根据有关战争传说的记载,也以反映出我国传统体育的萌芽之状。例如,据《管子·地数篇》记载:"葛芦之山,发而出水,金从之出,蚩尤受而制之,以为剑铠矛戟,是岁相兼者诸侯九。"又如,《述异记》更为具体的描写道:"轩辕之初立也,有蚩尤兄弟七十二人……与轩辕斗,以角抵人,人不能向,今冀州有乐名蚩尤戏。其民两两三三,头戴牛角而相抵。"从这些传说中,我们可以得知:角抵,即后来的角力、摔跤、相扑等传统体育项目,最早起源于蚩尤,据说他也是兵器:剑、矛、戟等的发明者。虽然这些传说的真实性还有待进一步考证,但蚩尤部落对原始兵器进行改进是可能的。原始兵器往往是模仿兽角与鸟嘴的形状制成的,后来随着战争规模的扩大和频繁的爆发,而出现了专门的武器,主要有石刀、石斧、石铲和石弹,以及石制或骨制的表枪头和弓用的矢镞等。

军事战争的出现,对于武器和战斗技能的发展具有很好的促进作用,同时也使士兵的身体素质和军事技能得到进一步加强。蹴鞠刚开始便是为了训练将士,提高他们的战斗能力而被创造出来的。

三、种族繁衍

在原始社会时期,人们除了通过觅食来求得生存外,通过繁衍来使种族得以延续也是非常重要的大事。也就是说,觅食是为了生存,繁衍是为了延续后代。由于许多少数民族居住在分散而又相对闭塞的环境中,为了实施氏族外的婚配,许多少数民族都有男女集体交往与求爱的活动和节日,以利于种族的繁衍。

此外,由于自然环境恶劣,少数民族的女子在择偶时,往往会选择身强体壮,劳动能力强的男子,而体育竞技便给了青年男子充分显示自身的智慧和力量以及获取姑娘青睐的机会,这与少数民族英雄崇拜的心理和性选择的需要相符,同时也驱动了少数民族传统体育的起源与发展。通过相关研究表明,许多少数民族的传统体育都与男女的社交有着很大的关系,甚至有的传统体育活动是专门为两性交往提供机会而开展的。例如,苗族的"跳月"、壮族的"抛绣球"、维吾尔族和哈萨克族的"姑娘追"以及瑶族的"踏歌"等活动。又如,苗族、瑶族和侗族的"射弩",在古代不仅是防身的武器和战争的传信工具,而且还常常被作为青年男女谈情说爱的信物。

四、宗教祭祀

在原始社会,由于人们对自然现象缺乏认识和了解,在自然现象发生时,人们往往表现出恐惧情绪,懵懂地认为万物有灵。在此观念影响下,便产生了原始宗教,主要有自然崇拜、祖先崇拜和图腾崇拜,以及在此基础上产生的原始巫术活动。其中,对民族传统体育产生影响较为深远的有图腾崇拜和原始巫术。

(一)图腾崇拜与民族传统体育

在世界各民族形成的早期,几乎都曾存在过图腾崇拜这一原始宗教信仰仪式。根据考古研究资料和古文献记载可知,在我国上古时期曾有鸟、蛇、蛙、虎、熊等多种图腾。据说,在长江以南广大地区的赛龙舟活动,起初也是龙图腾崇拜的一种仪式。其中,闻一多先生在《端午考》和《端午的历史教育》等文中认为,早在屈原之前,龙舟竞渡就在古越族中盛行了。古越族人认为其是"龙子",因而有"断发纹身"的习俗,而且还有乘着刻画龙形的独木舟在水中模仿龙的姿态进行竞渡比赛。除了赛龙舟外,在我国各地的民间传统体育活动中,纸龙、舞龙灯等都有龙图腾崇拜的踪迹可循。

(二)原始巫术与民族传统体育

由于在原始社会人们对自然现象不甚了解,认为自然界对人类存在着一种神秘的影响,而人类也可以采取相应的活动方式来影响自然界。在此基础上,原始巫术便产生并流行开来,其目的是通过一定的巫术形式来祈祷狩猎成功、庄稼丰收、家畜强壮、多产等。其中,拔河就是一种祈祷丰收的巫术活动,人们希望通过众人的拔河之力感应农作物,使之借助这种力量苗壮成长,从而获得来年的丰收。

随着原始宗教信仰的产生,人们社会生活的各个方面也开始逐渐出现崇拜祭祀仪式,人们的日常生活和生产劳动中几乎都要举行一定的祭祀仪式。尤其是在重大的祭日,祭祀仪式更为盛大。

随着战争的出现,原始巫术逐渐升级为大型武舞,目的是取得战争的胜利。巫师担任舞师的职务,也就是现在的体育教师或教练员。最原始的身体文化也可以从舞师的舞蹈动作表现出来。当时舞师的职责主要是负责民间练习武舞,武舞成为原始教育的主体活动。

民族传统体育的产生与交感巫术也有着必然的联系。例如,交感巫术典型的的产物就是秋千与拔河。秋千与拔河都是属于娱乐体育活动,从巫术中产生。

五、经济活动

经济活动对民族传统体育的萌芽与出现也具有非常重要的影响。在自然经济时代,居住在山区的少数民族,由于农事繁忙以及交通不便,人们之间平时很少交流,也只有在节日里才有相聚的活动。许多传统的节庆都是将社交、娱乐、经济以及信仰等多种功能集于一身,节庆日也是商人们难得的交易时间。此外,商人们出于商业活动的需要也创造出了一些体育活动。例如,"抢花炮",在侗族有"侗家橄榄球"之称,主要是流行于湖南、贵州、广西的独具特色的侗族传统文化体育活动。在节庆期间,人们通常卖掉自己的土特产,来买回日常生活用品。因此,花炮节也是一个活跃经济的盛会。

六、教育传承

教育是人类用来传承自身生活经验,提高后代认识与实践能力最主要的方式。在原始社会时期,教育并没有从生产过程中分离出来成为一种专门活动,而是在生产劳动实际过程中进行简单生产技能的传授。

到了氏族公社时期,人们创造了最早的文字(记事符号),产生了信仰、风俗习惯和艺术等观念,教育内容也随着这些观念和文字的产生变得越来越复杂。毛礼锐在《中国古代教育史》中认为,除了在生产实践中受到教育外,氏族公社的成员在政治、宗教和艺术活动中也受到教育。他们参加选择领袖、讨论公共事务以及宗教等社会活动,利用记事符号、游戏、竞技、舞蹈、唱歌进行教育,并将神话和传说作为材料和手段。这个时期的教育是在劳动之外,用模拟化的劳动动作代替直接传授劳动技能的活动,大量采用了由人设计的各种动作和活动形式。

在新中国成立前,生活在东北黑龙江畔的鄂温克人仍处于原始社会末期阶段,并保持着一种习惯,即当男子达到十几岁时,要开始跟随父兄学习狩猎技术,父亲有义务给新猎手准备一支猎枪,并负责教育,而这种教育就是通过游戏和体育来完成。由此可知,在原始教育中包含着大量的体育内容,并且这些体育内容都带有明显的地域性特征,这是由于散居在不同区域和环境下的各民族,需要学会使用不同的生产劳动工具和技能。因此,在原始教育中,各民族的教育便包含对各自独特的传统体育内容的学习。

七、健身娱乐

健身娱乐是人们从事民族传统体育活动最基本、最直接的价值追求。正是出于健身娱乐的目的,各族人民创造了多种形式,能够愉悦身心、有益健康的民族传统体育活动。与从事生产劳动、军事战争、宗教祭祀中衍生出来的民族传统体育模式相比较,健身娱乐更多的是源于人们的创造,其根植于民族生活和生产方式、风俗习惯和民族意识。因此,可以将其单独作为一类民族传统体育产生的模式进行研究。

在古代民间也有着丰富多彩的娱乐活动。广大民众通过勤劳的双手与聪明才智,创造出了各种舞蹈、杂戏、戏曲,以及丰富多彩的民族传统体育活动,以此来丰富生活,增进身心健康。例如,进行放风筝、踢毽子、抖空竹、跳皮筋、荡秋千等大量的民间体育游戏,这些都是各民族根据自身娱乐目的、借助一些外部自然条件和其他生产劳动成果或经验而创造出来的。

在体育游戏中,大多数儿童体育游戏产生的目的也是为了满足儿童的健身娱乐。由于儿童天生就有着很强的好奇心、游戏欲与创造力,他们往往能够创造出一些内容新颖、形式活泼的体育游戏。在我国南北各地的儿童大都喜欢玩"老鹰捉小鸡"的游戏,在"老鹰"和"小鸡"的较量中,儿童获得了娱乐身心的效果。新疆柯尔克孜族也有一种类似的体育游戏,叫"老鹰吃仙鹤"。台湾民间有一种儿童游戏叫"围虎陷"。在做这个游戏时,众多儿童手拉手围成一个大圆圈,一人充当羊站在圈里,另一人作为虎站在圈外。虎随时可以冲进圈里抓羊或者从圈外直接伸手追抓羊。在虎要冲进圈里抓羊时,围成一圈的儿童要尽力阻拦。当老虎四次抓住羊时,就表明圈里的羊已经被老虎吃光,虎获得了胜利。这种游戏是一种对动物生活的想象和模拟。又如广西仡佬族的"凤凰护蛋"、山东民间的"老虎叼羊"等儿童游戏也都是一种对现实生活的联想与创造。这些儿童游戏往往是顺应和满足儿童娱乐的需求而创造出来的,都具有显著的健身效果。

由此可知,创造出来的娱乐活动是为了满足人们对娱乐活动的需求。需要注意的是,并非所有的游戏都带有体育性质,或者可以归入体育的范畴,因此并非都可以称作是体育游戏。只有可以归入体育范畴的游戏才能称为是体育游戏,这类游戏通常自身的身体活动特色鲜明,而且身体活动能力可以对游戏成效造成影响。

第二节　我国民族传统体育的发展历程

一、民族传统体育的形成

人类社会文明的水平会直接影响到我国民族传统体育活动的形成与发展。我国中原地区从部落状态发展为国家状态,这是夏朝建立的标志,也是人们共同体从氏族部落发展为民族的标志。经过夏、商、周、春秋战国共两千多年的统治,氏族部落内部和地区差别日益减小,汉族最终得以确立,并成为我国当时居住区域最广、人数最多的民族。在这一时期,我国范围内的少数民族大多处于部落联盟的氏族公社阶段,还没有发展到阶级社会的阶段,这些民族的生产力水平较低,经济较为落后。从整体上来看,这一时期的汉族传统体育快速发展,少数民族传统体育发展缓慢。

（一）战争的演进与民族传统体育的形成

人类社会由原始社会迈入奴隶社会后,汉族内部为争夺地盘、奴隶、猎获物以及王位继承权而战事不断,汉族与四方少数民族的战争也非常频繁。当时北方的少数民族多是游牧民族,骑马作战,逐水草而居,他们的经济文化与中原汉族有着明显的区别,生活习惯也表现出各种各样的不同,加之北方民族有南移之趋势,各民族之间的矛盾较多,战争时常发生。

从夏代到春秋战国的一千多年时间里,弓箭一直是战争中的主要武器。在这一时期,射箭是主要的军事技艺之一,传授射箭技术、进行射箭训练成为一项十分重要的活动。在传说故事中,夏时的后羿不但善射箭,而且善教射。西周时期,射箭被赋予了特殊的地位,发展迅速,对西周的成年男子来说,射箭不但是作战的必备手段,也是一种军事体育活动,具有敬德遵礼的性质,用于进行道德方面的教育和维护奴隶主阶级的等级。

春秋战国时期,随着阶级矛盾的日益尖锐,奴隶起义和新兴地主阶级与奴隶主贵族的战争不断爆发,诸侯兼并争霸使得战争次数逐渐增多,整个奴隶制时代,战争规模日益扩大,作战方式不断发生变化。为了适应战争的需要,射程远、杀伤力强的弩射开始出现,《战国策·韩策一》中指出,韩国的强弓劲弩,皆射六百步之外,"韩卒超足而射,百发不暇止;远者达胸,近者掩心"。由此我们可以看出,弩射是当时战争中有力的远射武器。

在我国北方,以狩猎为主的少数民族,射箭是猎取食物、防御野兽侵害的工具,也是运用于战场的军事武器。在这种社会环境中生存,使得这些少数民族的射箭技术精湛,不逊色于汉族;弓箭制造也十分精良,早在二三千年前就能造出工艺精细的弓箭。根据相关史料记载,公元前 11 世纪,满族人就曾向周王进献过"矢石弩"。在这一时期,具有先进造箭本领的少数民族过着无城郭、无耕地、不知礼仪、迁徙不定的游牧生活,当牧区水草丰茂的时候,满足于自己的草原生活。但是,每当草枯水乏之际,饥饿使游牧人躁动起来,他们竞相南下劫夺。善骑战使他们具有较高的机动性和灵活性,以笨重的车战为主的中原农耕民族遭受了无数次的重创,发展骑兵势在必行,习练骑射蔚然成风。经过一段时期后,骑马和射箭这两项古代的军事技能逐渐在汉族地区开展起来。

(二)经济的发展与娱乐性传统体育的形成

随着生产工具的改善和社会制度的不断更新,社会生产力得到了显著提高,经济也日趋繁荣。在这种情况下,人们有了更多的闲暇时间,一些较为简单的、娱乐性较强的传统体育迅速崛起,如龙舟竞渡、举重、秋千、飞鸢(风筝)等。这些传统体育活动受到上层统治阶级和广大人民群众的普遍欢迎,在民间得以广泛开展。

在人类社会中,早在奴隶时代以前就已经出现的娱乐性较强的民族传统体育活动,从最初的生产劳动、宗教祭祀以及原始战争的母体中脱胎而出,演变成具有新的功能和意义的传统体育形式。当时的传统体育项目主要如下。

龙舟竞渡在战国时期的荆楚大地被赋予了纪念屈原的意义,而在吴地则被赋予了纪念伍子胥的新内涵,成为民众津津乐道的一项传统的娱乐竞技体育活动。

风筝活动在当时的许多民族中广泛开展,最初被称为"飞鸢""纸鸢",用于军事战争中刺探他国情报,随着社会的发展和人们对娱乐活动的需要,逐渐演变成为一项娱乐性的传统体育活动。

秋千是一项起源于山戎地区民族中的游戏活动,齐桓公在北伐山戎的战役中,看到了这个少数民族中有人踩在用两根绳子吊在半空的板子上,晃来荡去,十分轻捷矫健,于是就把这种游戏带回齐国。此后,秋千运动在汉族民众中得到了广泛的开展。

在战国时期,一种小球游戏"弄丸"曾在民间非常流行,其玩法为抛接数个小球,这个古老的项目在今天的杂技表演中还常常看到。与此同时,某些原先流行于一隅的体育活动项目,也随着各民族之间的战争而传入中原。

总的来说,进入奴隶社会以后,特别是春秋战国时期,生产力水平的提高、经济的繁荣,以及人们的思想空前活跃,为娱乐性的传统体育活动形成与发展创造了根本条件。

(三)文化的进步与民族传统体育的形成

在奴隶制时代,我国的古代文化开始逐步创建和初步发展起来。这一时期出现了文字,极大地促进了人类思维能力的增强,为教育的发展创造了条件,使教育进入了一个新阶段。随着人类知识技能的日益广博,社会分工更加精细,对人才的要求也从文武兼备演变为专于文或专于武。到了春秋战国时代,出现了"百家争鸣"的学术繁荣景象。古代文化的兴盛对我国民族传统体育的最终形成都起到了积极的推动作用。

1. 古代教育中的民族传统体育元素

在人类社会的早期,教育只是传授一些简单的生产技能和自卫本领,到了奴隶制社会,教育的内容逐渐丰富起来,并出现了专门的场所和人员。据考古发现,商朝已出现了学校,当时称为庠或序,实行文武兼习的教育,但偏于武,在"习射"和"习武"中,以"习射"为主要内容。西周的学校教育比夏、商时有了较大发展,出现了以礼、乐、射、御、书、数为基本内容的"六艺"教学体系,其中,射、御、乐都与体育有关。

在春秋战国时代,教育中的许多内容都涉及体育方面。孔子指出:"有文事者必有武备。"(《史记·孔子世家》),教育弟子治国要"教民以战""善人教民七年,亦可以即戎矣"(《论语·子路》)。在《荀子·乐论》中指出,娱乐是人们不可缺少的生活内容,主张通过进行肢体运动来达到娱乐身心的目的。墨子注重培养弟子武艺技能与勇敢精神,十分重视军事体育。

2. 学术繁荣为民族传统体育奠定了理论基础

在春秋战国时期,"百家争鸣"的繁荣局面在学术界出现,我国古代学术文化的发展已经达到了空前的境界,这一时期是我国体育思想形成的重要时期。在这一时期的哲学思想主要是动摇与否定宗教性的"天",由重神轻民的思想观念转变成重人贵生的观念。老子与孔子这两位著名的思想家对这种哲学观念从不同的思想体系角度进行了表述。

在老子看来,"道"是超越时空的本体,这一观点直接否定了神秘的宗教传统,否定了"天""上帝"的存在。老子的思想观以朴素辩证法思想为主,这在其创作的《道德经》中有丰富的表现,我国古代体育思想的重要根源就源于道家的哲学思想,如体育思想中的武术思想与养生思想等。古代武术理论从对武术的本体的认识论到武术技击的方法论都与道家哲学有着密切的联系。

孔子及先秦儒家的"仁学"思想对中国古代体育有深远影响。在儒家有关"礼治"的文献中,有很多关于古代体育的社会效能的论述。荀子的"人定胜天"及"动以养生"的观念是古代体育思想中对运动作用的正确认识的重要思想渊源。

除了老子和孔子以外,先秦的阴阳、五行学说是朴素的辩证法和唯物论,对中国古代文化也有着极为广泛深远的影响,这同时也是构成中国古代体育思想的重要因素,也为民族传统体育理论的形成和发展奠定了坚实的理论基础。

3. 古代文武分途对民族传统体育的影响

在我国的奴隶制时代,武士属于贵族阶级,占有一定数量的土地与奴隶,他们主要接受"六艺"教育,这种武士教育是文武结合、以武为主的。随着社会生产力水平的不断发展,这种"复合型"人才逐渐不能满足社会对专门性人才的需要。于是,人们便根据自己的条件和专长,或偏于义,或偏于武。

客观来说,"文武分途"是人类社会发展的必然结果,也是社会进步的一个重要表现,对民族传统体育的发展起到了良好的促进作用。正是那些专门从事武事活动的人,促进了武艺技术的发展和提高,并出现了具有总结性的技击理论。例如,越女在与越王勾践谈论剑术时,提出了先静后动、静中求动、动静结合的道理,成为武术理论的重要组成部分。

二、古代民族传统体育的发展

(一)古代民族传统体育发展的兴盛时期

在秦汉和三国时期,从思维方式、统治思想、政治制度到民风民俗、节日节令都为后世的发展打下了坚实的基础。体育作为社会文化的重要组成部分,也同样与新时代的要求相适应,在对先秦体育与引入外来体育加以继承的基础上有所扬弃,促进后世体育发展基本格局的形成。

与秦汉时期相比,两晋南北朝时期的体育,无论在开展的项目方面,还是在发展的规模方面,都显得较为逊色。但是,这一时期玄学的兴起、少数民族的大量内迁,却使民族传统体育的发展有了新的突破,这一时期的民族传统体育具有鲜明的时代特征。

1. 民族传统体育具有鲜明的娱乐性

秦始皇统一中国后,战乱结束,文化娱乐上的需要较为突出,人们开始更多地关注体育的娱乐性,特别是两晋南北朝玄学的兴起进一步冲击了礼教、军事对传统体育的束缚,使民族传统体育能够更好地按照体育本身具有的娱乐性和竞技性特点发展。

(1)从祭礼活动中兴起的民族传统体育

由于认识的局限性,我国许多传统体育活动的发生都与当时的宗教祭礼仪式有着密不可分的关系。王充《论衡·明雩篇》记载,春秋时期鲁国有一种在暮春时举行的名为"雩祭"的求雨仪式,参加仪式的人要排成队伍,模仿龙出水的样子。春季缺雨,鲁地人模仿龙的形象舞于水中,含有表明自己是龙的后裔,请龙降雨滋润大地,使谷物苗壮成长以降福于龙之子孙的意图。后世的舞龙灯等活动即源于此。

秦汉三国以后,一些原本存在于祭礼活动中的传统体育,逐渐摆脱了宗教祭祀的束缚,与节令、节日结合在一起,休闲娱乐的气氛日渐浓重。据专家考证,纪念屈原或伍子胥的龙舟竞渡在东汉时就与"农历五月五日"的端午节结合在一起,到了南北朝时期,更是发展成为全国性的节令活动。

(2)冲破礼教束缚的民族传统体育

在春秋战国时期,虽然文武分途导致社会上兴起了大量的不会舞刀弄枪的文士,但他们也有参加体育活动的需求。这一时期出现了从"射礼"演变而来的投壶活动,其烦琐、形式化与射礼完全一致,《礼记》有《投壶》一章,专记投壶之方法礼仪。到了汉魏时期,投壶进一步游戏化,且花样翻新,基本上摆脱了之前的那些繁文缛节。正如《投壶赋》中所描述的"络绎联翩,爰爰兔发,翻翻隼隼,不盈不缩,应壶顺入"的参连法、左右开弓法、交叉投掷法等。

两汉时期,田猎活动基本上摆脱了"顺时讲武"的束缚,与其他娱乐活动联系在一起,发展成为一项重要的休闲娱乐活动。尽管不少儒生因"蒐狩之礼"的变质而长叹,为"违时纵欲"的田猎而苦谏,其结果依然不能使田猎回复到演礼施仪的"先王之礼",就连热衷于"礼教"的汉成帝也经不住驰骋山野所带来的身心欢娱的诱惑,未将田猎归入讲礼之类。

(3)从军事项目转化来的民族传统体育

春秋战国以后,部分军事训练项目逐渐从军事中分化出来,朝竞技、表演方向发展。例如,"田忌赛马"不以进退周旋必中规矩的"五御"为务,而以竞赛速度为赌；项庄舞剑，其借口是"军中无戏乐，请以剑舞"，杀伐决斗的技艺，被转化为娱宾助兴的表演手段。

百戏（角抵戏）的产生，包容了角力、举鼎、击剑、射箭、投石等有关身体训练形式与军事技巧。百戏脱胎于西周的"讲武之礼"，当时的"讲武之礼"本是一种以比赛形式进行的军事训练或军队检阅，丝毫没有娱乐的意义。到了秦二世时，百戏中增加了杂技、舞蹈等内容，并将其纳入宫廷娱乐之中。两汉以来，百戏的内容和形式又有了很大的发展。到东汉时已经成为一项内容庞杂的综合表演形式，以险、难、奇为特征而著称于世，表演者大多是经过严格训练的专职艺人。"讲武之礼"便成为一种观赏性极强的娱乐活动。

2. 民族传统体育的融合

秦统一六国，结束了自春秋战国以来五百余年四方民族与华夏民族之间及其内部的兼并纷争，在各族文化长期以来互相融合的基础上，在中原以周秦文化为基本模式，采取向兼并地区大量移民的方式，向全国推广开来。到了汉朝时期，我国北方建立了多民族的匈奴帝国，我国多民族的统一国家最终得以确立。在大一统的局面下，各民族的社会经济和文化发展迅速，各民族间的交往频繁。

在西晋"永嘉之乱"之后，我国经历了空前广泛的民族大融合时期。原处西、北边境的匈奴、鲜卑、羯、氐、羌等民族先后进入黄河流域，建立了政权，北方汉人大批南渡避乱，引起了南方的民族变动。

两晋南北朝时，匈奴、鲜卑等少数民族入主中原后，游牧民族的骑马射箭仍然是为战争服务，仍然是与健身结合的军事体育项目，但后来受到中原文化的影响，骑马射箭常与汉族的传统节日结合在一起。例如，三月三日是汉族的传统节日，其产生于西周时，每年三月的"上巳"日，女巫要在河边举行仪式，为人们除灾去病，这种仪式叫"祓禊"。进入魏晋时期，"祓禊"的目的不是专为祓除不祥，而是与人们的游春活动相结合，追求健康和欢乐。此时，"祓禊"的内容不再讲究什么礼仪，主要是临水饮宴、骑马射箭。

在秦汉时期，长期的民族交往和融合极大地丰富了体育活动内容，促进了传统体育活动在各地区的传播，一些地方性活动项目开始在全国各地开展。例如，如今在我国十几个民族中流行的摔跤运动在秦汉时期有 3 种不同风格的方式，在当时称为角力、角抵、争跤。在湖北江陵凤凰山出土的漆绘木篦上所描绘的角力图，代表了一种风格，其特点是没有固定抱法，可采用击、打、摔、拿等动作，与古希腊的摔角相似；在陕西长安客省庄出土的角力纹透雕铜饰上的角力活动代表了另一种风格，角力方法有固定搂抱的要求，即一手抱腰、一手抱腿，至今在维吾尔等少数民族中仍沿用这种摔跤方式；还有一种是在吉林集安洞沟出土的东汉时期高句丽角力图，也采取固定搂抱方式,但与客省庄角力者的抱法上存在着不同,是采用双手搂住对方的腰,与后世相扑的抱法相同。

3. 棋类游戏的发展和兴盛

汉初孝惠吕后时,"公卿皆武力有功之臣"的状况,开始被"公卿、大夫,士吏斌斌多文之士"的局面所取代,开了重文士、轻武夫的先河。"重文轻武"的观念与引以为荣的士大夫地位,对人们看待体育活动的态度具有一定的影响,深深地打上了"君子劳心,小人劳力"的印记。于是,社会上形成了"雅""俗"两类不同的体育活动,其中有利于陶冶情操、修身养性的棋类游戏活动得到了王孙贵族和士大夫的喜爱。魏晋玄学的兴起,又进一步促进了这些"雅"体育的娱乐化和竞技化。相关史学考证活动表明,当时的棋类游戏主要有以下几种。

在汉代班固的《围棋赋》中有"略观围棋兮,法于用兵"的说法,可见当时仍用军事的眼光来阐述围棋的一般原则和要领。到了南北朝时,在崇尚智巧的社会风气下,围棋迎来了发展的黄金期,弈棋人员遍及社会各个阶层(包括政治家、军事家、文士名流和贵族子弟),为前代所少见;而对棋艺研究之精,对后世围棋发展影响之大,也是前代所莫及。这一时期,围棋高手辈出,且出现了评定围棋水平的"品位制",以及专记棋艺的棋谱,并对原有棋制进行改革,确立了十九道的围棋棋盘,使围棋更加变化莫测,妙趣横生,竞技性和娱乐性较强。

据史料记载,汉成帝和魏文帝都是弹棋迷。三国时期,在魏文帝曹丕的倡导下,朝臣名士无不争能,一时间掀起了"弹棋热"。曹丕和王粲等人还分别作过《弹棋赋》,由此可见当时人们对弹棋这一活动的迷恋程度之深。

先秦时期盛行的六博在汉代得到了更广泛的传播,尤其在宫闱、王府和富豪之中特别盛行。汉景帝、汉宣帝、汉桓帝以及不少大臣,都是见诸史料记载的六博好手。

汉代上流社会中流行一种叫作"格五"的棋类游戏,它是在六博的基础上发展起来的,取消了用骰子掷彩的方式,靠行棋的技术来战胜对手,这样便同六博这种带有一定赌博性的游戏区分开来,成为汉代贵族和士大夫们喜爱的一种较"雅"的一种体育活动。

樗蒲大约是在西汉时期从西域传入中原地区的,到了西晋以后,这种游戏已在皇帝和达官贵人中流行开来,晋武帝、宋武帝、周文帝以及桓温、王献之、颜师伯等人都擅长樗蒲。

握槊流行于北朝,本是西北少数民族的游戏,后传入汉族贵族之中。

双陆盛行于南朝,与握槊名称不同,流传地区不同,但形制一样。

(二)古代民族传统体育发展的繁荣时期

隋唐时期的文化呈现出一种恢宏壮阔、热烈昂扬的格调,这就为我国民族传统体育活动的兴盛创造了良好的氛围。从整体上来看,隋唐时期体育发展的主要特点是开展项目多、参加人数多、中外体育交往频繁。总而言之,隋唐时期民族传统体育活动的繁荣集中体现在以下几个方面。

1. 民族传统体育交流频繁

隋唐是我国封建社会较为兴盛的时期,统治阶级具有开拓、进取的精神风貌和开明、民主的统治思想,对内采取平等相处、爱之如一的民族政策;对外来文化,敢于兼收并蓄,积极发展与外邦的友好关系,从而促进了国内各民族之间以及中外的体育交往,许多传统体育项目走出国门,同时,我国的民族传统体育也得到了充实。

胡旋舞是新疆维吾尔族中开展的一种立于小圆毯上旋转而起的舞蹈,在唐代的出土文物上便可以看到。胡旋舞源自中亚细亚的米史、康居、那色波等昭武九姓国。这些国家的居民原先居住在祁连山北的昭武城(今甘肃高台县),后迁移到中亚细亚,分为九国,同姓昭武,并与唐王朝保持着友好的来往。开元、天宝年间,米史、康居等国曾多次向唐王朝进献胡旋女子,于是胡旋舞传入中原。

马球兴起于唐朝,据唐人封演的《封氏闻见记》卷六《打毬篇》记载,唐太宗李世民听说西蕃人好打马球,就专门派人去学习,不久马球就在唐朝的王公贵族间流传开了;唐高宗李治也曾礼请吐蕃击球好手到长安传艺。这些都是民族传统体育交流的历史明证。

唐朝时的长安是一个国际化城市,世界上有四十多个国家的使臣先后到达大唐帝国。其中,以地理位置较近的日本和朝鲜与中国的交往最为密切。在这一时期,日本多次大规模派出"遣唐使"和留学生;唐朝高僧鉴真应日本僧侣的邀请,克服重重困难,东渡日本。双方的友好往来极大地促进了两国之间的了解,增进了经济、文化等方面的交流。中国的投壶、蹴鞠、击鞠、围棋、步打球等体育活动先后传入日本,日本射手在唐高宗年间也曾来我国表演射技。与中国近邻的朝鲜,也曾多次遣使来我国,与唐朝建立了深厚的友谊,我国的围棋、蹴鞠等传统体育项目也正是在此时传入朝鲜,并在朝鲜扎根、发展的。

2. 节令民族传统体育繁荣发展

随着人类社会的发展,我国的传统体育被古人赋予了一定的思想内容,特别是与节令有联系的传统体育内容,甚至带有某种宗教目的和迷信色彩。

例如重阳登高,最初是含有避瘟神逃灾去难的意义;元宵节的灯火是为了祭祀太一。在隋唐时代,许多节日、节令中的传统体育内容与形式进一步向娱乐性、游戏性和竞技性方向发展。其中,较为兴盛的节令体育活动有秋千、拔河、蹴鞠、龙舟竞渡等。

（1）秋千

秋千是一项与传统节日、节令结合在一起的民族体育项目。许多唐诗中都曾提及秋千,如杜甫《清明二首》中有"绿杨交映画秋千""秋千竞出重阳里""万里秋千习俗同"。据《开元天宝遗事·半仙之戏》记载:"每年寒食清明期间,唐代宫女都打秋千取乐,唐玄宗呼之为'半仙之戏',都中士民因而呼之。"竞相效仿,风靡一时。

（2）拔河

在唐朝时期,拔河不仅在民间流行,而且进入了宫廷,成为一项规模宏大的娱乐活动。薛胜在《拔河赋》中称:"皇帝大夸胡人,以八方平泰,百戏繁会,令壮士千人,分为二队,名拔河。"开展拔河的时间,常在正月十五,参加拔河的人数动辄上千,颇有声势。

（3）蹴鞠

"寒食节"是我国古代的传统节日,即现在的清明节,寒食节前后,除个别地区外,正是"春风不热不寒天",人们借着节日机会,走出户外,一面饱赏大好春光,另一面参加有益的体育活动。"寒食蹴鞠"就是在这样的背景下应运而生。最早出现寒食蹴鞠是在南北朝,至唐代时十分兴盛。一些唐诗中也有对蹴鞠场面的描写,如白居易在《洛桥寒食日作十韵》中"蹴球尘不起,泼火两新晴"(《全唐诗》)这两句描述。

（4）赛龙舟

端午节的龙舟竞渡是我国特有的民间体育活动,具有悠久的历史。从张建封的《竞渡歌》中我们可以看到当时龙舟竞渡的热闹场面,《上巳日陪刘尚书宴集北池序》中的"其猛厉之气,腾陵之势,崇山可破也,青天可登也"(《全唐诗》),也反映了龙舟竞渡时的磅礴气势。在隋唐时代,龙舟竞渡的娱乐竞技特色尤为突出。

除了以上几种代表性的节令体育外,元宵赏灯、重阳登高等民族传统体育活动项目都在唐代得到了较好的开展与发展。

3. 围棋娱乐活动十分盛行

南北朝及以前,围棋以它的军事性、娱乐性、竞技性等特征受到历代帝王将相和社会名流的广泛喜爱。许多围棋名家也十分重视围棋的军事性。在唐朝时期,社会生活大体上表现出一种较为安定的局面。在这种时代环境下,人们对围棋的认识开始发生了变化,从围棋著作的归类上也反映出这一变化。《隋书·经籍志》把辑录的围棋著作,全部归入《子部·兵书》类,与《司马兵法》《孙子兵法》《吴起兵法》等著作同列一类。但是,专记唐朝一代藏书之盛的《旧唐书·经籍志》和《新唐书·艺文志》,则把围棋著作归入《子部·杂艺术》类。

随着社会的不断发展,围棋的军事价值逐渐淡化,而其在陶冶情操、愉悦身心、增长智慧方面的功能得到人们的关注。人们将下棋、弹琴、写诗、绘画等称作是风雅之事的代表。随着围棋的盛行,社会上还甚至出现了以善弈为荣,以不善弈为耻的风气。

4. 女子体育活动开始兴起

两晋南北朝时期,在各民族融合的过程中,中原开始涌现出大量的少数民族人民,尊重女子是少数民族的社会风气,这一风气随着民族交融的过程也逐渐出现在汉族,一定程度上对汉族地区男尊女卑的陋习进行了冲击,这为女子体育的兴起与发展创造了良好的社会环境。

从魏晋南北朝到隋唐时期,儒学的地位远远比不上当时盛行的佛教和道教的地位。所以,这一时期封建礼教对女子的束缚较为松弛,汉族女子拥有了参与体育活动的权利,我国历史上少有的女子体育的繁荣景象便开始出现。隋唐时期,击鞠、蹴鞠、步打球、射箭以及舞蹈等是在女子群体中开展得较多的民族传统体育项目。

在唐朝时期,女子参与的蹴鞠活动主要是活动量较小的"白打场户",即一种在圆形场地内进行、中间拦有十字形丝围的蹴鞠玩法,分左右班对踢。在击球盛行的唐代社会,为了迎合女子参与蹴鞠活动的要求,在骑马打球的基础上,又发展了驴鞠和步打球。北京故宫博物院收藏的一面唐铜镜上,刻有四个妇女打球的图像,从这就能够看到唐代女子开展击球活动的事实。

唐代女子参与体育运动的情况也能够在一些诗文和出土文物中体现出来。例如,刘禹锡《同乐天和微之春深二十首》描写女子秋千的情景:"妆不频,临镜身轻不占车。秋千争次第,牵拽彩绳斜"(《全唐诗》)。新疆阿斯塔那唐墓出土的仕女围棋绢画,证明唐代就有女子参与围棋活动的现象。

(三)古代民族传统体育发展的完善时期

北宋时期,虽然中国南方已经统一,但北方仍由少数民族相继统治(契丹、党项、女真等),并先后建立了辽、夏、金等少数民族政权。后来的元、明、清三代中,元、清也都是少数民族政权,各民族倡导的不同体育项目,加速了少数民族传统体育的发展。

1. 军事类民族传统体育项目的发展空前活跃

宋、元、明、清时期,统治阶级采取了一系列的新政措施,保持了生产力进步、经济繁荣的良好社会环境。期间大、小规模的战争也仍然不断地发生,对军事训练的重视,使某些与军事有关的传统体育项目愈加完善。以畜牧、狩猎为生的少数民族参与到中原战争后,进一步刺激了具有军事意义的传统体育活动的发展。

契丹族、女真族和蒙古族都是以畜牧狩猎为生的民族,其社会生活离不开骑射。因此,骑马、射箭是契丹族、女真族和蒙古族人民的基本生活技能,而统治者"因弓马之力取天下"(《元史·兵志》)进一步促进了骑术和弓箭术的发展与提高。

辽、金、元朝设有许多包括骑射活动的节日,这主要是为了促进骑射技术的发展。例如,"那达慕大会"有男子三项竞技,即射箭、骑马、摔跤比赛,获胜选手被称为勇士。此外,辽国和金国还定五月五日为射柳节。

满族是女真族的后裔,骑射不但是他们长期生活和生产的主要手段,还是清朝宫廷中主要的军事训练活动,其政治色彩相当浓厚。自顺治皇帝定都北京之后,就经常在南苑行猎;康熙继任之后,行围狩猎不断得到举行。1683年,木兰围场在承德府北四百里处建立,从此"木兰围猎"成为定制,每年秋季皇帝都要率领大臣和侍卫的虎枪营到木兰围场行围,并要召集旧藩四十九旗喀尔喀青诸部,分班从围。除了通过行围狩猎来对军队骑射技能的提高进行推动之外,清代皇帝还经常举行专门的骑射检阅,并组织和观看射箭表演或比赛。

蒙古族把角抵(摔跤)放在与骑马、射箭同等重要的位置上,元朝统治阶级大力推崇这种活动,凡是在"那达慕大会"上获得摔跤冠军的人,都能得到"国之勇士"的称号。清王室十分提倡摔跤,其摔跤与元代摔跤相同,即现在着跤衣的民族式摔跤。在清代,除了骑射和摔跤之外,冰嬉也得到了快速的发展。

2. 市民文化促进民族传统体育的发展

在两宋时期,我国民族传统体育的发展出现市民体育繁荣发展的新气象。宫廷、官僚及军队体育以外的城市中下层人民的体育活动就是所谓的市民体育。我国古代体育的发展趋向大体是宫廷→民间、上层社会走→下层社会。

在整个中国古代社会中,宫廷体育活动的开展具有相当优越的条件,但这种贵族体育的范围并不广泛。相对来说,季节会影响民间、村社体育活动的开展,农闲时开展得较为频繁,而且也没有丰富多样的形式,此外,有限的经济条件也在一定程度上使普通市民参与体育活动的兴趣受到了抑制。在宋元时期,市民体育的兴起有力地拓宽了民族传统体育的发展空间,适合市民休闲娱乐需要的表演性与自娱性传统体育活动得到广泛的传播。这具体体现在以下两个方面。

(1)自娱性体育活动的开展

在宋元时期的广大百姓中,自娱性体育活动的开展相当广泛,如踢毽子、象棋、放风筝、秋千等活动,这些活动也深得人们的喜爱。

踢毽子是宋代市民十分喜爱的一项体育活动,当时的临安城中还有专门制作毽子的手艺人。明代《帝京景物略·卷二·春场》中有关于踢毽子的民谣的记载:"杨柳儿活,抽陀螺;杨柳儿青,放空钟;杨柳儿死,踢毽子;杨柳儿发芽儿,打拨儿。"

秋千是宋代民间非常盛行的节令体育活动。在陆游的《感旧末章盖思有以自广》中有"路人梁州似掌平,秋千蹴鞠趁清明"的诗句(《剑南诗稿》)。到了明代,还有许多地方盛行荡秋千的习俗,这项体育活动成为广大妇女所喜爱的活动。在小说《金瓶梅》中,有整整一回是描写荡秋千活动的。

放风筝也是宋、元、明、清时代市民中广泛开展的一项自娱性体育项目。在《帝京岁时纪盛·清明》载有清明扫墓后放风筝的盛况:"清明扫墓,倾城男女,纷出四郊……各携纸鸢线轴。祭扫毕,即于坟前放较盛。"由于放风筝活动受到人们的欢迎,社会中出现了一些专门卖风筝的人,如《武林旧事·卷六·小经纪》中记载临安城制作、贩卖风筝的小手艺人"每一事率数十人,各专籍以为衣食之地"。

象棋在宋代家喻户晓,广大市民热衷参与其中,在城市的商店里、小摊贩处,都可以买到棋子和棋盘。甚至还有"棋工"这样的职业棋手在城市里出现,这些人谋生的途径就是赢棋。到了明清时期,象棋还成为闺阁女子喜爱的一项活动。例如,杨慎在《升庵长短句集·棋姬》中写到:"红袖乌丝罢写诗,翠蛾银烛笑谈棋。"

除了踢毽子、象棋、放风筝、秋千等传统体育活动外,宋元明清时期市民中盛行的传统体育项目还有龙舟竞渡、跳白索(跳绳)、打砖(从投壶发展而来)等。

(2)观赏性体育项目的兴起

瓦舍,又称"瓦子""瓦市",是两宋时期城市中综合性的游乐场所。当时,在瓦舍里表演的节目有说唱、杂剧、讲史、杂技,也有踢球、相扑、举重、使拳等观赏性的传统体育项目。《东京梦华录》《西湖老人繁胜录》都记录了诸如相扑、使棒(后来的武术)等艺人在瓦舍卖艺的情况。城市的街头广场,则是"路歧人"献技的地方。大都市之外,许多小城镇中的艺人由于在当地难以谋生,就到瓦舍表演各项活动。以体育表演为生的大批职业艺人的出现,是宋代观赏性传统体育兴起的标志。

随着居住在某些大城市中的职业体育艺人的大批产生,体育行会组织相继在大城市建立和发展起来。当时蹴鞠有"齐云社"(又称"圆社")、相扑有"角力社"(又称"相扑社")、射弩有"锦标社"等,这些行会组织主要负责协调表演体育活动的艺人与方方面面的关系,制定职业规则,组织"社"员进行体育训练与交流。

3. 传统武术的兴盛与发展

武术与军事武艺有着不可分解的因缘,如武术表演在北宋属于军中百戏,是由"花妆轻健军士百余"来表演的。明清时期,武术逐渐从军事技术中分化出来,发展成为具有健身娱乐性质的运动项目,并形成了发展的高潮,武术技术进一步丰富,理论与方法日渐系统。作为民族传统体育的重要组成部分,传统武术的兴盛和发展主要表现如下。

(1)武术运动的内容

在明代,"弓、弩、枪、刀、矛、剑、盾、斧、钺、戟、鞭、锏、镐、殳、权、钯头、绵绳、白打"被称为十八般兵器,也称武艺十八事。到了清代,常用的武术兵器中又增加了锤、拐、钩、三节棍、狼牙棒等。

明代主要有宋太祖三十二势长拳等二十余家拳术,到了清代已增至百种之多,如形意拳、八卦掌、查拳、花拳、六合拳等,都具有独特的风格。随着兵器、拳种的增加,各个武术项目的基本动作也丰富起来。以拳术为例,手法有"砍、削、磕、靠……",步法有"拓步、碾步、冲步、撤步……",除了手脚的招势之外,还有翻腾、跳跃、滚翻和旋转。在这一时期,武术集表演性、健身性、实用性于一身,套路千变万化,丰富多彩。

(2)武术门派的分立

据黄宗羲《王征南墓志铭》记载:"少林以拳勇名天下,然主于搏人,人亦得而乘之;有所谓内家者,以静制动,犯者应手而仆,故别少林为外家。"由此我们可以看出,当时已有"内家"与"外家"之分。

具体来说,"内家"与"外家"两派的划分主要是根据拳法的不同,同时也与其习武的出发点有一定关系。"内家"以静制动;"外家"主搏于人。"外家"主要是指少林派,因"内家"附会武当张三丰为其创始人,故也有"少林""武当"两派之说,此外还有"峨嵋"等派别。也有以拳种和风格分立,有"八卦""形意""迷踪""长拳""短打"等。

(3)武术理论的丰富

明清时期,在武术著述方面有了较大的发展和丰富。这一时期的武术著作主要有程宗猷的《耕余剩技》、戚继光的《纪效新书》、吴殳的《手臂录》、王宗岳的《太极拳经》、俞大猷的《剑经》等。对这些武术著作进行综合分析,我们可以看到当时武术理论的发展状况。这主要表现在以下几个方面。

第一,明清时期的武术理论肯定了武术套路存在的必要性和重要性,批驳了有些人单纯从军事角度鄙薄套路为"虚套""花法"的片面性。

第二,在身体训练和因材选项上,明清时期的武术理论有了更明确的认识,如《纪效新书·赏罚》中就有身体全面训练的具体方法和要求,包括"练心之力""练手之力"和"练足之力"等。

第三,在传习方法上,这些武术著述总结出了许多行之有效的经验,如"学武先学拳",《纪效新书·拳经》认为各种兵器的练习"莫不先由拳法活动身手,其拳也为武艺之源"。又如,"练习器械,由棍法开始"。

第四,以歌诀表达技术要领,且被广泛使用,如王宗岳《太极拳经》中的太极拳歌诀有"掤、捋、挤、按须认真,上下相随人难进",突出了关键性的内容,易懂易记,易于教学和训练。

三、近代民族传统体育的发展

中华民族固有的以武术为基本内容的传统体育和从西方传入的欧美近代体育是我国近代民族传统体育的两个重要组成部分,这两个部分在形式和内容上有所不同。对我国近代民族传统体育发展历程的研究,主要是研究西方近代体育传入我国后,我国民族传统体育在这样的背景下的继承、演变和发展情况。我国近代民族传统体育的发展主要体现在以下三个方面。

(一)近代民族传统体育观念的转变

自从鸦片战争以后,随着西方列强国家对我国的入侵,我国开始出现西方国家的许多近代体育项目,这极大地冲击了我国传统文化。在与西方体育的冲撞中,我国对本民族的传统体育有了新的认识,并且不断对其进行改革,促进其发展与繁荣。

早在洋务运动时期,我国人民对民族传统体育重新认识的过程就开始了。洋务派与维新派认为,西方除有强大的军事工业外,还重视体育、全民皆兵,但这种尚武与重视体育并非西方国家所独有,在我国古代就有尚武之风。出于这方面的考虑,洋务派与维新派大力提倡发扬光大中国的习武传统,以强国强民。

在近代社会中,我国一些有志之士开始对民族传统体育的发展进行检讨,他们认为,由于西方各国的风俗和习惯等不同,因而其体育运动也各有其自身的特点,未必与我国的国情相符。所以,应从我国的实际出发来发展体育。这种观点促进了体育界对传统文化的重新认识,并使体育界开始对民族传统体育做出新的评价。也有一部分人认为,从西方国家传入中国的体育项目由于受到政治、经济、文化发展不平衡的限制,尚不能被中国人完全接受,因而应当对我国民族传统体育进行深入研究,找出其在时间上、能力上、经济上都能合适的"适宜运动"来。

随着时代的进步与发展,人们逐渐认识到不同国家的体育运动都具有其独特的特点,要想更好地发展我国的民族传统体育,就应该从我国的实际情况出发,充分吸取其他国家体育运动的优点,来促进民族传统体育的发展。从根本上来说,这些新观念正是人们对民族传统体育的重新评价和再认识,也将人们对传统体育的认识与反思推向了高潮。

(二)近代民族传统体育内容的改造

在对传统体育进行再认识与改造过程中,人们对传统体育不再单纯地从练兵、娱乐、礼教等角度去考虑,而是认识到,我国民族传统体育与西方体育一样具有强身健体和教育等功能,这两个功能应当受到重视。这一时期,对传统体育中的健身术和武术的研究与推进,成为近代传统体育演变过程中的重要内容。

在 20 世纪 20 年代前后,一些体育界学者开始深入研究和整理我国民族传统体育活动形式。例如,精武体育会、北京体育研究社等都对我国的民族传统体育进行了一定的整理。特别是在武术项目上,在继承传统的基础上,使武术成为一个独立的项目,在国内,甚至是在世界上得到了长远的发展。而以马良为代表的一些民族传统体育研究者,也通过对近代运动形式的利用,实现了对民族传统体育活动的改造。

在近代时期出现的一些关于民族传统体育的重要著述也对其发展产生了重要的推动作用,如潘蜇虹的《踢毽术》和王怀琪的《正反游戏法》等。

(三)近代民间流行的传统体育活动

在近代社会中,我国民间流传着许多民族传统体育健身活动,主要有易筋经、五禽戏、石担、石锁、八段锦、杠子、皮条、"姑娘追""叼羊"等。其具体内容如下所述。

1. 八段锦

八段锦起源于宋代,流传到近代发展成多种多样的形式,原本有文武之分,明清时流行文八段,清代徐文弼在原八段的基础上增加了四段,取名为十二段锦。

2. 易筋经

易筋经最初见于明天启四年的手抄本,但直到清道光年间才得到较广的流传。由于古本易筋经中许多与呼吸结合的方法含有不少糟粕,因而近代流行的主要是易筋经的肢体运动部分。

3. 五禽戏

五禽戏相传为东汉末年的华佗所创,是模仿虎、鹿、熊、猿、鸟五种动物的动作而编成的一套健身操。至近代,五禽戏已有多种形式,有的偏重内功,有的着重练"刚"劲,有的着重练"柔"功。

4. 杠子、皮条

杠子相当于现今的"单杠"表演,皮条则与"吊环"相仿。

5. 石担、石锁

石担和石锁都是练力的体育运动形式。这种体育活动的练习场地与设施简单,开展起来容易,因而是一种易于普及的健身活动,主要流行于乡间田野,具有相当的生命力。

6. 其他

在少数民族居住地区,许多具有地域特征的民族传统体育项目也成为人们强身健体的活动内容。例如哈萨克族的"姑娘追""刁羊"、藏族的碧秀(响箭),以及在蒙古和朝鲜等民族中广泛开展的摔跤活动等。这些民间流行的传统体育活动成为当时民间常见的、易于推广的主要形式。

综上所述,我们可以看出,自西方近代体育传入中国之后,以武术为基本内容的民族传统体育逐步退出了主导地位在民间开始流行。受西方近代体育的冲击影响后,我国民族传统体育并没有消失,而是在新的历史条件下继续生存、不断发展。并且我国相关人士借鉴西方近代体育的精华,进一步促进民族传统体育的发展与完善,使民族传统体育在近代的转型逐步完成。

四、现代民族传统体育的发展

中华人民共和国成立后,党和政府提出了民族体育的发展方针,即"积极倡导,加强领导,改革提高,稳步前进",这就为我国各民族传统体育的交流与发展提供了良好的社会环境,民族传统体育面临着新的发展机遇。从整体上来看,我国现代民族传统体育的发展大致经历了以下三个重要的阶段。

(一)挖掘与整理时期

我国历代统治阶级对包括民族体育在内的民族文化不闻不管、任其自生自灭发展。新中国成立后,党和各级政府通过确立我国民族传统文化和民族传统体育发展的根本方针,促进民族传统体育文化的发展。通过挖掘与整理,使民族传统体育摆脱狭隘的地域限制,在全国范围内逐步扩大发展空间。

1949 年,政府开始大规模发掘和整理民族传统体育,促使民族色彩颇为丰富的体育向具有较强对抗性的竞技运动发展。以摔跤运动为例,政府做了如下挖掘整理工作。

(1)综合并改造流行于各民族中的摔跤活动,使其发展成中国式摔跤,具有民族特色。

(2)第 1 届少数民族传统体育运动大会就有摔跤这项竞赛项目。

(3)1953 年,在政府的支持下成立了中国摔跤协会。

(4)国家体委颁布《中华人民共和国运动竞赛制度的暂行规定》,把中国式摔跤列为 43 个运动项目之一,共同实施竞赛制度,并规定每年举行一次单项锦标赛。

(5)1957 年制定《中国式摔跤竞赛规则》,至此,摔跤完成了竞技性改造。

1953 年,少数民族传统体育运动大会举行,标志着民族传统体育获得新生,这次运动大会也是我国民族体育运动史上的一个里程碑,标志着我国民族传统体育的发展进入新时期。它为我国民族传统体育的发展指明了方向,发挥了增进全国各族人民友谊的作用。

(二)停滞与恢复时期

20 世纪 50 年代后期至 20 世纪 70 年代后期,"左"倾错误思想对民族传统体育的发展产生了消极影响。

十一届三中全会的召开促进了民族地区经济的长足发展,经济发展又奠定了民族传统体育发展的物质基础,提供了良好的社会发展环境,民族传统体育复兴的时机成熟,只是由于十年动乱及思想错误而难以弥补停滞发展时期造成的损失。

20 世纪 80 年代后,国家有关部委召开有关民族体育工作座谈会,民族传统体育发展的问题重新被列入座谈会议题,各级有关部门极力消除"左"思想的干扰,积极挖掘并整理民族传统体育,尽管如此,民族传统体育的发展仍然没有取得明显进展。例如,第 2 届少数民族传统体育运动大会与第 1 届民运会相比,尽管参会人数增加了,但只有两项民族运动竞赛项目,比赛规则和形式缺乏民族特色,仍采用其他运动会的规则与形式,不够规范与完善。

综上所述,20 世纪 50 年代后期至 20 世纪 70 年代后期的民族传统体育运动仍处于百废待兴的状态。

(三)普及与提高时期

20 世纪 80 年代后期,经历了几年的重新崛起后,民族传统体育运动的发展进入普及与提高时期。1982 年开始,4 年举行一次少数民族传统体育运动大会,举办地点有北京、天津、内蒙古、云南、西藏等省区。在国家和各省的共同支持与努力下,少数民族传统体育运动大会成为全国较有影响的大型综合性体育运动会之一,并以其民族性和广泛性为主要特色,四年一届的少数民族传统体育运动大会为弘扬民族传统体育文化,发展民族传统体育运动与全民健身运动,提高全民族人民的身体健康水平,加强各民族交流与沟通等方面起到了积极的作用。民族传统体育的普及与提高体现在以下三方面。

(1)改革和综合创新民族传统体育中的一些项目。例如,1984 年,国家体育委员会综合古代花毽和蹴鞠,现代足球、排球和羽毛球等运动的特点,推出毽球项目。

(2)革除民族传统体育活动中存在的一些陋习。例如,富有民族特色的赛龙舟曾流行于江浙一带,赛龙舟项目蕴涵着我国丰富的传统文化,但其中也不乏占很大比重的迷信成分。经过对赛龙舟项目的改进,革除了其中的封建陋习,使现代的赛龙舟活动成为我国广大民众普遍喜爱的一项传统体育活动。

(3)民族传统体育开始走向世界。我国成立国际武术联合会。举办国际赛事,将富有特色的民族传统体育文化展现给全世界人民。另外,逐渐增加国家间的毽球、龙舟、围棋等项目的表演和竞赛,呈现出可喜的发展前景。

总地来说,新中国成立后,经过几个时期的发展与改革,民族传统体育的发展逐步得到丰富和完善,组织建设逐步完成,在发展中正确处理了继承与创新的关系,并通过国家间、国内省市间的各种形式运动会和比赛,不断增强各民族的友好关系,使得各民族在传统体育文化上相互学习,相互促进,共同发展。

第三节　我国民族传统体育的发展现状与走向

一、我国民族传统体育的发展现状

对我国民族传统体育发展现状的研究主要从两个方面进行,即民族传统体育理论研究现状与民族传统体育项目的发展现状。

（一）我国民族传统体育理论研究现状

我国民族传统体育有着非常悠久的历史，发展至今，已经形成了一个庞大的理论研究体系。研究我国民族传统体育理论建设发展现状，并对民族传统体育自身发展的特点、原则、规律和影响因素等进行总结和归纳，能够为我国民族传统体育各运动项目的发展提供一定的科学指导，从而为我国民族传统体育事业的发展提供重要保证，保证其发展的科学性和可持续性。

1. 我国民族传统体育历史文化研究

（1）研究背景

我国民族传统体育在长期的发展过程中逐步形成了丰富的文化内涵。它不仅仅是一项体育运动，也是我国民族文化的重要组成部分。在历史的发展过程中，发展阶段不同，各阶段的文化形态也会有所不同，而不同的文化形态都会对当时民族传统体育的发展产生深刻影响。

在长期的发展过程中，我国民族传统体育汲取了各个历史时期的文化因素，如封建社会的小农经济、等级制度、儒家思想、宗法制度、道家学说等因素，这些因素对我国民族传统体育的发展产生了深远影响。所以，对我国民族传统体育的发展与历史文化的关系进行研究是理所当然的，这也是由我国民族传统体育的文化性和历史性所共同决定的。

（2）研究现状

通过研究我国民族传统体育历史文化，可以使我们更好地、更深刻地认识我国民族传统体育的内涵和价值，对我国民族传统体育事业的发展具有重要意义和作用。对于我国民族传统历史文化的研究，国家体育总局武术研究院编著了《中国武术史》。随后，许多学者都开始致力于对我国民族传统体育的研究。目前，我国学术界已经出版了一批关于民族传统体育的研究成果，如《民俗学概论》《中国少数民族文化通论》《中国古代体育史》《中国武术文化概论》《中国武术——历史与文化》《武术学概论》《传统体育与传统文化》和《云南少数民族传统体育的起源与发展》等，这些学术著作大都对民族传统体育进行了动态的研究，充分体现出了我国民族传统体育所具有的历史悠久、分布广泛、种类繁多、受风俗人情和地域影响较大等特点，并在此基础上构建起了较为系统和完善的民族传统体育理论体系。

由于我国民族传统的历史和文化受到众多因素的影响，并且这些因素涉及诸多方面，因此，研究我国民族传统的历史和文化存在着一定的难度。近年来，随着我国学术界对民族传统体育理论研究范围的逐步扩大，所有与社会历史和社会文化有关的因素都有可能对我国民族传统体育的性质、特征、发展规律等产生影响。实践研究表明，研究我国民族传统体育的历史和文化能够在很大程度上丰富我国民族传统体育理论体系建设,同时在对我国民族传统体育在历史中的地位、扮演的角色、体现的社会价值,以及发挥出的各种作用进行挖掘方面具有非常重要的意义。

2. 我国民族传统体育理论体系结构的研究

(1)研究背景

与其他相对独立的学科一样,我国民族传统体育理论体系也具有一定的结构。构建学科理论体系框架既可以确定本学科的研究对象、涉及范围,又可以指导本学科的理论建设,我国民族传统体育理论体系结构的建设同样如此。从某种层次来看,我国民族传统体育理论体系框架所规定的内容,可以充分反映我国民族传统体育的特征和本质,并对本学科的范畴和性质进行诠释,从而极大地促进我国民族传统体育的发展。

(2)研究现状

对于我国民族传统体育理论体系结构的研究,目前,国内学者大致从以下三个方面对其进结构进行划分。

①对我国民族传统体育理论的基础研究

对我国民族传统体育理论的基础研究主要是针对民族传统体育的起源、分类、特征和功能等进行的一系列研究,它是从我国民族传统体育学知识体系中不断分化出来的学科内容。

②对我国民族传统体育理论的应用研究

对我国民族传统体育理论的应用研究主要是针对我国民族传统体育的现代化与市场关系、民族传统体育本身与国际体育关系等进行研究,它是在与民族传统体育学的发展相结合的基础上,对民族传统体育发展实践中的某些问题和涉及领域进行研究而形成的学科。

③对我国民族传统体育的跨学科研究

对我国民族传统体育的跨学科研究主要是针对我国民族与传统体育的文化学、经济学、武术养生学、运动医学等进行的研究,它是以对我国民族传统体育理论的基础研究为基础,并在对我国民族传统体育理论进行应用研究的过程中形成的民族传统体育与其他学科的交叉性和拓展性学科。

(3)研究中存在的问题

目前,我国民族传统体育理论体系研究层次还处于较低阶段,理论体系框架的构建还处于萌发阶段,研究过程中存在的问题,主要有以下几个方面。

①研究范围较小,研究对象也相对较少

我国民族传统体育的理论研究主要处于民族传统体育的基础研究层面,如民族传统体育的概念、历史发展、种类、内容、特征等。而对我国民族传统体育的应用研究较少,仅仅是对一些民族传统体育文化与经济等问题进行了比较浅显的探讨,缺乏深层次研究。另外,在对我国民族传统体育的跨学科研究方面,所涉及的学科较为单一,涉及的项目单一,主要是武术文化学,这在很大程度上反映了我国民族传统体育学科体系建设的不健全。

②研究队伍较为薄弱

目前,民族传统体育仍然是一个新兴学科,高校教师和国家体育总局的工作者是从事该方面研究的主要人员,尚未形成相对稳定的学术团体,也没有与民族传统体育相关的专业传播活动。我国民族传统体育理论体系的构建尚处于初步发展阶段。因此,在今后的发展过程中,还需要大力加强民族传统体育研究队伍的建设。

3. 我国民族传统体育其他理论研究

(1)对民族传统体育的内容与分类研究

目前,许多学者对我国民族传统体育的内容和分类进行了研究和分析。他们在研究过程中,所选择的参照物具有较大差异,主要有地理分布、项目的数量、项目的比重、价值功能等。因此,我国民族传统体育的内容与分类有着多种多样的格局,这也在一定程度上对我国民族传统体育学科的理论研究和项目发展起着积极的促进作用。

(2)对民族传统体育的社会学研究

体育人文社会学科是一门专门研究体育与人的关系、体育与社会关系的学科。在对我国民族传统体育进行研究时,应充分运用人文社会学的理论知识解释民族传统体育的各种现象,这可以为我国民族传统体育在现代社会的发展提出科学的理论指导,对改善现代化背景下的民族传统体育的制约因素、完善良好的发展模式具有重要意义,对进一步实现我国体育事业的科学决策,建立相关制度有着积极的促进作用。

对我国民族传统体育的社会学研究属于跨学科研究,它以体育人文学科理论为基础,重点研究我国民族传统体育作为一种有特色的体育运动在社会历史发展过程中,在特定的社会时期内对人的社会价值观的形成和影响所起到的作用。目前,我国民族传统体育的社会学研究尚处于起步阶段,还需要不断地努力,要充分挖掘民族传统体育的深刻内涵。

(3)对民族传统体育的比较性研究

唯物辩证法认为,事物之间具有普遍联系。特别是在体育一体化发展的今天,任何一个体育项目都不可能摆脱其他因素的影响而孤立存在。我国民族传统体育是具有中国特色的体育运动,它的发展同世界其他体育运动的发展有着一定的关系,因此,对我国民族传统体育进行比较性研究具有非常重要的现实意义。

目前,我国一些民族传统体育工作者就民族传统体育与其他体育进行了比较性研究,他们通过对中西方体育项目的特点、内容、价值、功能、传播方式和发展规律等进行对比,来对中西方体育的不同特点和优势进行归纳和总结,目的是通过借鉴西方体育的发展优势,来丰富和完善我国民族传统体育的认同和建构,从而间接地促进我国民族传统体育的不断发展。

(4)对民族传统体育的现代化研究

事物的发展离不开科学理论的指导,事物发展变化过程中,其周围环境也在不断发展变化。所以,要想使事物本身得到更好地发展,就必须使其适应不断发展变化的客观实际。我国民族传统体育是特殊历史条件和社会发展下的产物,而在科技高速发展的现代社会,要想促进我国民族传统体育的进一步发展,就必须进行现阶段与长期发展相结合的可持续发展的战略研究。

我国政府历来十分重视各民族发展和繁荣昌盛,将我国民族传统体育事业的发展作为体育工作的重要内容,高度重视民族传统体育与社会、经济、文化的共同发展。如今,以民运会为标志的各民族的传统体育运动项目的大融合,为我国民族传统体育事业积极稳定的发展提供了良好的条件和有利保障。同时,民运会的健康和快速发展也促进了我国民族传统体育事业的发展。

从目前来看,我国民族传统体育正处于稳步发展的阶段,在今后如何较好地为民族传统体育事业制定未来的发展策略和政策,将民族传统体育事业的发展融入到我国社会主义现代化建设的事业中,成为发展我国民族传统体育事业亟需研究和解决的重要课题。

(二)我国民族传统体育项目发展现状

我国民族传统体育项目内容丰富、种类繁多,并且每一个项目都有其独特的理论,这些项目的理论建设能在一定程度上推动我国民族传统体育项目的发展。可以说,无论是单个民族传统体育项目研究还是民族传统体育宏观理论体系;无论是民族传统体育的历史研究、比较研究还是跨学科研究、发展战略研究等,这些都为民族传统体育项目的发展提供了理论导向,促进了民族传统体育教学项目、娱乐项目、健身项目、表演项目和竞技项目等实践内容的丰富和发展。

1. 健身娱乐类项目的发展

在我国民族传统体育发展初期,各种运动项目基本上是以休闲、健身为主。经过一段时间发展,诸多的民族传统体育项目,特别是具有较强健身价值、娱乐功能的项目,顺应了历史和社会发展潮流,逐渐融入到广大人民群众的日常生活之中。由于我国幅员辽阔、区域经济差异较大,民族众多、传统体育项目地域分布较广,因此,各地区、各民族的健身、娱乐类传统体育项目的活动形式、社会地位和发展状况也存在着很大差异。其中,民族传统体育中健身、娱乐类项目又可分为以下几类。

(1)大众流行的健身娱乐项目

大众流行的民族传统体育健身娱乐项目的主要目的是休闲娱乐和大众健身,具有动作简单、易掌握,设备要求低,不受时间和空间限制,易于推广等特点,多在普通社会大众之间开展,是我国民族传统体育项目在社会发展中的主要内容,也是我国实施全民健身的良好素材。此类民族传统体育项目主要有跳绳、放风筝、中国象棋、中华养生术等。

(2)以地域发展为主的项目

以地域发展为主的民族传统体育项目具有地域性的特点,比较符合当地的风俗传统,具有浓厚的民族特色,但不具有广泛的普及性,只在局限于某一地域或某些地区范围的少数民族群众中开展。此类民族传统体育项目主要有壮族的抬天灯、蒙古族的叼羊、苗族的爬花竿等。

(3)以地方协会为组织的项目

以地方协会为组织的民族传统体育项目主要由地方协会组织,它是由社会不同团体成员有组织地进行的各种活动,属于社会活动形式的一种。其目的是健身、娱乐、巩固团队成员之间的关系。该类民族传统体育项目主要有武术协会开展的武术交流大会、围棋协会开展的围棋比赛、登山协会开展的登山旅游活动等。

(4)以节日、集会为主的项目

以节日、集会为主的民族传统体育项目主要以集会活动和参加各种节日活动为主,内容丰富多样、影响广泛,多用于增添愉悦情绪、营造节日气氛。该类民族传统体育项目主要包括潍坊的风筝节、苗族的拉鼓节、蒙古族的那达慕大会、温县国际太极拳年会、地方和全国性的舞狮大会等。

2. 竞技和表演类项目的发展

我国民族传统体育主要以娱乐性和健身性为主,但经过长期发展和演变,以及在社会各种因素和西方竞技体育的影响下,我国民族传统体育也逐渐具有了竞技性,这就使得部分民族传统体育项目逐渐走向了竞技行列。由于受国际体育竞技化趋势的影响和奥林匹克"更快、更高、更强"宗旨的启发,一些民族传统体育逐渐发展成为与西方体育模式相近似的竞技类体育项目,其中一些民族传统体育项目甚至走进了组织较规范、竞技性较强的现代化体育运动会。

目前,我国政府对民族传统体育事业的发展给予了高度关注和重视,除了制定和实施一系列有利于发展民族传统体育的政策和措施外,还组织一些具有较强竞技性和较高表演价值的民族传统体育项目进入各种类型的运动会,甚至有的民族传统体育项目还设立了专门的运动会,如全国舞龙舞狮比赛、全国武术套路和散手比赛、全国大学生武术比赛、武术表演大赛以及其他形式的邀请赛、对抗赛、争霸赛等。经过长期发展和完善,我国民族传统体育项目中也开始出现了一些新的竞技比赛,如全国散手比赛,太极拳推手比赛、国际武术比赛等。此外,经过相关部门的不断修改和制订,各项目竞赛规则日益完善、比赛成绩的量化客观评判日益成熟,这些竞技类项目的发展对我国武术事业以及民族传统体育的发展起到了极大的促进作用。北京奥运会的成功举办,为我国传统武术的发展带来了新的机遇和挑战,我国传统武术开始迈向国际体育盛会行列,吸引着国际体育人士的广泛关注。

由于受到各种因素的影响,我国以表演和竞技为主的民族传统体育项目的训练任务主要集中在我国各省区专业队、省市竞技体校、院校表演队和省市民族传统体育项目训练基地,民族传统体育各个项目尚未形成科学化训练。除了传统武术竞技项目有较为系统的训练体系外,其他民族传统体育项目的专业性训练则还需要做很多的工作。所以,我国民族传统体育项目的专业训练还需要进一步发展和完善。目前,在我国民族传统体育项目中,舞龙、舞狮和传统武术的专业化训练体系发展较为完善,而其他项目,如珍珠球、秋千、赛马、打陀螺、木球、射弩等则很少涉及。因此,必须改变以传统武术等少数项目为主的尴尬局面,改革和挖掘具有竞技性的民族传统体育项目,使我国民族传统体育中的各个项目建立起完善的训练体制,使各个民族传统体育项目在保留民族特色的基础上能适应当前的竞技化比赛,促进民族传统体育的竞技化发展是非常必要的。

3. 学校教学类项目的发展

我国众多的民族传统体育项目具有重要的健身功能、娱乐功能和教化功能。因此,将这一部分民族传统体育项目纳入学校体育教育中,不仅可以丰富学校体育教学的内容、促进校园文化建设,还有利于学生身心的健康发展。

经过一段时间的发展,目前很大一部分民族传统体育项目已经被列入学校体育教材中,如《九年义务教育体育教学大纲》中将武术、八段锦、五禽戏等列入了全国中小学体育教学中。一些高等院校和一些高校的体育院系还增设了摔跤、围棋等民族体育项目课程教学,甚至专门开设了民族体育专项保健课程,其他一些民族传统体育项目,如木球、秋千、踢毽子、射箭、摔跤、赛马、龙舟等也被一些地区或学校列为学校课外体育锻炼项目。发展到现在,我国民族传统体育项目已经成为全国和地方各级学校体育教育的重要组成部分之一了。

总体来说,我国民族传统体育在学校体育教学中的发展状况表现在以下两个方面。

(1)在少数民族聚居地区的发展

少数民族聚居地区的各级学校中,体育教学项目大多数是与本地区所居住的民族所属的或与之相近的民族传统体育项目。例如,内蒙古地区学校开展的"角力运动"、西藏地区学校开展的"民族舞蹈"。

(2)在汉民族聚居地区的发展

在汉民族聚居地区的各级学校中,体育教学项目大多是比较普及的民族传统体育项目,如我国北方华北平原地区的学校多开展跳绳、拔河、踢毽子等项目。

由于我国很多学校所处的地域不同,因此开展的民族传统体育项目不统一,各学校之间的体育教育严重分离,一些民族传统体育项目会逐渐消失和消亡,尤其不利于具有地域特征的民族传统体育项目的传承和发展。因此,各地区、各学校之间的民族体育项目教学应互通和协调发展,以促进我国学校民族传统体育教学的整体提高。

将我国民族传统体育项目纳入学校体育教育之中,有利于促进我国学校体育教学改革,有利于促进学生身心健康的发展。另外,这对于了解我国各民族的特点、认识我国优秀的民族文化还具有重要的作用。

二、我国民族传统体育的发展走向

随着我国社会主义现代化建设步伐的迈进和体育事业建设进程的加快,未来我国的民族传统体育的发展走向具体从以下几方面表现出来。

(一)民族传统体育作为现代体育的补充与现代体育有机结合

现代体育是建立在西医学、生物学等理论基础上,通过科学实验后形成的一门学科,它以物理量的变化为表现形式,追求的是对运动者身体外形的锻炼,强调的是"更快、更高、更强"的竞技原则。从近年来全球的发展趋势来看,以竞技为主体的现代体育必然抢占未来体育运动的主要空间,但这种种格局难以实现人类对生命本质追求的目标。面对这种情况,以强调调身、调心的康健境界的,追求身体内在的修炼的民族传统体育就能在强身健体、防病疗疾、陶冶情操和延缓衰老等方面发挥现代体育难以企及的功效,因此可以说随着现代社会的进步和全球化文化的交融,民族传统体育在未来必然会成为现代体育的补充。

（二）民族传统体育呈现出与世界体育文化相互融合的发展趋势

中国是一个多民族的国家,在五千余年的历史中,随着各民族的相互融合和发展,我国积累了不少的文化资源,这些文化资源也使中国在世界文化范围内具有独特的优势。而在过去很长一段时期内,由于西方文化霸权造成的在思想意识领域和创新能力方面的外在依赖,以及传统观念、习惯等的约束,中国的民族传统文化一直停留在保护与继承上,并没有将其当作一种社会经济资源予以发展和创新,这也造成了一种现象,即中国虽然是一个文化资源大国,但文化产业却相对落后。

面对这种情况,我国自加入 WTO 之后,就开始对民族传统体育进行从"自产自销"、自娱自乐到向外推广,与世界文化相融合的推动,这种做法在很大程度上促使我国的民族传统体育走出封闭的、古老的格局,逐渐面向世界,展示自我,并逐渐与世界其他各类民族传统体育相融合。从这一层面来说,在未来一段时期内,我国的民族传统体育将逐步迈步国外,与其他各类民族传统体育相互融合,成为世界民族传统体育文化的一个重要组成部分。

（三）民族传统体育技术和理论体系的科学化发展趋势

民族传统体育要想获得较好的发展,就必须朝着科学化、规范化的方向发展,这不仅是民族传统体育适应时代发展的要求,也是避免民族传统体育惨遭淘汰的有效手段。因此可以推测,在未来我国的民族传统体育将通过继承和扬弃,进一步朝着科学化、规范化的方向发展。这一发展模式将有助于民族传统体育进一步融入我国现代体育文化之中。

（四）民族传统体育进入各级各类学校,丰富和拓展学校体育教学内容

随着人们生活的变迁,民族传统体育会逐渐融入到民众的风俗习惯之中,从而形成一种集体的、模式化的,虽然不见经传,不登大雅之堂,但却是传统体育的基因和文化基础的一种体育文化。我国民族传统体育文化是历代相沿积久的文化,这些诸如舞龙舞狮、踩高跷、玩旱船、射箭、爬竿、摔跤、拔河、荡秋千、赛龙舟的民族传统体育项目堆积着中华民族的高度智慧、高超技艺和高尚品德。而要想使这一文化形式不断延续下来,就需要通过加强对民族传统体育文化的整理、研究、分析、继承,而在继承方面,最能发挥突出效果的便是学校教育。因此,为了使蕴含着我国丰富民族文化遗产和民族文化内涵的民族传统体育能够一代一代地传承下去,未来我国的民族传统体育必然会被纳入教育体系。

具体而言,将民族传统体育纳入教育体系会通过以下两方面来进行。

一方面,有计划地把民族传统体育项目纳入学校公共体育课的教材中,实现民族传统体育活动在学校的积极开展。

另一方面,在高等体育院系特别是在民族地区的高校中推广民族传统体育课程,使之列入正式的教学计划,使学生系统学习与掌握当地主要的民族传统体育项目。

通过以上两方面的措施能够帮助我国培养民族传统体育的接班人,为民族传统体育的延续补充后备力量,也可以加速民族传统体育现代化的进程。

(五)通过全民健身计划的实施,民族传统体育的活力将进一步加强

我国的民族传统体育项目众多、内容丰富、形式多样,不仅深具健身效果,而且具有较强的娱乐功能,因而具有广泛的群众基础和广阔的发展空间。此外,民族传统体育不受性别、年龄、时间、场地等的限制,简便易行,因而很适合在"全面健身计划"中施行。近年来,在越来越多城市的街道或社区,农村的乡镇或院落等地都可以看到人们参与民族传统体育活动的身影。由此可见,在未来一段时期内,民族传统体育将在全民健身活动中获得进一步的推广和普及,其传播的范围也会不断扩大,成为人们休闲娱乐的重要途径和人际交往的桥梁。

(六)民族传统体育与旅游业结合发展

我国共有 56 个民族,各民族都有自己独特的民族地方特色,民族传统体育孕育于这样的文化氛围中,自然也会体现出本民族独特的文化特色,而这些具有鲜明文化特色的体育项目大多是旅游开发的重点,因为它们能够吸引人们的注意。因此,在旅游业快速发展的新时期,民族传统体育也成为各地区吸引游客的一个重要方式。例如,赛马、射弩、赛骆驼、秋千、跳竹竿、跳板、抛绣球、抢花炮、摔跤、高脚马、霸王鞭等不仅具有较强的观赏性和参观性,而且具有较强的娱乐性、表演性和观赏性,因而已经成为假日经济消费的一个重要内容。由此可见,在未来一段时期内,民族传统体育将成为旅游业的一个重要内容。

第三章　民族传统体育文化的内涵解析

民族传统体育是文化的一种形式,具有非常丰富的文化内涵,它主要表现在物质、精神、制度三个方面。本章将对民族传统体育的文化属性进行阐述,同时从物质、精神、制度三个方面对民族传统体育文化的内涵进行解析。

第一节　民族传统体育的文化属性

一、民族传统体育的文化特质

我国传统文化主张"安土地,尊祖宗,崇人伦,尚道德,重礼仪""天人合一""气一元论",民族传统体育在这种文化背景的影响下也形成了整体性、等级性、中庸性、礼仪性、道德性等文化特征,同时进一步形成了崇尚礼让、宽厚、和平为价值取向的体育形态。具体来讲,我国民族传统体育的文化特征主要表现在以下几个方面。

(一)整体性

"天人合一"是我国民族传统体育的哲学基础,自给自足的农业经济是我国民族传统体育萌芽与成长的土壤,整体性与和谐性的统一是我国民族传统体育的追求。中国人"推天道以明人事",将天作为认识自己与构建人生理想的参照物,天人关系是我国传统文化中的一个基本命题。古人认为,自然界是不能够征服与改变的,只能受自然界的摆布,从而导致华夏祖先抗争精神匮乏。

在民族传统体育文化的范畴当中,人与自然实际上是相互统一的。民族传统体育文化的突出特点表现在它注重精神与过程而轻视物质与结果。另外,我国传统体育强调以整体的概念描述人体的运动过程,探讨各种活动状态与外部世界的联系,如气功、太极拳等都是通过意识活动与肢体锻炼达到"与天地神相交通",反映了民族传统体育注重整体效益,追求身心、机体与自然的协调发展的健身价值观。民族传统体育项目的锻炼大多采用基本功练习与完整练习相结合的方法,这充分体现了中华民族追求"形神俱练,内外兼修""采天地之气,铸金刚之身"的理念与顺其自然、追求平衡的主体化思维方式。

中国传统文化一直非常注重整体的思维方式,即在对对立统一这个宇宙根本规律的把握上,更加强调对立面之间的统一协同,注重以统一的观点去看待事物,强调事物的整体性与过程性,这是中国传统哲学中天道观的一个重要特点。

(二)森严的等级制度

古人认为,整个自然界以及人类社会都是遵循一种自然演进的规律产生的,只有整个社会严格遵循特定的等级制度才能够达到天下稳定的目的。

在我国民族传统体育文化中,礼义是用来区别与规范上下、长幼的一种重要方式,如"西周的射礼,有大射、宾射、燕射、乡射之分,有弓箭、箭靶、伴奏乐曲、司职人员的等级区别";在《宋史·礼志》中规定了打马球的各种仪式,如果皇帝参加比赛,则第一球一定要让其打进;中国古代的武术高手在交手过招时,也要点到为止,不战而胜,坚持礼让在先。另外,由于女子在封建社会的地位极为低下,因此,其参加体育活动的权力和条件受到多方限制。这些都表明我国民族传统体育文化中充满浓厚的封建等级观念。

(三)宽厚、和平的文化理念

民族传统体育活动与各个民族的民俗、民风以及生活习惯之间存在着密切的关联,有着深层次的文化追求。人们通过传统体育活动能够感受到精神的愉悦,营造出和谐的生存氛围。一般来讲,民族传统体育活动多以强身健体为目的,这些活动大多会在人们的闲暇时间来进行,从而使体育寓于娱乐当中,表现出很强的表演性与娱乐性,如苗族的划龙舟等活动具有浓厚的民族特色与欢快气氛。

我国向来推崇性情自然的生活状态,"知其心者,知其性也,知其性则知人"。因此,民族传统体育崇尚中庸之道、信守顺其自然,讲究对身体的保和养、对内部的锻炼和保持内部的平衡。同时,我国的民族传统体育文化还表现出安于现状、缺乏竞争、倡导守柔不争的特点,这使得大陆民族具有很强的依附性,缺乏应有的竞争精神,从而对民族传统体育的长远发展产生消极影响。

民族传统体育文化是我国传统文化的有机组成部分,它不断汲取传统文化的特性,使其具备与特定文化环境相一致的文化属性,同时也反映出了传统文化的特点与深远的影响。

（四）伦理教化的价值取向

由于受到传统儒家传统文化的影响，我国的民族传统体育非常强调伦理教化，以展示道德理念为标准，将道德视为人的最大价值与最高需要。在这种文化氛围下，民族传统体育成为"成德成圣，完成圆善"的一种手段，坚持"寓教于体，寓教于乐"的原则，追求在竞争中实现道德的培养与升华，如儒家先哲推崇的射礼，要求射者"内志直、外体直、然后持弓矢牢固，持弓矢牢固，然后可以言中"；唐代木射的取胜标记为"仁、义、礼、智、信、温、良、恭、俭、让"；韩愈议论马球运动时也曾指出："苟非德义，则必有害"；司马光曾说过："投壶者不使之过，亦不使之不及，所以为中也，不使之偏颇流散，所以为正也、中正、道之根柢也"；约成书于元明间的《蹴鞠图谱》以专章论述蹴鞠中如何体现儒家思想，提出踢球应以"仁义"为主等。这些规范和衡量民族体育的价值标准，鲜明地体现出了民族传统体育伦理教化的意图。

二、民族传统体育的文化特性

我国的民族传统体育不仅种类众多，而且具有丰富的文化价值，反映出人们对美好生活与崇高理想的追求。民族传统体育内容丰富、形式多样，具有近现代体育所不具备的优势，表现出美感的复合性。民族传统体育与本民族的生活、文化、地域等各个方面紧密结合，主要表现为以下几个方面的文化特性。

（一）民族性

当人类创造文化的同时，文化又反过来塑造了人类自身。但是，人类并不能够创造出统一模式的文化形式，这主要是由于人类将自己塑造成了各具不同文化特征的民族，因此世界各个民族的传统体育都表现出明显的民族性。不同的地区与国家都有自己独特的传统体育内容，如中国的武术、日本的柔道、韩国的跆拳道等都已经成为这些国家的一种象征。

我国民族众多，每个民族都有各自富于民族色彩的传统体育项目，它们散发着浓烈的民族气息与内涵。例如，藏族的赛牦牛、朝鲜族的顶水罐赛跑、傣族的孔雀拳等都是其他民族所没有的体育项目。即使不同民族有同一体育项目，也各具特色，如已列为全国民运会比赛项目的蒙古族式摔跤"搏克"、维吾尔族式摔跤"且里西"、藏族式摔跤"北嘎"等，虽然都是摔跤，但比赛的规则与要求各不相同，因此会表现出不同的民族风格。

我国传统文化更加追求人与人、人与自然之间的和谐统一,强调内心方面的修为。我国各民族开展的传统体育项目虽然不尽相同,但是它们共同组成了民族体育的统一体,许多民族传统体育项目包括武术、风筝、龙舟等都有原始初文化的影子。民族传统体育项目承载着民族的传统文化,由于民族之间的差异使得民族传统文化同样呈现出相对的独立性,这种特性决定了传统体育文化和价值观念不可能很快被其他民族全盘接受。即使在一个民族被其他民族征服或同化的情况下,其特有的体育方式也会在新的共同体中展现。

虽然不同民族传统体育的类型与模式存在一定的不同,但是它们既有体育文化的共性、一般特征和基本属性,也带有强烈的民族意识和民族文化气息,表现出一些独具一格的特色。各个不同国家和地区的传统体育的民族性,通过体育精神以及体育的外在形式、运动规则和具体要求表现出来。

(二)地域性

地域条件是民族进行繁衍生息的一个必要条件。由于我国的地域面积非常辽阔,东西南北之间存在很大的自然地理差异,各个民族之间"大杂居、小聚居",这就造成了各个地域之间形成了不同的价值观念与审美情趣,进而产生不同的体育文化。也就是说,我国各民族不同的生产方式、生活技能和社会风尚产生了各种各样的民族传统体育文化。

地域是民族进行繁衍和生息的空间条件,不同民族所处地域的自然条件也各不相同,再加上古代民族间相对封闭和经济自给的影响,民族的地域性表现的更为明显,并在此基础上形成了独具民族特色的传统体育项目。"北人善骑,南人善舟"是地理环境影响传统体育的生动体现,蒙古族人过的是游牧生活,"随草迁移"使其民族善于骑射,并逐渐形成了以骑射为特点的赛马、赛骆驼等体育项目;而南方江河分布广泛,因此南方民族有赛龙舟、抢花炮等体育项目。同时,北方民族的体育项目如摔跤、赛马等表现出很强的个体化特征,而南方民族的体育项目如赛龙舟、抢花炮等却体现出集体性。蒙古族主要从事畜牧业,其体育项目有赛马;苗族、侗族农业生产多用牛,其节日有"斗牛"习俗;漠北民族交通多用骆驼,从而有"赛骆驼"的体育项目。这些都表明,民族体育项目的形成与其所处的人文地域环境有着密切的联系。

另外,同一地区、同一体育项目由于开展地点的不同,也会表现出方式以及方法上的差异。这些地方特点的不断汇聚、逐渐融合,成为一个具有地域特征的文化景象。吉尔兹称之为"马赛克镶嵌"。因此,我国民族传统体育形式多样,且具有鲜明的地域性,其实是一种必然的社会文化现象。

（三）生产性

由于生产活动是体育文化产生的重要源头，民族传统体育以生产为基本支点，因此民族传统体育文化的产生与发展需要技术系统的支持。例如，马匹是民族地区人们生产的必备工具，由此演化出了马上运动项目；居住在东北原始森林地区的鄂伦春族，由于长期从事狩猎业生产，形成了豪放、勇敢强悍的民族性格，喜爱射击、赛马、皮华犁、桦皮船、斗熊等体育活动，以骏马、猎枪、猎犬闻名世界。因此，生产属性是民族传统体育发展的重要基础，生产性是民族传统体育最基础的文化属性。

（四）生活性

人们所生活的环境对于人自身以及人所创造的文化都会产生很大的影响与作用，人类环境的发展总是遵循不断提高生活质量与生活品位的规律。在人类社会发展初期，生活与生产内容是一体的。狩猎、游牧、耕作等生产活动，为庆祝收获、祈祷祭祀等生活内容总离不开人类社会初期所形成和提炼的动作活动方式，即体育。由此可见，体育是人们生产与生活中非常重要的组成部分。

虽然体育的生产性随着人类社会的发展和文明的进步而逐渐减少，但是体育却在现代生活中发挥着越来越重要的作用，并逐渐成为人们生活中的核心与文化的主体，虽然在汉族聚集区体育文化呈现出弱化的趋势，但是少数民族仍保留着自身特有的生活方式。

（五）封闭性

我国各民族文化在长期的发展过程中不断进行着互相之间的借鉴、吸收与交融，这不仅使我国的民族文化得到了极大的丰富，同时还形成了具有共同文化价值观的多元一体的文化格局。但是，由于自然地理因素、自给自足的小农经济、血缘、宗族等多种因素的影响，我国的传统文化表现出一定的封闭性，各少数民族、同一民族的传统文化都存在着独特的风格和特点，形成了"百里不同风，十里不同俗"的现象。

中国传统文化的封闭性使得中国传统体育也具有一定的封闭性，有些体育活动往往只能在很少一部分人或者一定的地域当中传播，甚至会在一些地区自生自灭，如陈家沟地理环境封闭导致陈家沟太极拳只能与同类其他拳种进行局部的、有限的交流，在区域范围内自我萌发、自我发展，从而形成特有的太极风格。人文地域环境的不同，同样使民族体育各有差异：北方人豪爽奔放，因此力量型的体育项目较为突出；南方人平和细腻，其体育项目更体现出心智和技巧。正是由于民族所处地域不同与心理性格的差异，从而造成了各民族传统体育项目表现出显著的封闭性特征。

（六）认同性

血缘认同与民族认同是民族文化认同的必要前提与基础，而深层次的民族文化认同是实现各个民族团结稳定的保障。

"一种文化体系以民族为载体，民族又以文化为聚合体。体育作为文化的重要组成部分，在民族文化认同方面不仅具有符号作用，更具备民族文化形象的意义。"例如，我国的传统武术就是通过归纳、总结战争中的技术成分，并使之置身于长期的中华民族文化熏陶与演化下，逐渐形成集技击意识与健身观赏于一体、有别于其他民族的一项体育项目。传统武术不仅具有东方的哲理内涵，同时还表现出中华民族文化的独特性质。此外，搏克、且里西、北嘎分别是蒙古族、维吾尔族、藏族的摔跤形式，由于其民族起源不同，有着不同的表现形式，因此具有了标志不同民族的符号作用。

（七）娱乐性

娱乐是体育起源要素当中一个主要的成分。民族传统体育的"娱乐成分主要包含身体技能性、谋略性和机遇性。第一种技术要求比较高，具有强烈的自娱性和娱他性；第二种对人的谋略、心智水平要求较高；第三种主要是对机遇的期待"。

我国民族传统体育文化多以自娱自乐的、消遣的以及游戏的活动方式出现，表现出很大的吸引力，注重满足人的身心与情感愿望。人们能够从这些体育活动中直接获得情感的抒发与宣泄，同时还能够得到愉悦感。一些娱乐项目的开展常常会形成一个民族集聚的盛会，如西双版纳的基诺族每逢喜庆节日，同时还会进行各种各样的娱乐活动。

娱乐性同时也是民族传统体育实现持续发展的重要推动力。例如，随着社会生活方式的逐渐变化，人们的价值判断逐渐向实用、易学、高效的方向发展，尤其是青少年。如果民族传统体育项目不具备充足的娱乐性，就不能够引起人们足够的兴趣，从而也就不能够实现自身的发展与传承。

第二节　民族传统体育的物质文化内涵

作为一种有形文化，民族传统体育的物质文化指的是人类对环境的能动影响的一种物化记载，它着眼于人们对环境的改造与创造。郑杭生在《社会学概论新修》中将物质文化界定为："物质世界中,一切经过了人的加工,体现了人的思想的东西。"美国的社会学家戴维·波谱诺在其《社会学》一书中提出:"一个社会普遍存在的物质形态——机器、工具、书籍、衣服等——称为物质文化。""一个特定社会所产生的物质文化,其实质是技术水平可开发资料和人类需求的结合体。"在各种不同的文化现象之中,物质文化与非物质文化之间存在着非常明显的差别,这主要表现在非物质文化能够进行反复使用而不发生损害,而物质文化则由于自然规律的作用,在使用过程中会不断发生损耗。随着民族传统体育的发展,人们逐渐增强了对于自身与周围环境关系的认识,而随着人们意识的不断发展,人们逐渐将这种认识物化于各种物质制品中,成为民族传统体育文化中最为活跃的部分,成为民族传统体育文化的一项重要标志。

具体来讲,我们可以从以下几方面对民族传统体育的物质文化内涵进行认识与了解。

一、文献典籍

文字的产生,一方面促进了人类的交流与沟通,另一方面也推动了文化的传播与传承。当人类社会产生文字之后,人们参与的各种活动都通过文字记载并流传下来,因此文字的出现推动了人类文明的发展。对于民族传统体育而言,它产生于人们的生产、生活、劳动、娱乐、军事、祭祀之中,并通过人与人之间、世世代代的传播而延续、保留至今,其中,文字在当中起到了关键的作用,其中有很多部分内容需要从各种文献典籍中去寻找,去研究,而其中也有相当一部分会随着历史的演变和发展,而渐渐失去了存在的合理性,成为历史遗产。我们只有对其挖掘与整理,传承与发展,才能使其重放异彩,重回历史的舞台。

经过几千年的发展,当前关于民族传统体育的文献可谓相当浩繁。例如,在《周礼》中就有关于乐舞和射、御的最早的考核内容。商代的《尚书·洪范》在所谓"五福"中,就有了"寿""康宁""考终命"的概念。《六韬》记载了兵种选拔条件的各种规定。《汉书·艺文志》记载了《手搏》6篇,《剑道》38篇,以及各种《射法》等与兵有关的著作。《战国策·齐策》记载:"临溜甚富而突,其民无不吹竽鼓瑟、末筑、弹琴、斗鸡、走犬、六博、蹴鞠者。"25篇《蹴鞠》,可以说是一部关于蹴鞠竞赛与训练的专著。东汉李尤的《鞠城铭》关于竞赛的场地规则等方面就给予了详细的记载与论述。《黄帝内经》内容丰富,论述全面,奠定了古代养生学的理论基础。《汉书·艺文志》中有《黄帝杂子步引》《黄帝歧伯按摩》等关于西汉以前的导引著录。齐梁间产生的《马槊谱》《马射谱》《隋书·经籍志》《骑马都格》《幻真先生内元气诀》,陶弘景的《养性延命录》《导引养生图》,孙思邈的《千金要方》《千金翼方》《保生铭》等都是主要的民族传统体育文化典籍。明代汪云程的《蹴鞠图谱》是我国古代蹴鞠活动较完备的教科书,全书共有 21 节,包括竞赛规则、技术名称、技术要领、场地器材、球戏术语等蹴鞠活动的全部内容。在传统体育养生学方面,宋代以后专著较多,如宋末年官修的《圣济总录》,宋人的《八段锦》《寿亲养老专书》《回时颐养录》《云籍七签》,刘完素的《摄生论》,明代的《寿世保元》《摄生三要》《养生四要》《赤风髓》《万寿仙书》《红炉点雪》《修龄要昌》《遵生八笺》,清代的《勿药元诠》《寿世编》等。

到了近现代时期,与民族传统体育相关的史料典籍就更加丰富,主要包括图谱、密笈、专著、论文、史料、地方志等多种形式,这些都是研究民族传统体育的宝贵资料。《中国民族传统体育志》是由原国家体委文史委员会和中国体育博物馆编著、广西民族出版社出版的,这是一部有关各民族体育的大百科全书。该书挖掘、收集、整理民族传统体育项目 977 条。内容包括古代已有的,现代仍流传或已失传的,有文字记载的,或只有口头传说的,涉及武术、棋类、气功养生健身、文娱等几大门类。其中,每一个民族传统体育项目都有详细的介绍,从起源、流传开展情况,到规则、成绩记录、重要人物等无一不有。

二、民族传统体育项目

中华民族传统体育内容非常丰富。发展到现在,我国诸多的民族传统体育项目已走出国门,深深吸引着世人的目光,如武术、龙舟、气功、风筝等项目就是如此。民俗是产生民族传统体育的土壤。梁柱平同志在谈到民俗与民族传统体育时指出:"由于各民族所处的山川地理环境不同,从而形成了各民族的不同风俗习惯,产生了风格、形式各异的民族传统体育活动。"信仰民俗和节日民俗是民族传统体育的主要载体。传统体育的产生源于人们的需要,由于原始社会生产力的极其低下,传统体育不仅表现出人类需要的相似性,也反映出生活环境对于人的制约。而在不同地域环境的基础上,各民族又形成了各自不同的民族习惯,所产生的民族传统体育活动也是风格各异。

体育产生于人类自身的客观需要。在生产力落后的原始社会与封建社会当中,各民族传统体育既表现出人类需要的相似性的一面,又表现出不同环境对人的制约性的一面。因此,民族传统体育便有了区域性、大众性、娱乐性及健身性等特点。

　　民族传统体育的物质性主要表现在其项目的丰富性方面,下面重点介绍一下我国各民族传统体育项目的内容。

　　壮族:传统体育项目主要包括投绣球、春榔争娃、打陀螺、抢花炮、舞狮、扒龙船、壮拳、特朗、跳花灯等共 28 项。壮族非常热衷于武术,壮拳就是壮族武术中非常有代表性的一个拳种。壮拳的动作剽悍粗犷,沉着健稳,拳势刚烈,形象朴实,多短打、擅标掌、少跳跃,行拳时使用壮语发音,借声气催力。壮拳现存器械套路 14 套,拳术套路 35 套,对练套路 2 套。

　　回族:传统体育项目主要包括木球、方棋、中幡、掼牛、打抛、踢毽等,回族武术也非常著名,在民族传统体育发展的过程中,回族武术对其文化和风俗产生了极为深远的影响。回族的传统体育项目大约有 32 项。主要有:赛马、赛牦牛、射箭、登山、摔跤等体育活动。

　　满族:传统体育项目主要包括冰嬉、溜冰车、溜冰、双飞舞、采珍珠、射箭、步射、摔跤、追射、打冰嘎、雪地走、举重石等 43 项。其中骑马、赛威呼、采珍珠、双飞舞、射箭、摔跤、狩猎等项目。满族的这些民族传统体育项目具有浓郁的民族气息。

　　蒙古族:传统体育项目主要包括摔跤、贵由赤、赛骆驼、赛马、射箭、踢牛嘎拉哈、马术、击石球、布木格、打布鲁、套马、打唠唠球、吵塔拉鲍格棋等。这些民族传统体育项目表现出浓郁的草原民族特点。

　　傣族:传统体育项目主要包括武术、赛龙舟、打陀螺、跳竹竿、傣拳、藤球、丢包等 13 余项。跳竹竿是傣族人民非常喜爱的一项传统体育项目,主要包括打竿与跳竿两种。打竿者十几人,两人一组,分别执竿一段相对而坐。竹竿互敲或敲击地面,时分时合,竹竿一击一分的频率随着音乐的伴奏不断变化、加快。跳竿者灵巧地跳跃在竹竿的分合之间,运用双脚跳,变化出优美、舒展的动作,有时女打男跳,有时男打女跳,有时男女混合跳。傣族拳有单练、对练和集体演练三种。另外,傣族武术也受到人们的欢迎和喜爱,傣族武术易于练习,动作刚柔相济。表演时有象脚鼓、锣伴奏,具有较强的节奏感,能激发起人们参与运动的兴趣。

　　维吾尔族:传统体育项目主要包括达瓦孜、打尕尕、滑冰、"萨哈尔地"、摔跤、叼羊、帕卜孜、"顿巴采"、赛马等十几种。

　　苗族:传统体育活动主要包括秋千、划龙舟、手毽、掷鸡毛、爬坡竿、爬花竿、上刀梯、赛马、跳鼓、猴儿鼓舞、布球、射弩、拉鼓、舞狮、打泥脚、芦笙刀、舞吉保、苗拳、蚩尤拳等 33 项。其中,划龙舟深受苗族人民的喜爱,参与者众多,因此划龙舟也成为苗族传统节日的主要项目。另外,秋千活动也很有特色:一是集体打秋千,二是打秋千时唱歌。八人秋千是湘西苗族人民的传统体育项目。"舞吉保"被看作是苗族的武术,它主要包括徒手和器械两大项目。徒手分为粘功、点穴、花拳、策手、礼示等五个方面;器械类包括棍术、铜、钩钩刀、连架棒、棒棒烟、竹条镖。"舞吉保"是苗族人民健身和武术的经验总结,在形式、内容、技巧等方面都各具特色。

藏族:传统体育项目主要有 32 项,包括赛马、赛牦牛、射箭、登山、摔跤等体育活动。

哈萨克族:传统体育项目主要包括叼羊、姑娘追、摔跤、赛马、躺倒拔河等 7 项,多以马术活动为主,男子多喜欢进行摔跤、叼羊等活动。主要节日有肉孜节、古尔邦节和那吾鲁孜节。

彝族:传统体育项目主要有摔跤、射箭、射弩、陀螺、赛马、磨秋、跳牛、耍龙、跳火绳、刀术等共 42 种。射箭是彝族节庆、婚丧活动中的主要内容。古代射箭有射远和射准两种形式。彝族弓、弩使用历史久远,制作考究。弓体多为木质,弓绳用牛皮筋做成。箭杆多为木质,也有铁质。箭镞有铁质、木质、骨质三种。彝族"刀术"也具特色。掷刀表演时,将腰刀抛向十多米高的空中后再稳稳接住,还有掷出后跳跃几次再接刀,集队游行时,常常是以掷刀表演的形式为向导。

朝鲜族:传统体育项目主要包括荡秋千、摔跤、顶罐走、跳板、投骰等。

侗族:传统体育项目主要包括武术、抢花炮、侗棋等 13 项。侗拳素有"拳打卧牛之地"之誉,是流传于桂北和湘西南侗族民间中的一个古老拳系,其风格特点是动作快速迅猛、手足并用,行拳时短小紧凑,身法灵活多变、时高时低、错落有致。步行步伐动时顺势、定则沉稳,一般以步"四门"和"田"字为主。脚法不多,以稳秘踹击发暗腿为主。

布依族:传统体育项目主要包括赛马、打陀螺、秋千、丢花包、花棍舞、铁链械等。

白族:传统体育项目主要有赛马、秋节、仗鼓、赛龙船、跳花棚、霸王鞭等13 余项。

土家族:传统体育项目主要包括抢贡鸡、打飞棒、踢毽、板凳龙、搭撑腰等几种别具特色的项目。"抢贡鸡"中贡鸡有草鸡、稻草鸡、竹篾鸡三种;比赛形式有团体赛、个人赛和表演赛三种形式。"打飞棒"是一种两人对抗赛的运动项目,第一步是"挑飞棒",第二步是"打飞棒",第三步是"宰鸡头"。踢毽子运动也深受土家族人民的喜爱,毽子有布包铜线,管插鸡毛制成,也有纸絮包扎铜线或镍币做成。踢毽子运动形式自由灵活,适合各类人群运动,主要有踢毽、拍毽和抢毽三种。另外,土家族的武术多短打,进攻动作迅速而有力,拳势猛烈异常。总体来看,土家族的武术主要有器械套路78 套,拳术套路54 套,稀有器械30 多种,气功以硬气功为主。

傈僳族:传统体育项目主要包括顶牛、弩弓射、打陀螺、上刀杆、泥弹弓等21项。顶牛是模拟牛羊打架相角抵的一种较力对抗。弩弓射是傈僳族在采集、狩猎竞技中形成与发展起来一种传统体育项目,弩弓制作精良,弩箭用竹制成,配尾羽,分有毒和无毒两种。弩弓射比赛主要有耙耙打、射鸡蛋、射刀刃等几种形式,具有较强的竞技性和娱乐性。泥弹弓是一种以竹为弓,以皮筋为弦,用泥弹做弹丸,以射击十步开外靶子的游戏。

佤族:传统体育项目主要有摔跤、弩弓、射刀刃、高跷、脚斗、武术等12项。摔跤运动深受佤族人民的喜爱,大多数人都会摔跤。佤族人自小习弩,练就一身箭无虚发的绝技。射刀刃是最高水平的射弩,是检验射手的最佳手段。

瑶族:传统体育项目主要有毛莱球、打陀螺、对顶木杠、独木滑冰、独木桥、瑶拳等十几项。瑶拳有着悠久的历史,其动作小巧、沉实稳固、粗狂有力、发劲粗暴、击打猛烈。现存的主要套路有盘王拳、太极拳等;器械套路有关刀、盘王棍、双刀等;集体套路有双刀舞、剑皇舞、关刀舞等;对练套路有对刀、对打拳等。

哈尼族:传统体育项目主要有陀螺、跳高跷、摔跤等几种。另外,磨秋也是哈尼族节日中不可缺少的传统项目之一,深受人们的欢迎和喜爱。

黎族:民族传统体育项目包括拉乌龟、跳竹竿、穿标、打狗归坡、赛牛车、顶杠、钱铃双刀、荡绳等十几种。跳竹竿在黎族中发展的较为广泛,曾经先后两次在民运会上被评为优秀表演项目,此项运动对于人体的灵活性要求比较高,要求运动时要反应灵活,动作敏捷利落,优美舒展,另外还要具备一定的音乐素养和舞蹈技巧,参加此项目的训练能有效地锻炼人的体能素质和心理素质,具有较大的实用价值。除此之外,射击比赛、狩猎比赛也是黎族男子普遍喜爱的体育活动。

纳西族:纳西族的传统节日众多,他们的大多数传统体育项目都是伴随着节日进行的。纳西族常见的传统体育项目主要有秋千、赛马、东巴跳、占占夺、丽江球等几种,打秋节也是纳西族的主要传统体育活动,有磨担秋、荡秋等。另外赛马也有着悠久的历史,赛马以竞速、体形、步伐决优劣,后来还出现了马技表演。东巴跳源于东巴教跳神舞蹈,保留了原舞蹈的较完整的原始形态。耍刀跳、弓箭跳、磨刀跳等项目包含了武术的基本特征,但动作较为随意和简单。射箭在每年的正月初九和十二祭天时进行,也是深受纳西族人民喜爱的传统体育运动。

柯尔克孜族:传统体育项目主要包括赛马、叼羊、马上角力、飞马拾银、秋千、摔跤以及射元宝、姑娘追、日下赛跑等23项。其中"叼羊""飞马拾银""姑娘追""走马"等是最受柯尔克孜族欢迎和喜爱的项目,这几个项目充分展现出了柯尔克孜族能牧善骑的民族特点。

达斡尔族:传统体育项目主要包括波依阔、寻棒、比颈力、滑雪等十几项。波依阔,即曲棍球,是达斡尔族人民十分喜爱的传统体育项目之一。20世纪70年代,波依阔成为达斡尔族主要的传统节目,各中学也把曲棍球列为体育课的主要内容,曲棍球运动在达斡尔族得到了很好的发展。颈力比赛是达斡族人民所酷爱的类似拔河的传统活动。参赛两人相对端坐地上,伸直双腿、双脚相蹬,各自双手叉腰或放在双膝上,用布带作环,将两头套在彼此的脖颈上。比赛开始,各人用脖颈使劲,争拉对方。屈膝歪倒、臀部离地或是布带中心线偏向对方即为输,另外,达斡尔人也非常喜爱射箭运动,射箭的形式多种多样,常见的主要有跑马射箭、站立射箭两大种。

景颇族:传统体育活动包括摔跤、刀术、秋千、射击等12余项。景颇族刀术形式较多,基本分为"彪赞拳"与"文蚌拳"两类,前者具有很强的攻防意识,应用性非常好;后者是花样刀术,主要运用在节目作表演。

高山族:传统体育包括17项,较为流行的是背篓球、竿球。背篓球来源于高山族青年男女在生产活动中投掷槟榔示爱的一种活动,后逐步发展为体育运动,比赛分两队,每人一个背篓,甲队投乙篓,乙队投甲篓,边跑边投,投距不少于3米,不得碰撞背背篓者或触到背篓。而竿球,又名顶球、刺球,流行于屏东、台东等地,用顶端削尖了的竹竿去刺高高抛起下坠的球,刺中球多者胜。

畲族:民族传统体育项目主要包括操石磉、赛海马、站桩、抢山猪头、斗牛、打尺寸、畲族拳等10项。操石磉是一种别有情趣的民族体育项目,它是用脚踩着石磉在鹅卵石上行进,以速度快者为胜,可单人、双人、多人进行。"打尺寸"是以打击短棒为基本动作的一种游戏,其比赛形式追逐双打、四面招架,攻守阵地。

拉祜族:传统体育项目有射弩、卡扒、蜡河毕、卖切切(踢脚架)等18余种。蜡河毕是拉祜族少女和儿童的专属游戏。游戏时,在空地上支一块10~20厘米的木板或石片作靶,用"蜡河毕豆"弹击,距离5~10米不等。

东乡族:传统体育项目主要包括赛马、一马三箭、三连石击目标、骑木划水、打鞭子比赛、人牛泅渡等。赛马深受东乡族人民的喜爱,主要分为耐力赛、速度赛、花样赛等几种形式。另外,摔跤也很流行,东乡人称其为"巴哈邦地",摔跤的动作也是多种多样的,"揽腰抱""花花抱""后腰抱"等是最为常见的几种。打鞭子比赛以其较高的趣味性也得到了广泛开展,比赛一般分单人、双人、集体三种。

水族:常见的传统体育项目包括赛马、翻桌子、狮子登高和水族武术等几种。水族人尤爱赛马,喜耍狮子,赛马比的是韧劲,耍狮则要有极大的勇气。水族武术同我国传统武术有着很大的区别,水族武术的技术主要有刀术、坦耙、链夹、三顺叉等几种,具有很强的娱乐性。

撒拉族:常见的传统体育项目包括"打蚂蚱""拔腰""打缸"等。拔腰是一种较力的游戏,主要包括抱抱和定抱两种形式,娱乐性较强。"打缸"是指参加者用小石片击打,有平打、侧打、立打、正打等形式,比赛规则都是击中为胜。另外,撒拉族人民也热爱骑马,普遍骑术高明,主要有跳跃马背、骑马射击、蹬里藏身、骑马劈刀等几种形式。

锡伯族:传统体育项目主要包括射箭、滑冰、打瓦、摔跤、踢熊头、原嘎拉哈、打螃蟹等几种。其中,射箭运动历史悠久,有着浓厚的群众基础;打瓦原叫"打靶",起源于狩猎时代,不仅能锻炼人的体质,还能增强意志品质;摔跤被广大的青少年所喜爱;滑冰简单,易于操作;"打螃蟹"则反映了锡伯族人民的耿直性格,开展得较为广泛。

毛南族:传统体育项目主要包括同背、同拼、同填、同顶、棋类、抛沙袋等十几项。毛南族人大都喜爱棋类运动项目,常见的有三棋、簸箕棋、围母棋、牛角棋、射棋、禾剪棋等形式。

仫佬族:传统体育项目主要包括游泳、打灰包、打篾球、玩花龙、抢花炮、象步虎掌等。其中,打灰包、打篾球、象步虎掌皆为仫佬族所喜爱且盛行极广的传统体育活动。

羌族:传统体育项目主要包括摔跤、扭棍子、推杆、观音秋等几项。其中,扭棍子受到羌族人民的普遍欢迎。扭棍子是取一根约1米长的木棍,两人各握一端,各自朝相反方向扭动,以能将木棍扭转一周者为胜。而推杆的器材是一根长3~4米,粗20厘米的木杆,两人相对,守方半蹲于地,双手紧握木杆一端,双腿夹骑于上用力顶住;攻方紧握另一端,用力前推。攻方将守方推倒或推后50厘米为胜一局,否则为败,三局二胜制。

仡佬族:传统体育项目主要包括高台舞狮、篾蛋球、打花笼、仡佬毽子等,这些项目大多是在节日当中进行。仡佬族的节日主要包括春节、元宵节、拜树节、捉虫节、牛王节等。打篾蛋球是仡佬族历史悠久的传统游戏。球由竹篾编制而成,如拳大小,外涂彩色,分空心、实心两种。比赛双方人数相等,场中划界为河。打球时可拍、扣、推、托,还可以用脚踢,打不过"河"或球碰身体为输。球落本方界内,对方可过"河"占领落地地盘。另一方法为优胜者开球,球发出后,旷野上的人们朝落球点奔去,抢到球者发球,发球次数多的为胜。

布朗族:传统体育项目主要包括"亚都都"、爬竿、斗鸡、藤球、射箭、跑步等几种。"亚都都"属于男女混合游戏。一男领数女进入场地,女孩迅速四散开来,男子则去追,被追者若立即卧倒在地,则要放弃再去追赶其他女孩。若女孩在卧倒前被捉住,即算输,要立即帮助男孩去追其他人,直到全部捉住方告结束。"斗鸡"也是一种常见的体育游戏,具有一定的对抗性。比赛中,男女青少年将一脚拉起,单脚支撑,互相用膝盖冲顶对方,动作有跳、压、顶、冲、扫,以将对手击落于地或双脚落地为胜。藤球用细竹竿或细藤精心编制而成,游戏规则与现代排球有着很大的相似之处。游戏者围成一圈,先由一人抛起,落下时,离球最近的用手将球托起,空中传给别人。球传不到位或没接到球者受到一定的惩罚,惩罚的措施和手段可预先制定。

阿昌族:民族传统体育项目主要包括射弩、耍象、车秋、舞龙、阿昌拳等几项。阿昌人善制刀爱耍刀,尤以会耍刀最为出名。刀术有多种,主要有阿昌大刀、三十六刀、藏刀、朴刀、双刀等。阿昌拳则包括公鸡拳、羔子拳、翻地龙拳、打通广拳、猴拳、十字拳、四马回头拳、四方拳、大蟒翻身拳、猴子挑水拳等。棍术主要有合棍、两节棍、十四门棍、猴棍等。

普米族:传统体育项目主要包括赛马、跳高、踢毽子、摔跤、打靶等,这些项目也大多在欢快的节日中举行。

保安族:传统体育项目主要有射箭、打五枪、抱腰、抹旗、赛马、打石头等。另外,羊皮筏子或牛皮袋竞渡也是保安族常见的传统体育活动。主要有"刀术"牛皮袋过黄河和"单抱"羊皮袋横渡黄河两种,这种运动惊险刺激,能极大地锻炼人的意志品质。

俄罗斯族:俄罗斯族人民喜爱跳舞,最具特色的舞蹈是踢踏舞,最流行的体育项目是"嘎里特克"。"嘎里特克"又称"击术",在比赛时,分两队、每队5人,以先击完所商定图形的队为胜,也可两人对抗。

塔吉克族:传统体育项目主要有赛马和叼羊两种。赛马,一般最长距离50公里,短的10公里左右。叼羊运动多在喜庆节日举行,由两队马上技巧娴熟的骑手,争夺预先放在地上的取掉头、蹄的山羊,以夺取并送到指定地点者为胜,叼羊是我国重要的民族传统体育运动项目。

鄂温克族:传统体育项目主要包括狩猎、赛马、套马、滑雪等。

德昂族:传统体育项目主要包括射弩、武术等,射弩与武术在德昂族中有着广泛的群众基础,大多是在节日中进行。其中,左拳、梅花拳是其武术内容的主要代表。

京族:传统体育项目主要有跳竹竿、打狗、游水捉鸭、踩高跷等几项。"打狗"深受青少年的喜爱,主要分个人和团体比赛两种形式。该活动已有200多年的历史。休息时,五六个人在海边的沙滩、草地、平地上挖几个小坑,每人拿一条木棍或扁担,便可从事该游戏,相当的简便易行。另外,京族男女擅长游泳、潜水,常在夏、秋两季进行捉鸭子比赛。

塔塔尔族:常见的民族传统体育项目主要有摔跤、赛马、拔河、爬竿、赛跳跑等。爬竿比赛时,要在木杆上涂肥皂,使其润滑。竞赛中谁先爬到顶点为胜。"赛跳跑"时,参加者口衔一匙,匙内放一个鸡蛋,有的人小腿还捆有一个纱布口袋,迅速奔跑,鸡蛋不能落地,最先到达目的地者为胜。

怒族:传统体育项目主要有爬溜索、射箭、跳高等几项。据说,怒族的祖先便用竹篾扭成竹索,将竹索用栓在箭上,用力射到对岸,再把横在江上的竹索固定下来,便成了溜索。可以说,溜索也是当地特有生活方式的一种写照。溜索是横断山河谷江河上所特有的交通工具,过去,怒江地区交通十分不便。怒江两岸高山峭壁千仞,危崖嶙峋,怒江穿行其间,水流湍急,落差极大,难以行舟摆渡。溜索有平溜和陡溜两种。平溜用一根溜索,来往都可溜渡,陡溜需要一来一往两根溜索,一头高,一头低。溜渡时,要将溜板扣在溜索上,把3米多长的麻布溜带从溜板孔中穿过,向臀、腰部各绕一圈,最后一圈系在脖子上,然后用手紧扶溜板,同时用力蹬固定溜索的柱子,顺势下溜,霎时即可飞越江面。滑至江心时,随着溜索上倾,溜板徐徐停止,溜渡人脚蹬溜索,用手上攀,直到溜索尽头的溜柱旁,则可解带下地。

乌孜别克族:常见的传统体育项目主要包括摔跤、赛马、叼羊等几项,一般在节日中举行。

裕固族:传统体育项目主要包括赛马、赛骆驼、顶牛、射箭、摔跤、打蚂蚱等9项。其中,赛马最受裕固族人民的欢迎,在传统节日、庙会、宗教祭祀、婚礼等场合都举行赛马比赛。赛马主要包括走马和奔马两种形式,各年龄段人群都可参与。另外,赛骆驼、射箭、摔跤等运动项目也是受当地的生产活动影响而出现的,开展的也较为广泛。

独龙族:传统体育项目主要包括"耶路里得楞""夏巴"等几种。"耶路里得楞""夏巴"即赛马、射箭的意思。独龙族过年的第二天,都会举行射猎庆典。先进行祭祀,礼毕举行竞射。在50米外砍去一大树皮,用木炭画上各种兽形,猎手们张弓劲射。也有将兽皮作靶进行卜射的。网石,又称"响石"。用麻线织成一个菱形的网石兜,两边各绕上一根4尺长的麻绳,一端结扣套在手指上,另一端结疙瘩夹于手指间,网兜中放一枚鹅卵石,网石在头上旋转加速,看准目标后将夹在指间的绳疙瘩放开,圆石利用惯性飞出,可击中300米开外的目标。

珞巴族:珞巴族人民喜爱长刀和弓箭,这两种武器也是珞巴族男子一生中最重要的信物。他们从七八岁便开始操弓练射,练就了一副高超的技术。发展到现在,射箭不仅成为一种重要的体育活动,同时也是珞巴族人民非常重要的生活方式。

赫哲族:传统体育项目主要有滑雪、叉草球、快马小赛、打爬犁等十几项。赫哲族以捕鱼为生,"叉草球"即来自于这种生活的需要。赫哲族早年穿鱼皮为衣,为了保存鱼皮的完整,叉鱼要准确地叉在鳍上,就需要反复练习叉鱼的本领，因此，叉草球运动就是在这样的背景下诞生的。叉草球运动在每年的春、夏、秋三季举行。在草场上择一平川地方，长百步，宽不限，选择一头有叉的柳木杆，长 6 尺，剥去树皮，将两叉削尖，做成木叉。用草扎成直径为 8～9 寸的圆形草球。比赛方法主要包括两种：第一种，甲乙两队各数人，每人 1 把叉，两人 1 个球，相向立，距离 70 步，互发草球、叉球，只能叉对手球。以连续叉中 21 次者为胜；第二种，叉球者将叉投向空中或地面滚动的草球，叉中者前进 10 步，不中者后退两步，前进后退只准 3 次，以叉中多者为胜。

鄂伦春族：传统体育项目主要有赛马、射击、桦皮船、皮爬犁、斗熊等几项。鄂伦春人从小就生活在马背上，赛马就成为他们最为重要的体育活动。鄂伦春人自古以狩猎为务，他们普遍射艺高超，久而久之，射箭也发展成为一项传统体育项目。射箭多以树木为目标，有立射和马上习射。皮爬犁是鄂伦春族人的一种雪上交通工具，比赛的形式主要有比速度、比距离两种。

门巴族：传统体育项目与藏族大致相同，在此不进行详细介绍。

基诺族：传统体育项目主要有射弩、顶竹竿、跳嘎、牛尿泡球、打陀螺等几项。竹竿是基诺人进行体育活动的器械，比赛形式有顶竹竿、翻竹竿、扭竹竿、爬竹竿等。还有高跷也是以竹子为材料的。"跳嘎"，即跳牛皮鼓。相传基诺族祖先在洪水来临时藏在鼓里避难，因此，每到年节、造新房、农历二月，村村寨寨都要跳牛皮鼓纪念。每当新的一年来临，寨父卓巴敲响浑厚的牛皮鼓时，人们燃起篝火，年轻的姑娘、小伙子跟随卓巴轮流击鼓，手持双锤，左右跳跃，挥臂击鼓，动作有转身击、正击、反击等，鼓声不绝，动作不停。其余的人围成圆圈和着鼓声、芒锣声跳起牛皮鼓舞，随着节奏时紧时缓，情绪激昂，通宵达旦。射弩、射箭是基诺人常进行的活动，妇女喜欢打毛毛球。

汉族：汉族的传统体育项目最为众多，据粗略统计大约有 301 项传统体育项目。其中，有些运动项目已经走向了国际，成为世界的优秀体育文化，如武术、龙舟、风筝、气功等运动项目。汉族的传统体育项目如果根据大的种类来分，可以分为武术或武艺、军事体育、娱乐体育以及行气养生类体育四大类。在每一类里边又可分出许多具体的亚类来。如武术类中的拳类，又分为陈式太极拳、吴式太极拳、杨式太极拳、孙式太极拳、拦手、地趟拳、太极五星捶、螳螂拳、四通捶、秘踪拳、华拳、翻子拳、通背拳、太极拳、少林拳、短拳、交圣拳、大鸿拳、劈挂拳、南拳等近 90 余种。又如，消遣娱乐体育，可以分为蹴鞠、击壤、投壶、木射、棋类、步打球、捶丸等。而棋类这一项目又包括许多子项，如六博、跳枯井棋、狼吃娃、摆龙、兽棋、对角棋、围和尚、媳妇跳井棋、六周茅坑棋、打虎棋、摆龙门阵、猪拇棋、下方、"华容道"智力棋、网棋、西瓜棋、成方、三棋、四棋、三六九、夹挑棋等 55 项之多。再如养生术类的导引气功,就有彭祖气功、天河寺硬气功、常州气功、南京戴家功、青龙功气功、武当气功、三线放松功等。

由以上叙述可知,我国的民族传统体育不仅具有悠久的发展历史,而且内容博大精深。在自身的发展过程中,民族传统体育逐渐建立并形成了自己独具特色的发展体系,为世界所瞩目。在今后的发展过程中,我们应该做到与时俱进,更加深入地挖掘我国优秀的民族传统体育项目,从而促进我国民族传统体育的长久发展。

三、运动器材与器械设备

我国的民族传统体育项目数量众多,在完成动作的过程中常常需要借助于一定的器械、器材才能够顺利进行。例如,刀、枪、箭等器械都是在中华民族祖先的生产劳动过程创造出来的,之后又经历了后人的不断改进逐渐发展和完善起来。民族传统体育运动器材、器械设备等是人类的一种文化创造,它是我国古代劳动人民汗水与智慧的结晶。因此,对民族传统体育的物质文化内涵进行研究也应该将运动器材与器械设备包含其中。

龙舟竞渡中的龙舟就是民族传统运动器材中非常具有代表性的一种。赛龙舟是端午节期间汉民族中普遍流行的一种民俗体育活动,古文献《穆天子传》中有关于龙舟的最早记载,相传周穆王时(公元前1001—前947年)就已经出现了龙舟,比屈原投江的时间早600多年。龙舟主要是由三部分组成,即船体、龙头与龙尾;另外还有各种装饰与锣鼓等。一般的龙舟船体为菱形,两头窄,中间宽。宽窄一般在1~1.2米之间,个别的宽1.4米。船的长度差距较大,短的约10米,长的可达30多米。龙头大多用整木雕成,竞渡前才装上。各地的龙头各异:广州西江鸡龙舟龙头,长1米左右,小而上翘,大多为红色,称为"红龙",也有的涂为黑、灰色,称"黑龙""灰龙";广州东江大头狗龙舟龙头的龙颈很短,龙头很大;湖南汨罗县的龙头,短颈,上唇部夸张地向上高翘伸起;贵州清水江苗族制作的龙头,用7~9尺长的水柳木雕刻而成,重达一二百斤,上涂金、银、红、绿、白各色,龙头昂首向天,头上有一对变弯的龙角,酷似水牛角,龙颈上还有十多个木齿;贵州施秉县无阳小河村制作的龙头,长2米多,鼻孔拱穿,很像牛鼻;江西高安县均阳镇的龙头,上唇及鼻子像大象一样弯卷,远远伸出,并且在龙头之下、龙舟的正前方钉有一刻有兽纹的半圆形木版,兽纹似饕餮,又像狮子;而西双版纳的龙头最大特点是,在龙嘴前方伸出长长的2根或3根大象牙似的长牙。龙尾大多用整木雕成,刻满鳞甲,各地龙尾也不尽相同。龙舟的装饰是指除去龙头、龙尾以外的东西,包括旗帜、船体上的绘画,以及锣、鼓、神位等,龙舟上的装饰各地差别更大,很难找出共同的、规律性的东西。例如:鹿门康帅府的三角形船尾旗,上方绣有一鹰,中部为一太阳,下方为一熊,称为鹰熊伴日旗。帅旗为长方形,每条船1~2面,一面绣有双凤,另一面绣有双龙,正中绣帅字,上方绣鹿门。罗伞绣有各种图案,有的绣八仙,有的绣八仙的各种宝物。除了普通的龙舟之外,还有造型龙舟、凤船、独木舟、龙艇等很多别的种类,这些都很好的展现出我国人民的聪明与才智。

踩高跷是元宵节的一种特色民族体育项目,高跷是这种体育项目的主要运动器材。高跷在唐代之前叫长跷伎,宋代叫做踏跷,清代开始称高跷。高跷活动由于表演者的双脚踏在木跷之上起舞,要比一般的人高出一截,民众需要仰着头或者站在高处进行观看,所以又被戏称为"高瞧戏",又俗称"缚柴脚""高脚师""拐子"等。由于踩高跷具有很高的娱乐休闲性,所以受到了广大民众的广泛喜爱。高跷为木制品,是在刨好的光滑木棍顶部(或者中间)的适当位置钉上脚踏制作而成,如赣南客家的高跷结构都是由圆木棍与脚踏板两部分组成。一种高跷是在两根直径约5厘米、长度在150~180厘米的圆木棍上,距地面高度数十厘米处各钉一块踏板制作而成,这种高跷不仅容易保持平衡,而且动作相对简单,容易学习掌握,在健身、娱乐、竞赛活动中很常见;另一种高跷是在两根直径约5厘米、长度数寸或数尺的圆木棍顶端分别钉上一块踏板制作而成,掌握这种类型的高跷有一定的难度,一般需要经过专业性的训练,在集会庆典和节假日的表演活动中较为常见。踩高跷是一种喜闻乐见的休闲方式,不仅丰富了广大民众的业余文化生活,同时还增进了民族团结与友谊。踩高跷的器械简单,取材很方便,基本不受场地、环境等客观因素的影响;同时,踩高跷的运动强度也不大,极富娱乐性,因此也非常适合人们用来进行健身。

总而言之,运动器械是一种物化的文化,同时也是体育物质文化的有机组成部分,它在民族传统体育物质文化内涵中占据着非常重要的地位。

四、壁画、出土文物及民族服饰

大部分民族传统体育都具有直观性、形象性的特点,人们在参与民族传统体育过程中的思维大多是直观的动作思维。另外,民族传统体育产生的时间比较早,来源于人们的生产、生活,是人类生产、生活最原始的记录与反映,它要比语言、文字产生的早得多。而在语言未产生前,人们参加狩猎、采集、沟通等各种活动则需要借助于一定的身体语言,而对其记录也是由简单的线条、人物简画所组成。因此,对动作、身体活动的记录也多是以图画的形式进行,因此,早期的民族传统体育活动记录大都记载在各种陶瓷制品及建筑壁画中。由此可见,壁画、出土文物及民族服饰等也是研究民族传统体育物质文化内涵的一个重要方面。

1954 年,在洛阳孙旗屯遗址发掘出了新石器时代的石铲、石球、石饼等文物,其中有一个直径 98 厘米,重量约为 1 095 克,表面光滑,经过加工,呈青黑色的石球;1997 年 6 月,在洛阳小浪底库区,发现了史前新石器时代的聚落遗址,其中出土了一个直径 12 厘米,重量约 1 140 克,呈灰色的石球;1997 年 10 月,在洛阳偃师宫殿遗址,出土一个直径为 15 厘米,重量约 1 850 克,表面光滑,呈土黄色的花岩岗石球;1984 年,在洛阳涧西出土西周时期的四文体尖状物,长 15 厘米,是可安装在木棒的类似现代标器的骨器;1998 年 1 月,在洛阳解放路的战国墓出土了一个长 27.4 厘米,宽 52 厘米,厚 11.5 厘米的铜牙,矛上铸有"越王者旨于易"字样。20 世纪 70 年代初,云南博物馆在江川李家山发掘出土的铜鼓,是古滇人进行秋千活动的有力说明。1953 年中国科学院考古研究所在西安半坡村北"半坡遗址"内发现"石球",表明母系氏族社会时期,人类祖先就有"石球"游戏,由此提出蹴鞠活动起源于原始社会后期。广西贵县罗泊湾汉墓的 1 号墓出土的铜鼓则是我国龙舟竞渡起源的佑证。

李重申、李金梅等人在《敦煌莫高石窟与角抵》一文中提出:"目前,我国对角抵的研究除文献资料外,还有相当一批出土文物待认真考引,尤其是西陲敦煌所保存的壁画和藏经洞发现的白描和幡画中,西魏第 288 窟、北周 290 窟、五代第 61 窟、北周第 428 窟、盛唐第 175 窟等都有角抵的各种珍贵资料。"敦煌莫高石窟,千佛洞、榆林窟等石窟中,绘有数百幅精美的佛教故事图,绘有古人应用弓箭进行习武、竞赛、作战、骑射、射猎的行为等。敦煌的古墓群、烽燧,古长城中出土的画像砖、箭镞、弩等,特别是古墓群的画像砖为我们保存了大量弓箭文化的视觉资料。

上述出土文物、岩画、壁画等这些重要的民族传统体育文化方面的珍贵史料,是我们正确认识历史、理解民族传统体育深刻内涵的最有说服力的物证。

另外,民族服饰同样是体育文化的有机组成部分。纵观我国的民族传统体育,其中大部分项目都与节日有关,这些项目都是在节日当中举行的。而在节日里,人们都习惯着独具特色的民族服饰奏民族音乐参加传统体育运动,形成了一道亮丽的风景线,格外引人注目,这同时也体现出我国民族传统体育文化强烈的象征意义。

第三节　民族传统体育的精神文化内涵

民族传统体育的精神文化是一种无形的文化,它是文化的核心与灵魂,居于文化结构的内层,是不同类型文化的一项重要标志。

日本社会学家横山宁夫曾经将精神文化划分为理念文化与制度文化,他认为理念文化是处在思想、观念状态的文化,还没有形成一种社会规范,处于不断的变化之中。而制度文化已经发展成为大多数人的行为规范,它对人们的日常活动以及行为具有制约作用,表现出相对固定性与稳定性。横山宁夫所阐述的理念文化与物质文化是相对应的。学者高玉兰也指出:中国体育改革正面临文化深层——思想观念的变革。现代体育精神文化要求主体具有综合的体育价值观念,多元化的思维方式,良好的心理品质,以及强烈的竞争意识,而这些都是我国民族传统体育精神文化所缺少的。因此,对于中华民族传统体育的研究,不仅要重视其物质文化的研究,同时还要重视精神文化的研究,要研究民族传统体育精神文化中的价值观念、思维方式、审美情趣、民族心理等内容,只有这样才能促使我国的民族传统体育真正地走向现代化,从而获得传承与发展。

我国的传统民族体育是在几千年的封建、农业型文化中发展起来的,它产生于中国传统文化的背景之下,受到传统文化与传统观念很深的影响。许多学者在研究我国民族传统体育的价值取向时都非常重视民族传统体育与传统观念与意识的结合。例如,一些学者将其概括为:民族传统体育是"以儒家'天人合一'和'气一元论'为哲学基础,以保健性、表演性为基本模式,以崇尚礼让、宽厚、平和为价值取向的体育形态"。还有一些学者认为:"中庸、求静、求和、等级观念特征和贵义贱利的价值观念。"民族传统体育是在民族传统文化影响下的一种文化创造,它必然以农业经济、中央集权、宗法家庭等因素为背景,形成与传统文化相一致的体育文化。总之,我们应该在传统文化与传统价值观念相结合的原则下进行民族传统体育精神文化内涵的研究。

一、社会群体的价值本位

宗法观念在我国传统文化思想中占有统治地位,传统文化以家庭、家族为本位并将这种价值观延伸到整个社会群体之中,从而导致以社会群体为本位的价值观成为中国传统文化的价值取向。在这种环境之下,以个人为基础的竞争不能够在传统体育中得到充分的发展,使传统体育项目多富于表演,即使是存在竞争性,也多为群体性质的竞争。

二、倡导"柔""静"的审美观

在我国古代社会当中,孔孟所代表的文化被称为"阴柔文化",这种文化观念要求人们在思想方面应该追求"乐而不淫""哀而不伤"与"心宁、志逸、气平、体安",在做人与做事方面应该做到情感含蓄而不外露,要能做到"隐"。儒家文化是一种静态的文化,受到这种文化观念与形式的影响便出现了太极这一静态事物或运动。总的来说,静态变化所追求的目标主要包括三点:第一,追求内在美高于外在美;第二,追求静态美高于动态美;第三,追求封闭的系统胜于开放的系统。

另外,我国传统的文化还体现在"顺从"方面,这一直以来都被人们视为是中华民族的传统美德。这种价值观念对中华民族的传承与发展产生了非常重要的影响,很多的民族传统体育项目都流传了下来,并且源远流长,经久不衰,如太极拳、导引术、围棋等项目都获得了持续不断的发展。尤其是太极拳,它以其阴柔、轻缓的动作与内在的气势征服了国内外的太极拳爱好者,越来越多的人参与到太极拳习练中。太极拳运动很好地体现了阴柔与静态美,要练好太极拳需要做到以下几点:第一,要"形不破体,力不尖出""有退有进,站中求圆";第二,要求技术动作要趋向于"拧、曲、圆"的内聚形态;第三,在习练的过程中,要求做到"声东击西、避实就虚,守中有攻,就势借力"。太极拳中的"四两拨千斤"就很好地说明了这一问题。

三、追求人与自然的和谐统一

受到封建传统经济以及文化观念的影响,在"天人合一"的基础上,我国民族传统体育从整体上对人体运动过程中形态、机能、意念、精神,以及这些状态与外部世界的联系进行了比较客观的描述。体育注重的是人与自然之间的和谐与统一,并不是单方面的发展。其中,比较有代表性的民族传统体育项目就是太极拳、气功等,这两种运动都追求"心灵交通,以契合体道"。

总体而言,我国民族传统体育的发展状况还是比较好的,尤其是太极拳运动,不仅走出了国门,同时还走上了产业化发展的道路。在习练民族传统体育的过程中,一般采取的训练方法是基本功练习与完整练习相结合的方法,这也在一定程度上反映了中华民族追求平衡和顺其自然的主体化思维方式。对于克服西方科学主义"主客之分,身心两分"所带来的科学危机来说,这种思想和观念已经起到了非常显著的效果。但是,需要注意的是,我国对于传统体育促进健康方面的研究还不够深入和全面,因此对于这一点,应该引起相关专家、学者的重视,在"阴阳平衡"的基础上,进一步研究体育运动对于健康的意义,从而达到更高意义上的人与自然的和谐、统一。

四、深刻的民族情结与心理特征

具体来讲,我国传统体育的民族心理特征主要表现在以下几个方面。

(1)在体育原理方面,主要表现在中华民族追求平衡与顺应自然的主体化思维方式上。

(2)在技术特点方面,主要是将中华民族以智斗勇、追求技巧的审美心理反映出来。

(3)在竞赛规则方面,主要体现出的是中国传统的比武具有表演性的特点,动作规定和比赛规则没有具体化,在交手过程中要把握礼让为先,点到为止的原则。

民族传统体育在人们的生产生活中产生,必然会受到政治、经济等客观环境的制约,在一定程度上被生产关系包围并受其制约。人们的生产活动是民族传统体育产生的物质基础,而民族传统体育的文化成果都在生产资料和生活资料的物质劳动过程中形成,并以复杂文化体系的形式出现。民族传统体育中的意识、思想、观念等,既是民族体育文化的组成部分,同时又反映出人类精神生活领域的文化。

中国具有悠久的发展历史,并且经历了较为漫长的封建历史时期,民族传统体育正是在传统的农业型经济、高度统一的中央集权制以及与此相适应的儒家文化的影响和作用下,才逐渐形成了自己鲜明的特色。在我国古代的封建社会当中,学校的教学内容大都以治人、济世为主,同时将脑力劳动与体力劳动分开,人在这种情况下的发展是不均衡的。由此可见,在我国整个古代社会,学校教育中的体育基本上已经被忽视了,甚至还会遭到排斥与打击。在封建统治者的统治下,只有养生、保健类体育得到了一定程度的发展,而那时休闲娱乐体育是完全被禁止的。

第四节 民族传统体育的制度文化内涵

体育制度文化是体育文化学与体育史学研究的一个重要层面,它是体育文化的中层结构。对于体育制度文化而言,我们既可以对某一历史时期体育法规、体育政策的运行状况进行研究,同时还可以从国家、民族制度方面进行纵横比较与分析,并在此基础上寻找一个与当前实际相符合的最佳体育发展平台。

一、体育制度文化概述

体育制度指的是在一定的历史条件下形成的体育社会关系,以及与此相关的体育社会活动的规范体系。

制度文化是指人类在物质生产过程中所结成的各种社会关系的总和。制度文化包含的内容很多,如政治制度、法律制度、经济制度等,这些都是制度文化的鲜明反映。制度文化属于文化层次理论结构(精神文化、物质文化、制度文化与行为文化)要素之一,它对于整个社会的发展以及人们的日常行为具有一定的规范与约束作用。

而对于体育的制度文化,学者高玉兰曾将其解释为:"体育文化结构中的制度层面,它包括体育管理机制和一些具体的政策、制度等,它是人们的行为规范,具有极强的权威性,可以强化和扩展与之相适应的思想观念意识,对体育文化整体具有规定性。"而在体育院校通用的教材《体育史》中,将体育这一社会文化现象划分为了三个层次:人们的体育行为与运动方式,支配、引导这些行为的观念与行为规范,以及人们为实现体育行为而形成的一定组织形式,即体育观念形态、体育运动形态以及体育组织形态。这三种体育形态及它们与社会环境之间的相互关系共同构成了体育史学的研究对象。体育制度文化是体育文化学与体育史学一个重要的研究方面,通过对体育制度文化的研究不仅有助于分析某一历史时期体育政策与法规的运行状况及利弊所在,同时还能够通过对国家、民族制度方面的对比研究寻找更加符合时代要求的体育发展方式。

二、不同历史时期的民族传统体育体制

中华民族具有悠久的发展历史,中华民族体育的发展过程经历了一个产生、发展、繁荣以及衰败的过程。在整个发展过程中,中华民族的传统体育既经历了两晋、隋唐与宋代的繁荣时期,也经历了清末凋零的发展阶段。但总体来讲,我国古代不同时期的体育制度虽然存在一定的差异,但还是表现出明显的稳定性与一致性。

(一)夏—春秋时期的体育体制

在这一发展时期,由于生产和分工的发展、文字和学校的产生、频繁的战争、宗教制度的形成等,古代体育得到了一定程度的发展,并且进一步具体化了。

在这一时期,融多种功能于一体的体育也逐渐呈现出分化趋势,具体体现在体育形式呈现出多样化,如军事、学校、娱乐、保健等;学校教育中出现了专门的体育教育内容"射、御"。

在这一时期,体育在国家军队中的地位与作用也有了很大程度的提升,这主要体现在日常的身体训练方面。在《礼记·月令》中,记载了当时军队训练的情形:"天子乃教于田猎,以习五戎,班马政。"这里所说的"五戎"是五种兵器,即弓、矢、殳、矛、戟,"马政"就是指驭马技术。

(二)战国—两汉时期的体育体制

到了战国时期,为了更好地参与战事,"公民兵"制度开始在社会上广泛推行。通过一段时期的发展,贵族统治阶级对军事的垄断局面逐渐被打破,这也在一定程度上推动了我国军事体育的发展。另外,由于这一时期兵种的划分更加具体化,对于训练的方法也提出了一定的要求,专门分类训练成为主要的训练方式,从而在很大程度上推动了军事体育的进一步发展。随着军事体育的不断发展与具体化,娱乐体育也获得了很好的发展,社会上逐渐出现了很多受到人们喜爱的娱乐体育项目,如蹴鞠、围棋、射箭、弹棋等。

在秦统一六国后,封建的中央集权国家开始建立起来了。到了汉朝,由于"罢黜百家,独尊儒术"政策的实行,学校体育的发展出现了停滞不前的现象,而且对具有娱乐功能的体育活动大加挞伐,从而严重影响了体育的发展。不过,汉代对于"百戏"的发展十分重视,而在"百戏"发展、兴盛的同时,带动了我国各项运动形式的发展与竞技形式的演进,这对于体育的进一步发展是极有帮助的。在这一时期,由于统治者的提倡,乐舞、方仙术以及行气养生术等也获得了很大程度的发展。

(三)魏晋—五代时期的体育体制

我国古代体育的空前繁荣时期就是魏晋、南北朝、隋唐至五代这一历史阶段。古代体育之所以在这一时期获得了繁荣的发展,主要是由于这一时期各个朝代都将阻碍体育发展的体制进行了废除,同时还实行了一系列推动体育进一步发展的相关措施,这就在很大程度上促进了体育,尤其是传统武术运动的发展。

魏晋之后,传统儒学的"礼乐观"在玄学、佛学以及北方少数民族习俗的不断冲击下受到了一定的遏制,这就为传统体育的进一步发展奠定了重要的思想基础。

到了隋唐时期,在经济发展快速、政治稳定的社会基础上逐渐形成了全国性的传统节令活动。同时,这一时期以球戏与节令民俗活动为代表的休闲体育活动得到了迅速的发展。另外,唐代时武则天时期创设了武举制度,这在很大程度上促进了我国古代军事体育的发展,使社会中逐渐形成了尚武的风气,再加上出现了融音乐、舞蹈、杂技等体育、艺术为一体的综合训练机构——教坊,从而极大地促进了唐代体育的进一步发展与兴盛。

在这一历史时期,武术、养生等方面的有关理论也得到了很大的发展,从而进一步丰富了体育的内容。

(四)宋朝—清朝时期的体育体制

在这一时期,由于受到宋明理学和"八股取士"制度的影响,重文轻武的风气逐渐在社会上盛行,并在一定程度上影响了体育的发展与进步。尽管如此,这一时期的军事体育与学校体育还是获得了一定的发展。

在宋代,当时社会上出现了专门的军事学校——武学,并且将学习内容细化,分为理论和实践两部分,此外还实行了严格的升留级制度;在进行军官选拔时,实行考试制。另外,这一时期军队训练中实行了教法格、教头保甲制等,在构成了一个从上到下按统一规格训练的训练网的同时,对军事体育的发展起到了积极的推动作用。

武术运动在宋代以后出现了一个很好的发展势头,同时形成了一个比较独立的体系。同时,休闲娱乐体育在这一历史时期也有了进一步的发展,瓦舍就是这一时期进行各种娱乐、休闲体育活动的场所。除此之外,"社"的产生也在一定程度上促进了休闲娱乐体育的发展,如"英略社""踏弩社""园社""水弩社""齐云社"等。在休闲娱乐体育的冲击下,传统体育活动在自身的发展轨道上缓缓前行,无法冲破原有体系的束缚。

在宋朝到清朝这一历史发展时期,养生术、炼养术也逐渐成了一种运动保健与康复手段,并得到了人们广泛的认可与接受。另外,引导术也获得了进一步发展,同时还出现了八段锦和易筋经等。

三、古代民族传统体育的相同体制

(一)重文轻武,崇文尚柔

西汉时期,在汉武帝采纳了董仲舒"罢黜百家,独尊儒术"的建议之后,儒家思想变成为当时社会占据统治地位的思想。这造成了官学中关于武艺的教学内容逐渐减少,后来则基本上被排除了,并且形成了重文轻武、崇文尚柔的学风。这一学风在当时产生了很大影响,甚至波及到了士风、社会风气。

在汉代之后,社会上重文轻武、崇文尚柔的思想愈演愈烈。到了南朝时,国民的身体素质已经是非常低下。根据相关资料的记载,当时的许多贵族子弟"肤脆骨柔,不堪行步;体羸气弱,不耐寒暑,其死仓猝者,往往而然"。进入北宋后,在宋明理学以及"八股取士"的影响下,重文轻武、崇文尚柔之风发展到极盛。

总体来说,由于受到儒家正统思想的影响,整个封建社会以"经学"取士的用人标准,对体育的发展直接造成了严重的阻碍作用。与此同时,儒家文化重视非理性教育功能,从而在根本上造成了民族传统体育的非正常发展。

(二)体育具有等级性

从汉代之后,在儒家"礼乐观"的影响下社会上逐渐出现了"重功利,轻嬉戏"的社会思想倾向与重伦理教化的错误价值倾向,这严重制约了古代传统体育的健康发展。例如,司马光在《投壶新格》中明确提出:"投壶者,不使之过。亦不使之不及,所以为中也,不使之偏颇流散,所以为正也,中正,道之根底也。"这体现出社会伦理道德对传统体育的干预。封建社会中的体育处处受礼的束缚而难以自由发展,并沦为礼的附庸,这些都造成了中国古代传统体育的非竞争性。儒家认为体育是成德成圣、完成圆善的手段,应该对其进行必要的限制与制约,不能任其发展。发展到后来,这种思想逐渐走向了极端化,认为被统治阶级不能随意进行体育活动,这就使得我国古代的体育运动具备了等级性的特点。

总体来讲,我国古代社会中的体育受到封建礼教很大的束缚,同时还被戴上了"等级"的帽子,进而造成了体育的畸形发展。

第四章　民族传统体育文化与其他文化的相关关系辨析

民族传统体育是我国民族文化的重要组成部分,其与我国各方面的文化具有重要的联系。随着奥林匹克文化在我国的发展,民族传统体育文化与之相互影响,共同发展。为了更好地对我国民族传统体育文化进行分析和研究,本章对其与其他文化的相关关系进行了分析。

第一节　民族传统体育文化与节日文化

一、广为流传的民俗节日与民族传统体育

民族传统体育文化是在人们的生产生活中逐渐形成和发展起来的,而各种节日民俗也同样如此。民族传统体育文化和节日民俗两者之间是相互影响、相互制约、共同发展的关系。

在我国广博的大地上,生活了众多的民族,各个民族在不同的自然环境下生活,从而形成了具有鲜明民族特色的风俗习惯。最能表现这一特殊性的就是各民族的节日活动。节日活动是一种文化色彩很浓,带有强烈的人为因素,而且具有多种表现形式的民俗的体现。许多地域性、民族性的节日也在各地区、各民族中流行着。通常情况下,这些节日是在社会发展的基础上,在生产活动、社交活动、宗教、纪念活动、文化娱乐等因素的影响下而逐渐产生的。尽管各民族有着不同的节日意义、举办时间和节日内容,但是在将传统体育作为节日风俗的一项重要内容方面都是一致的。

（一）龙狮文化与舞龙舞狮

我国的民族传统体育项目在民间广为流传,并与各种民俗体育活动具有密切的联系。民间体育活动常以民间游艺的形式在农闲或庙会期间进行表演,这种表演又往往与舞龙、舞狮相结合,反映出浓厚的民俗色彩。

　　龙是我国的一种重要的文化符号,是炎黄子孙崇拜的图腾。舞龙是我国的一项重要的民族体育活动,其起源于人们的求雨祭祀活动。舞龙运动是我国民族文化的重要组成部分,其一招一式、一腾一挪都有讲究,与武术招式如出一辙。具体在舞龙时,引龙人要充分发挥手、眼、身、法、步的灵活运用,将彩色龙珠或左、或右、或上、或下,逗引长龙俯仰翻转,一招一式既要优美洒脱、又要灵活自如。龙头的任务最重,要紧随龙珠灵活地腾、跃、翻、滚,而且要时时兼顾龙身、龙尾,做到快而不滞、活而不僵。龙身、龙尾则要明察秋毫、紧密配合、灵活机动,确保整条龙的协调统一。为了达到效果,舞龙者需遵循武术要求的"腰胯能运转,上下自协调""身如游龙、腰似蛇行"等技巧。可以说,舞龙是整体配合的武术展示,没有良好的功底是难以演练出来的。

　　舞狮也是十分重要的民俗活动,是一种流行很广、具有独特民族风格和特色的传统体育活动。每逢春节和元宵节,都要表演精彩的舞狮,这种隆重的喜庆仪式,预示着国泰民安、吉祥如意。一般认为,它在三国时就已出现。三国时魏人孟康注释的《汉书·礼乐志》中说:"若今戏鱼、虾、狮子者也。"这是文献上关于舞狮的最早记载。舞狮表演要求舞狮者具有灵活的步法、矫健的身法和娴熟的技巧,以及手法、身法、步法的协调配合,才能完成跌扑、翻滚、跳跃、翻腾以及滚绣球、过跳板、上楼台、跳桌等各种难度动作。舞狮运动不仅能提高力量、速度、耐力和灵巧等身体素质,而且还能培养练习者勇敢顽强的精神和坚忍不拔的意志品质。

　　在我国民俗传统体育项目中,龙狮文化与传统武术联系最为紧密,结合武术技法的龙狮表演十分精彩,是武术文化与龙狮文化的完美结合。

(二)端午与龙舟文化

　　端午节赛龙舟成为端午节的重要习俗。龙舟竞渡有着悠久的历史,它是汉族重要的民俗体育活动。"划龙舟"在闽台地区也得到了良好的传承与发展。端午节划龙舟已在南方普遍存在,在北方靠近河湖的城市也有赛龙舟习俗,而大部分是划旱龙舟舞龙船的形式。每逢龙舟赛会,两岸民众都会邀请对方同河竞技,共庆佳节,共创欢乐气氛。2011 年 5 月 23 日,赛龙舟经国务院批准列入第三批国家级非物质文化遗产名录。

　　传说屈原死后,楚国百姓哀痛异常,纷纷涌到汨罗江边去凭吊屈原。渔夫们划起船只,在江上来回打捞他的真身。他们争先恐后,追至洞庭湖时不见踪迹。之后每年五月五日划龙舟以纪念之。借划龙舟驱散江中之鱼,以免鱼吃掉屈原的身体。唐宋时期,赛龙舟相当盛行。宋代,龙舟竞渡由民间传入宫中,皇帝亲自到场观赛,场面十分宏大。北宋末年,国势大衰,宫廷一方面想利用龙舟竞渡宣扬忠君爱国思想,振奋国人精神,另一方面想祈求龙神保佑国态民安。清代,赛龙舟得到了极大的发展,每到端午期间,各族人民都举行划龙舟比赛。

新中国成立后,赛龙舟这一具有民族特色的民俗体育活动得到迅速地发展,1953 年 11 月,在第 1 届全国民族形式体育表演及竞赛大会上,赛龙舟作为表演项目一经出现就深受全国人民的喜爱。1991 年,在第 4 届全国少数民族运动会上,赛龙舟被定为正式比赛项目。之后,赛龙舟在我国取得了长足地发展。目前,世界上有许多国家和地区也开展了此项运动,龙舟竞技形式和龙舟文化在世界范围内影响广泛。

二、少数民族节日民俗及民族体育文化

(一)东北及内蒙地区节日民族传统体育文化

1."那达慕"大会

蒙古族最盛大的传统节日就是"那达慕"大会,它是蒙古族人心目中既古老又神圣的重大节日。"那达慕"大会每年的 7—9 月间在大雪山下辽阔的大草原上举行,当时正是鲜花怒放、绿草如茵、牛肥马壮的黄金时节,前来参加这一盛会的牧民会穿着节日的盛装,骑着骏马,从四面八方聚集在一起。大会会按照风俗举行各种比赛,如赛马、射箭、摔跤、马球、蒙古象棋等,尤其是被称为"男儿三项游艺"的赛马、射箭和摔跤,是那达慕大会男子三项比赛的固定形式。另外,还会进行一些文娱活动,比如,民族乐器的演奏和民歌演唱等。不只是蒙古族会庆祝"那达慕"大会这一盛大节日,这也是鄂温克族和达斡尔族的传统节日。大会举行时,各族人民集聚在一起,进行各种物资交流,会场上人欢马叫、笑语欢歌,热闹非凡,呈现出五彩缤纷的节日盛况。其中最受关注的项目当属摔跤和赛马了,夺冠的摔跤手被誉为"雄鹰",最先到达终点的骑手成为草原上最受人赞誉的"健儿",都是人们心目中的英雄,会受到人们的崇敬。

2."元日"

"元日",即春节,是朝鲜族被视为最为隆重的节日,节日中会举行歌舞、游戏和传统体育活动,节日期间,有适合妇女参与的跳跳板、荡秋千、顶水比赛,有适合小伙子参与的射箭、摔跤,还有适合儿童参与的放风筝和组织拔河、足球赛等活动。

3."乌日贡"

"乌日贡"意为"喜庆吉日",是赫哲族的传统节日,于农历五月中旬举行,通常持续两天。白天举行的主要是体育竞技项目,比较具有代表性的有叉草球、拔河、射草靶、撒网、射箭等;晚上则在江边燃起篝火,举行群众性的歌舞晚会,大家载歌载舞,共同庆祝节日。

(二)中东南地区节日民族传统体育文化

1. 以单项体育项目命名的民族节日及体育活动

在众多民族节日中,有很多直接用单项传统体育项目命名,比较典型的有广西壮族的"陀螺节",该节日从除夕前两三天开始到正月十六日结束,节期长达半个多月之久,陀螺比赛的最终获胜者会获得"陀螺王"的美称,并受到族人的崇敬。

2. 以社交和经济文化交流为主要内容的民族节日及体育活动

我国少数民族多聚居在交通不便的高原和山区,并且居住相对较为分散,在社会生活中交往相对较少。而相应的节日规定了日期和地点,人们从四面八方汇聚在一起,这为人们进行相应的社交活动和经济活动提供了机会。相应的民族节日活动也是少数民族主要的娱乐形式之一。比较常见的有壮族的"三月三"节,每年的农历三月三日,青年男女穿上节日盛装,开展抛接绣球等一系列的民族传统体育活动。

3. 以举办时间直接命名的民族节日及体育活动

这类体育活动,比较具有代表性的有以下两个。第一个是"六月节",也被称为"若扎扎",是哈尼族人的传统节日,于每年的农历六月二十四日前后举行。节日期间,哈尼族人以秋千代"马",迎神进寨,转起磨秋,以驱害除邪。另一个是"五年祭节",每隔五年祭祀一次,目的是感谢祖宗保佑丰收,并祈求赐予来年的收获和幸福,竿球比赛是节日期间的一项重要民族传统体育项目。

(三)西南地区节日民族传统体育文化

1. 农事节日及其传统体育活动

在农事节日中,少数民族多会举行一些祭谷神、禳灾祈丰收等活动。由于受农耕经济的影响,这些节日大都有固定的时间。

"望果节"是藏族农民欢庆丰收的代表性节日,主要在西藏自治区的拉萨、日喀则、山南等地比较流行。节日期间,在广场上举行群众性文娱体育活动,其中藏戏、歌舞、跑马、射箭、拔河等最受欢迎,场面十分热闹。

2. 宗教祭祀节日及其传统体育活动

藏历新年是藏族地区最大的传统节日,这一天西藏自治区省会拉萨会举办各一系列的体育活动。其中,赛跑、赛马、角力等是最主要的活动内容。此外,还有一些祝圣活动与游戏、滑稽表演,翻杆戏,崇武表演,舞蹈表演,僧人表演等,深受人们的欢迎与喜爱。

3. 纪念节日及其传统体育活动

纪念节日大多是纪念本民族英雄而创建的节日。以彝族的"割大草"节为例,每年农历六月二十四日举行,相传,有一位彝族祖先为了维护民族的利益,率众反抗官府的残酷压迫,并英勇献身,为了悼念民族英雄,后人便创建了这个节日,后来该节日成为了彝族青年十分喜爱的文体活动。

此外,在端午节的时候,白族、哈尼族等民族都会举行龙舟竞渡等传统体育项目,藏族的雪顿节和彝族的盘王节等也都会举行相应的体育活动。

(四)西北地区节日民族传统体育文化

1. 宗教祭祀类节庆及体育活动

"开斋节"是伊斯兰教的三大节日之一,也是西北地区回族、维吾尔族、塔吉克族、东乡族、锡伯族、保安族、柯尔克孜族、乌孜别克族及撒拉族都会热烈庆祝的习俗。节日期间,各族人们唱歌跳舞、聚会言欢,还会隆重举行各种传统体育活动,比如常见的赛马、摔跤、叼羊、套马等。

古尔邦节期间,男子主要聚集清真寺广场,拉手成圈,共跳舞蹈,而妇女则在家中庭院里跳起轻快的民族舞,还有些民族会举行一些自身传统的体育活动,比较有代表性的有:维吾尔族、哈萨克族等的赛马、叼羊等。

2. 新春伊始类节庆及体育活动

新春伊始,西北少数民族会和汉族群众一起过农历的春节。也有些民族以其他一些自然现象为依据来将本民族的新年确定下来。

蒙古族以正月为白月,将新年称之为白节,除夕之夜后,便开始进行一些传统的体育活动:男人下蒙古棋,妇女儿童玩羊骨拐或纵情歌舞,并相互拜年和举行赛马、赛牦牛、拔河、角力等活动庆祝新年。

新疆塔塔尔族人们以庆祝传统的"撒班节"的形式来庆祝他们的春节,节日期间,会举行如摔跤、赛马、拔河、歌舞等各种各样的传统体育活动,"赛跳跑"是节日期间的重要体育项目。

柯尔克孜族的春节为农历三月二十二日,又称"诺劳孜"节,节日期间,柯尔克孜族人会互相拜年,相互问候,并举行一系列的传统体育活动,如赛马、打靶、马上角力、拔河、叼羊以及摔跤、荡秋千等。

3. 婚恋郊游类节庆及体育活动

这类节日是在人类社会群体需要的情况下产生的,在不同民族和地域中不断发展,形成了各具特色的形式。

每年农历的六月底或七月初,居住在新疆的俄罗斯族都要为男女青年过一个成年节,节日期间,姑娘和小伙都会身着盛装,欢聚一堂,进行歌舞娱乐活动。

"姑娘追"是柯尔克孜族和塔尔克族的节日,是青年男女摆脱父母包办婚姻、追求自由恋爱的思想意识的一种体现和表达。在节日期间,有意寻找配偶的小伙子和姑娘,把自己打扮一新,骑上骏马,在草原上互相追赶,通过这种体育活动,许多有情人终成眷属。

第二节 民族传统体育文化与宗教文化

一、宗教文化概述

宗教的产生是基于人类历史发展过程中的一种特殊文化形式,作为人类精神领域的重要影响因素,对民族体育项目及其文化的发展具有重要的影响作用。

(一)宗教文化的起源及特点

宗教文化起源于原始社会,这一时期的宗教称为原始宗教。原始宗教也被称为自然宗教、自发宗教,是原始社会时期的宗教形式。原始的人类在生活生产的过程中由于对很多自然和超自然现象的不了解,往往对自然怀着一种敬畏的情绪,认为万物是有灵的。在这种观念的指引下逐渐产生了原始的宗教,主要包括图腾崇拜、自然崇拜和祖先崇拜。原始人不能理解各种自然现象的客观规律及其因果关系,幻想自然界对人存在着一种不可见的影响,而人也可以采取相应的方式影响自然界和其他人。

人为宗教,就是所谓的阶级社会的宗教,从自发宗教演变而来的主要有佛教、基督教、伊斯兰教、道教等。

原始宗教有着较为显著的特点,具体来说,主要体现在以下几个方面。

(1)自发宗教或原始宗教的发展阶段。以历史发展的客观进程为主要依据,可以将自发宗教或原始宗教分为三个发展阶段。即大自然崇拜阶段;灵魂崇拜和祖先崇拜阶段;图腾崇拜阶段。从原始宗教具体形式的发展可以看出,宗教是随着社会生产的发展、随着人类认识能力的提高而不断发展的。

(2)原始宗教是在生产力极其低下的原始社会产生的,主要是自然压迫的产物,通过崇拜自然界的异己力量,使人和自然的关系得到改善是其主要目的。所以,原始宗教是自发产生的,不是故意骗人的,没有经过真正意义上的理论加工,只有一些零乱、分散、不系统的神学观念。

(3)原始宗教的信仰活动与原始氏族(或部落)的社会活动混为一体,两者之间的界限不够明显。

(二)传统武术的萌芽与原始宗教

武术是我国民族传统体育文化的重要组成部分,是典型的民族传统体育项目,其发展历史最为久远,与原始宗教联系密切。这里就以传统武术为例,对传统武术的萌芽与原始宗教的关系详细分析。

古代传说中的黄帝、炎帝和蚩尤的战争,黄帝和炎帝的战争等,都是大规模的部落联盟之间的战争。《山海经·大荒北经》也有"蚩尤作兵伐黄帝,黄帝及令应龙攻之冀州之野"的记述。总的来说,上述中的蚩尤是一种以野牛为图腾的氏族或部落的名称,头上有着像牛角和剑戟一般的装戴,其民勇猛善斗,其动作、攻击方法巧妙而杀伤力大,充分体现出了攻防运动器械化。

古代,弓箭既是狩猎的工具,也是作战的武器。距今约 28 000 多年前的山西峙峪人文化遗址中,发现了石箭头,表明已使用弓箭。古籍中还有关于氏族公社时期射箭的记载。如《淮南子·本经训》谓尧曾使羿"上射十日而下杀狍输,断佽蛇于洞庭,禽(擒)封豨于桑林,万民皆喜"。"后羿射日"的传说,在屈原《楚辞·天问》及其他古籍中多有记述。

综上所述,在战争中,原始宗教处处将原始武术的基本内容和特征反映了出来。

二、传统武术与宗教

(一)传统武术与道教

宗教多数是修盼来生的,唯有道教主张通过精气神的修炼达到长生不老的思想对中国传统武术产生了影响,使其把击技卫身和养生长寿结合在一起。

中国道教是完全接受天人合一思想的宗教,道教把老子和庄子这些哲人的思想进一步神圣化和世俗化。《老子》一书被奉为《道德经》,老子本人也被奉为道教最高神祉的"三清"之一"道德天尊"。

受道教影响的形意拳、八卦掌、太极拳中都能够很明显地反映出这一思想。"太极拳论"中,将"此系武当山张三丰祖师遗论,欲天下豪杰延年益寿,不徒作武艺之末也"明确提了出来。

1 600 年前,武术家、内丹道家葛洪提出了"我命在人不在天,还丹成金亿万年"的口号,这不仅成为道教养生的追求,也成为武术家的追求。八卦掌的溯源,有人就提到葛洪的"禹步",而近世公认的董海川得自九华山道士传授"转掌",或曰"转天君"。不管如何,皆与道家有关。形意拳强调的三层功夫,更在拳论中明确指出得自道家。所谓三层功夫,就是道家内丹术中的三步练法,是形意拳内功的根本法则。形意拳之所以又称气功拳(或内功拳),也正是由此而来的。

道教思想,以五行、八卦、阴阳、太极等这些道家奉为神圣的理论对武术技理做指导起到了促进作用。理学奠基人周敦颐的《太极图说》其理沦渊源即是道家的内丹理论。道教修持剑法中就有"降魔障""斩妖人"的功夫。除去这些神秘外衣,相较于其他宗教来说,道教在思维方式和哲学上对武术产生的影响是最大的。

(二)传统武术与佛教

佛教约于两汉之际传入中国内地,至南北朝逐渐中国化,隋唐时期达到发展的顶峰。佛教传入中国初期,只是在中上层社会流传。由于汉代方术盛行,所以,人们只是把佛教看成是神仙方术的一种。到了魏晋,佛教经典被大量翻译过来。至南北朝,佛教逐渐中国化。隋唐时代,佛教随着政治、经济的繁荣和发展,达到顶峰阶段。此后,佛教精神及其人物融入民间庶民,使其具有东方式的特殊教派。但由于古代中国是一个封建经济发达、高度中央集权的国家。因此,佛教不可能形成凌驾于世俗统治的神权权威,而只能处在封建制度的社会编制之中,只能依附于封建统治阶级。自后秦时建立起的僧宦制度,历代延续。寺庙,不但是僧人礼拜的寄居处,也是个封建的经济实体。

作为宗教,佛教具有一切宗教所共通的特征,具体来说,就是有教主作为崇拜的偶像,有教义作为迷信的教条,有在一定组织之中执行一定戒律的群众作为忠实信徒,这也就是所谓的佛、法、僧"三宝"。

佛教的基本观点可以大致归纳为:"诸行无常""诸法无我"和"寂静涅槃",具体来说,就是认为世界万物都是变化无常、生来不定的。一切现象都是因缘和合的产物,没有独立的实体。主宰者"我"是不存在的,所以需修行超脱生死轮回,升入"天堂"。

佛教对武术文化的影响涉及到很多方面,包括武术的运动形式,武术理论、技术战术、内功修炼以及思想精神等,如佛教的普度众生、慈悲为怀及五戒等对习武者的武德、武风具有重要的指导意义。

佛教的国情化为中国武术涵容其精神准备了基本条件,其中,最为典型的当属少林武术,主要在以下几个方面得到体现。

首先,少林武术是依附于佛教寺庙和僧侣集团的,这就使其获得了自身发展的良好外部因素。

其次,佛教的神秘性为少林武术的传播起到了精神支柱作用。

最后,以少林僧为代表的佛教徒,为僧稠、志操、边澄、天员、昙宗等以其高超的武技为少林武技的形成和发展起到了积极的促进作用。

(三)传统武术与其他宗教

民间世俗宗教不被封建专制统治政权承认,它们在民间秘密流传是这些教派的主要特征,因而又被称为秘密宗教。对其源头进行追溯,可上溯到东汉时代的太平道和五斗米道。宋代的明教,元、明、清三朝流行的白莲教都是历史上著名的民间宗教。它们在历史上引人注目,不仅有大量的信徒,而且这些教派的首领,都曾经组织过声势浩大的农民起义,反抗统治者。其中,比较典型的有明教曾在五代唐末发动母乙起义,宋代发动有名的方腊起义;白莲教曾发动过元末红巾起义、明末徐鸿儒起义与清代乾嘉年间的川、陕、鄂白莲教大起义等。

统治阶级对这些教派进行不断的镇压,鉴于此,这些教派不断改换名字,或打起新的神社的旗号,从根本上来说,这是封建社会后期阶级矛盾和民族矛盾空前激化的必然结果。除上述宗教外,罗教、黄天教、闻香教、圆顿教、弘阳教、八卦教都是当时发展较为广泛的一些教派。清代这些宗教的活动地区之广可谓遍及除西藏、青海之外的南七北六各省区。不少教主和会首都是武艺高强的武术家或跑马卖解(杂技班子在乡间流动演出的一种形式)的杂技艺人。他们以高超卓异的武功将其神圣充分体现出来,这一点与少数民族地区的世俗宗教,如云南纳西族的东巴教中的武功是一样的,但是汉族地区这些秘密宗教大多有反抗暴政的政治目的,因此他们的武术活动往往是有组织的训练,讲求实用,这就在很大程度上促进了武术的普及和技术的提高。

明代万历年间曾经活跃一时,普及冀、鲁、豫、晋、陕及四川数省的闻香教,教首于弘志就组织了名曰棒棒会的练武集团。终于在天启二年发动了震惊朝野、惊呼为"二百六十年来未有之大变"的闻香教大起义；清代的清水教更在教内分文场与武场，文场练气功，武场习拳棒。

清末声势浩大的义和团运动的中心力量就是以教练"神拳"为号召的，史家评论说，其慷慨之豪情，愚顽之可悲悯处，就将宗教对武术的有益和扭曲的两个方面充分反映了出来。动辄宣扬自己的拳派或功法是仙传佛授，就是其消极的影响之一。

民俗宗教对武术既有积极的影响，也有消极的影响，总的来说，其为东方人体育文化积淀了不少有价值的内涵。

三、民俗体育与宗教

(一)原始宗教与民俗体育

我国的原始宗教主要有自然崇拜、动物神崇拜和祖先崇拜，其中自然神崇拜和祖先崇拜最为盛行。我国的民俗体育中有很多都有着宗教文化的痕迹。

西南地区的一些民俗体育就有着自然崇拜的影子。土家族的祭祀活动便是鲜明的例子，土家族位于西南地区，自然环境恶劣，生产力低下，人们面对天灾、疾病等，无法控制和解释，便将其归因为超自然的神秘力量，产生万物有灵和崇拜自然的观念。因此，每逢天灾或特定祭日，都要进行一定的体育竞赛活动或舞蹈，并供奉美酒佳食，祭献土地神，祈求保佑。苗族也有祭神日，农历大年三十，阴历八月十五，苗族人们聚在一起，供上酒食、烧香磕头，祈求山神、天神的保佑，敬神完毕，还要进行天地球比赛和跳芦笙舞，可见在民俗体育中渗透着宗教文化。

龙舟是一项比较传统的民族民俗体育运动，它与宗教文化的关系比较密切。众所周知，龙是中华民族崇拜的图腾，人们将其视为氏族的祖先或氏族的象征。远古时代，水乡人们寄希望于神灵的庇佑，于是他们把龙图腾装饰在舟的前头，祈求上天的保佑，以期望风调雨顺、丰衣足食、去凶消灾，这一活动逐渐演变为现在的龙舟。云南傣族的民族精神象征是孔雀，因此，为了表达自己的理想和愿望，他们经常跳孔雀舞，可见其与傣族的图腾崇拜不无关系。

祖先崇拜这一原始宗教形式也在民俗体育中有所体现。如基诺族的跳大鼓。麦哩、麦妹是基诺族的祖先，相传他们遇到了水灾，但是由于得到了大鼓的帮助而幸免遇难，后来便繁衍了基诺族，为了祭祀祖先，所以每到年节，村村寨寨都要举行跳大鼓活动的仪式。随着时代的变迁，这项活动便成了人们喜闻乐见的体育活动了。

人们在面对灾难时还具有将灾难归罪于邪鬼的观念,因此原始的宗教活动也会表现为傩神的驱鬼逐邪内容,如景颇族青年男女往往通宵达旦跳一种布滚戈的舞蹈,佤族有剽牛、苗族有斗牛、白族有巫舞等活动。总之,无论是对神灵表达一种崇拜,还是驱鬼逐邪,其中所进行的体育运动,都体现了浓厚的宗教色彩。

(二)宗教祭祀中的民俗体育文化

在宗教文化中,祭祀活动是重要的组成部分。各族人们在举行祭祀、朝拜、庙会等活动的时候,都会通过各种仪式来祭神、娱神,取悦于神灵,各种原始的体育活动便由此产生,与民俗体育有关的文化内容也在宗教祭祀活动中产生了。"转山会"是普米族每年正月初一要举行的体育活动,他们希望通过这种祭祀与娱乐活动的相结合,以得到山神水神的庇佑,体育活动的内容有弩弓射击、火枪射击、赛马、摔跤和赛跑。哈尼族每年会举行传统的"昂玛突"活动,在"昂玛突"仪式中,包括跳芒鼓舞蹈、挥舞刀棍、演练拳术等活动。云南彝族人每年都有祭祀天地神祖的仪式,在祭祀中要进行打陀螺的活动,另外还形成了刀舞、跳火绳、摔跤、跳高脚马等项目,这些祈神方式,使一部分体育项目获得了衍生的条件。西北民族地区伊斯兰教的清真寺、藏传佛教的塔尔寺,是宗教活动的场所,寺院会有一定的宗教仪式,除此之外,还有信教群众的俗称"跳观音"的滚芒茶,节目有叩头、法王舞、藏戏、跳作若、顶礼膜拜等,是人们在宗教祭祀活动过程中的主要内容。在一些祭祀活动中,各族都有自己的体育活动,其中的文化韵味十足,如蒙古族的祭鄂博和祭敖包、壮族的牛王节、苗族的祭鼓节、汉族的清明节、白族的绕山林等。

(三)宗教观念下的民俗体育活动方式

宗教作为社会生活的一种反映,它的发展与社会的发展是相对应的。宗教中的许多理论观念,对我国的民族体育文化有着一定的影响。在我国,主要的宗教有道教、佛教、伊斯兰教,这三大宗教都有自己的观点,对民俗体育文化的影响也不尽相同。

道教是我国土生土长的宗教,它形成于东汉时期,其基本教义便是长生久视、全性葆真。道教对我国传统的养生理论和实践影响深刻,"性命双修""形神共养"的炼养精气神理论,以及周天行气法、内丹术和导引、行气等奠定了中国传统养生的基本模式。道教的基本理论把人与环境视为不断进行物质、能量和信息交流的统一体,突出地再现了民族特色、民族心理和民族意识。我国的民俗体育文化因道教观念而颇具民族特色。

佛教对我国的影响也非常大,其中的藏传佛教是影响藏民族性格形成的重要文化因素。佛教宗教精神深刻地影响到藏族的经济、政治、文化、教育和体育以及社会活动的各个方面。藏传佛教有着多种修炼方式,包括坐禅、念经、顶礼膜拜、转经等,这些宗教活动与体育活动所具有的健身益心的功能具有一定的同质性。在佛教观念的影响下,投石、跳跃和藏戏表演等项目的比赛也是一些重要的体育活动方式。

与道教和佛教相比,伊斯兰教对我国的影响要小一些。回族信仰伊斯兰教,在其礼拜仪式中,有一种拜功,就是一套完整、有效的卫生保健方法,通过拜功,宗教的礼拜目的不仅可以达到,健身作用的目的也得以实现。伊斯兰教对回族民俗体育活动产生了影响,正是在民族文化的潜移默化中和宗教情感强化中,民俗体育的花蕾得以显现。

宗教对于各个历史时期、各个民族的生活习俗、社会心理、文化特征均有不同程度的影响,民俗体育作为中国传统文化的一个集中表现形式,它与传统宗教之间的关系十分密切。

第三节　民族传统体育文化与旅游文化

一、旅游文化概述

(一)体育旅游的早期发展

1. 原始社会的人类休闲活动

在原始社会早期,生产力发展极为低下,人类还在为了生存同大自然及野兽斗争。人类要想获得生存下去的机会,不外乎以下两种方式:第一,求食。只有有了食物,人类才能存活,并逐渐发育成熟。第二,求殖。生殖机能的发育和完善是动物的标志之一,人作为一种高级动物,也不能违背这一繁衍规则。人类在生殖机能发育成熟后,就会去寻找配偶,从而使人类种族得以延续下去。在原始社会,劳动生产力极为低下,为了能够获得更多的食物,从而生存下去,人类经过努力发明和制造出了石刀、石斧等工具。工具的出现标志着生产力水平的极大提高。这为我们今天的体育旅游奠定了良好的基础。

在人类早期的生存活动中,像野营、野炊、攀爬、狩猎、自制工具等无不都是现代野外生存的雏形。后来,经过长期的发展,这些逐渐成为我们今天的体育旅游和户外运动的基础内容。但是,原始社会与现代社会人们从事这些活动的目的是不同的,原始社会人类诸如此类的一切活动都是为了生存,而现代社会人们则大都是为了休闲和娱乐。另外,需要注意的是,在原始社会人类出于生存目的而不断地进行迁徙活动,这种迁徙活动在目的上与旅游有着根本的不同,它不具有现代旅游的基本属性,因此不属于旅游的范畴。

2. 阶级社会的旅游活动雏形

发展到奴隶社会,社会经济取得了一定程度的发展,统治阶级出于统治的需要加大了一些基础设施建设,这客观上为人们早期的旅行活提供了某种便利。在这一时期,作为统治阶级的奴隶主终日无所事事,为了寻求刺激和娱乐,观赏斗兽和角斗士表演等活动逐渐开展起来,这都具有了观赏体育活动的内容,如在斯巴达式教育中,就充满了统治阶级和贵族士大夫们的娱乐消遣方式。从那时起,以休闲、娱乐为主要目的新型旅行方式开始发展起来。产生这种状况的主要原因是奴隶制社会的统治稳固、经济、社会和物质文明的发展。那时旅游的形式主要有古代商务旅游、古代航海冒险旅游、古代宗教旅游、古代修学旅游等。

发展到封建社会,社会生产力取得进一步发展,道路畅通、官方驿站和民间客栈的大肆兴建为人们旅行提供了极大的方便。在这一时期,各种旅行活动开展起来,其中如传统的商旅,帝王"封禅"、官吏的离赴任、读书人的访学赶考等都是常见的旅行方式。

总之,可以说封建社会时期,社会经济的发展,以及交通的便利,为人们的旅行奠定了必要的物质基础。需要注意的是,那个时候旅行活动的内容还很贫乏,仅限于徒步、骑马、驾车等几种体育旅游的方式,但这为现代体育旅游的发展提供了某种借鉴。

(二)近代旅游发展与休闲

19世纪初期,人类旅行活动大量出现,在社会上因消遣目的而外出旅行者在人数规模上已经超过了传统的生存移动和商务旅行,旅游服务业在整个旅游活动中的作用日益突出。

近代旅游的发展是与工业革命的影响分不开的。工业革命是社会经济发展的必然产物,它对人类社会各个方面都产生了深刻的影响,对旅游来说也是如此。具体表现在以下几个方面。

1. 工业革命下新式交通工具的出现促使旅游获得发展

工业革命时期,蒸汽机的发明很好地解决了交通运输的动力问题,促进了新的交通方式的产生。从 1804 年开始,蒸汽机车和蒸汽轮船相继诞生。这些新式的交通工具运载能力大,旅行速度快,旅行费用低,使得大规模、远距离的旅行与旅游成为可能。

2. 城市化进程,以及生活方式的改变为近代旅游奠定了必要的基础

工业革命促使城市化进程越来越快,在这样的形势下,机器化的大生产、大规模的工厂生产,吸引了大量农村劳动力流向城市,原先的多样化农业劳动开始部分地被枯燥重复的单一性大机器工业劳动所替代,这给城市发展带来了一定的压力,出现了环境污染等问题,但对近代旅游的发展来说却是一件好事。

3. 经济的发展和阶级关系的变化,扩大了旅游者规模

工业革命后,社会财富大部分为封建贵族、土地所有者以及新兴的资产阶级所垄断,这在一定程度上扩大了有财力外出旅游的人数。同时也造就了一大批出卖劳动力的工人阶级。社会生产力的不断发展,工人的工资不断增加,这使得带薪假期成为可能,在这样的情况下,参加旅游的阶层和人数开始迅速增加,这在很大程度上促进了近代旅游业的发展。

4. 良好的市场需求促进了旅行社的出现与发展

工业革命促使社会经济获得了飞速的发展,人们有了更多的时间和金钱外出参加旅行。但是,人们外出旅游仍面临着种种不便,如缺乏对旅游地的了解、语言障碍等,这就需要有人提供这方面的服务。最先意识到这个问题的是英国人托马斯·库克,他建议设立某种组织机构来满足这种社会需要,这是旅游发展史上极为重大的事件,托马斯·库克也成为旅游发展史上里程碑式的人物。

1845 年,库克成立了世界上第一家旅行社——托马斯·库克旅行社。1845 年,库克第一次成功组织了消遣性的观光旅游团,即莱斯特至利物浦 350 人的团体旅游。1846 年他又成功地组织了 350 人到苏格兰的集体旅游。这两次旅游组织活动使得托马斯·库克旅行社名声大噪。1855 年,世界博览会在法国巴黎举行,库克组织 50 余万人前往参观,开创了世界上组织出国包价旅游的先河。1864 年托马斯·库克父子公司成立后,全面开展旅游业务,成为全欧洲最大的旅游企业。另外,库克还创办了世界上最早的旅行支票,方便了世界各国人民的旅行。总之,由于托马斯·库克在旅游方面的杰出贡献,他被称为近代旅游业的创始人。而托马斯·库克旅行社的问世,也标志着近代旅游业的诞生。

1786 年,德·索修尔和巴尔玛揭开了现代登山运动的序幕。1857 年英国成立了登山俱乐部;法国、德国于 1890 年成立了观光俱乐部。19 世纪下半叶,许多类似的旅游组织在欧洲大陆不断出现。这些旅游机构所组织的活动已具有了体育旅游的意义,使体育旅游逐渐步入商业化的轨道,使以体育为主要目的和内容的旅游在当时就成为社会的时髦。

(三)现代旅游发展

1. 类型由观光向休闲发展

现阶段,随着人们阅历的增加以及欣赏水平的不断提高,人们已不再满足于"走马观花"的旅游方式。人们希望走出常住地,换一种心情和视角看世界,从而使日常生活和工作的心理压力得以释放,身心得到愉悦。于是,传统的观光旅游正逐渐被以休闲娱乐为主要目的和内容新颖的旅游方式所替代。

2. 目的地由城市向乡村发展

现代社会,城市化进程逐步加快,大众文化广泛传播,使得城市间趋同的共性增加,差异也越来越小。在这样的情况下,人们开始将目光投向乡村,乡村旅游开始流行起来。乡村旅游的发展,改变了农业的发展模式,改善了农村的产业结构,增加了农民的经济收入,促进了城乡一体化的发展。

3. 内容由人文向自然发展

激烈的社会竞争和快节奏的生活中,人们更加渴望放松,由此人们的旅游观光和参与对象发生了巨大的变化。起初,人们参与旅游大多关注的是人类创造文明的成果和建设的成就,如各种博览会、城市建筑等,虽然现在旅游者对此仍然感兴趣,但是现代社会城市中高速度的节奏使人备感压抑,人们越来越倾向于回归自然,在大自然里放飞自己的心情,从而使心理压力得到释放。

4. 心理感受由享受向刺激发展

现代旅游业的快速发展,使得人们享受到更好的旅游服务。标准等级、豪华等级、超豪华等级,一个档次比一个档次更舒适、更为人性化。现代生活科技含量高,人们很享受,外出旅游也这样享受,无差异、无个性的舒适就让人难受。旅游者开始寻求刺激。体育旅游与户外休闲正是满足了人们的这种心理需求而获得了广阔的市场前景。

二、民族传统体育旅游文化资源的开发与管理

体育旅游的产生与人类的生活与发展息息相关,从历史发展来看,旅游文化比民族传统体育文化的产生要晚得多,但是民族传统体育与旅游的有机结合促进了民族传统体育的快速发展,为民族传统体育项目及其文化的现代化和可持续发展指出来一条重要的发展道路。

我国民族众多,相应的就使得我国的民族传统体育资源种类多样、形式各异。民族传统体育在近年来的发展势头较猛,尤其是在多民族聚居区,更是开发了大量的民族传统体育相关活动,给当地带来了诸多益处。在长期发展进程中,我国民族传统体育文化与各民族和地区的生存环境、生活习俗、宗教、艺术等方面相互交融,形成了多种文化交相呼应的民族文化综合形式。这种综合形式促进了民族传统体育资源与自然资源、文化资源、社会资源的优化组合与有效配置。民族传统体育资源则恰当依托于自然山水景观和民族文化氛围,因此,这些都为民族传统体育旅游资源的开发与利用提供了可行保障。民族传统体育旅游资源也就显得极具开发价值了。

(一)民族传统体育旅游开发

1. 景点的规划与设计

民族传统体育旅游景点的规划与设计要考虑两大资源条件(自然资源条件、人文资源条件)和体育旅游者的定向两方面的因素。

民族传统体育旅游是一种特殊的旅游形式,其本身具有自己鲜明的特点。因此,在对体育旅游资源进行开发时就需考虑一般体育旅游者的能力,他们对旅游基础设施的要求较高。如果难度大、危险性高,就会打消旅游者参与的积极性。例如,对于参加极限探险、猎奇型体育旅游活动的先行者,他们对交通道路、旅游基础设施要求不高,但对野外生存、救护、通讯联络要求较高,其中对体育旅游资源的基本要求是新、奇、险,必须要有刺激性、挑战性,这样才能增强他们参与体育旅游的积极性。

2. 交通与通讯可进性

交通与通信也是民族传统体育旅游资源开发所需要注意的因素,它是旅游地与外界联系的先决条件,同时也有利于旅游地内部交通运输便利的实现。

我国民族传统体育存在于少数民族生活和聚集的地区,这些地区多为我国偏远地区,地形和气候较为复杂,交通不便,只有保证旅游地交通与通

讯的可进性,才能缩短旅游时间与空间的距离,加强和外界的联系与交往,旅游地只有能够进得去、留得住、出得来,才能吸引旅游者前去旅游。解决和提高可进入程度,包括交通、通信基础设施建设、交通营运安排等。

3. 体育与旅游的设施

进行民俗体育旅游活动就必须有一定的设施,主要包括民族传统体育旅游活动的设备与器材(如赛马中的马匹、爬竹竿中的竹竿、拔河中的用绳等)进行购置或自制;运动场所及配套设施建设,同时,要重视旅游者在体育旅游活动中的安全与保障建设。

(二)民族传统体育旅游管理

所谓体育旅游资源管理,是指具有一定的管理权力的组织和个人对体育旅游系统的人、财、物、信息、时间等要素进行计划、组织、协调、控制、监督的过程。体育旅游资源管理的对象主要是管理活动的承受者,包括人、财、物、信息和时间五个方面。具体如下。

1. 人

任何一项活动都离不开人的参与,体育管理同样离不开人的操作,人是体育管理系统中最重要、最核心的因素。在体育事业中,人的活动表现得最为直接、鲜明和突出,具体表现为运动员在竞技比赛中的胜负、国民身体素质的高低等。在体育旅游资源管理活动中,"人"主要是指体育旅游工作的操作者。体育旅游资源管理的组织机构由人来组成,目标和计划需要人去制定,决策方案要靠人去实施等,因此,"人"是管理的核心,人的积极性是管理的动力,人的创造性是管理创新的基础。

2. 财

体育旅游事业的组织和管理离不开资金的支持,财力是保证体育旅游事业顺利发展的物质基础,是体育事业创造良好经济价值、政治价值、精神价值和社会价值的重要保证。体育旅游资源管理经费,即为"财",在体育旅游资源管理活动中,对财进行管理,合理使用体育经费,是提高体育旅游管理基础效益的根本目的。

3. 物

体育旅游事业的发展离不开一定的客观物质基础。体育旅游管理中对物的管理主要表现为对体育设施、体育器械、体育仪器、体育服装等的管理。只有加强高校体育"物"的管理,才能提高物的使用率。

4. 信息和时间

信息和时间是影响体育事业实现快速、稳定、可持续发展的重要因素。

在体育旅游管理事业中,信息和时间对体育旅游具有重要的影响。对时间进行管理就是要在尽可能短的时间内办更多的事情;而对信息的管理则是在管理过程中应搜集和整理更多的信息,从而为管理工作提供相应的依据。

需要注意的是,对民族传统体育旅游资源的开发和管理,其最终目的就是将其合理地利用,并发挥出应有的功效。没有保护的开发是不可持续的开发。因此,必须用发展的眼光将经济、项目的环境、社会文化进行总体评价,避免破坏。1987年由时任联合国环境与发展委员会主席的挪威首相布伦特兰夫人在《我们共同的未来》报告中首次明确提出的"可持续发展"是指满足人类目前的需要和追求,又不对未来的需要和追求造成危害的发展。可持续发展观在我国被高度重视,经济社会的发展以及方针政策的制定均按照可持续发展的要求进行。体育旅游产业是国民经济的重要组成部分,用新的发展观审视其未来发展的问题有着极其重要的理论意义与现实意义。

民族传统体育旅游资源的可持续发展不但要促进体育旅游今天的发展,更要着眼于体育旅游的未来发展,使其步入持续、稳定、健康、良性循环的轨道,以满足后人长久的需求。民族传统体育旅游资源的可持续发展的目标是通过一系列手段和措施为体育旅游未来发展创造良好的条件,使其实现长期、持续发展。可持续发展强调将当代的发展与未来的发展相结合起来,要以未来发展的可能性作为制定当代发展战略的前提,今天的发展要为明天的发展创造条件,要从长远利益出发,寻求经济、社会、人口、资源、环境各要素之间相互协调的发展,不能为了眼前利益而损害长远利益。可持续发展的观点被广泛应用于社会各个领域。

第四节　民族传统体育文化与奥林匹克文化

一、奥林匹克文化概述

(一)奥林匹克文化源起

古代奥运会的发源地是有着璀璨人类文明的古希腊,那里有着非常多的有关古代奥运会的神话传说。古代奥运会一开始是为了进行宗教祭祀而进行的运动会,奥运会的持续进行吸收了很多文学艺术和教育活动,从而形成一种古希腊的独特文化。奥林匹克运动从诞生到成长深受古希腊文化影响。古希腊文化总是很强调和重视人的全面发展,古代奥运会作为古希腊文化的杰出代表,就非常能体现出对全民发展的追求。在古希腊,人们认为人要提高精神境界,前提条件就是拥有一个强健的身体。奥林匹克运动就源于古希腊人健康的推崇而诞生的。

现代奥运会源自于公元前 776 年开始的在千年历史当中进行的古代奥运会。1894 年,现代奥林匹克运动在顾拜旦先生的努力下诞生,现代奥运之父顾拜旦先生在复兴奥运会的过程中,对古代奥运会的文化取其精华去其糟粕。他抛弃了奥运作为宗教祭祀活动的形式,使奥运会不再局限在那个范围内,但同时将古代奥运会的宗教精神发扬光大。顾拜旦认为,无论在任何一个时代,奥林匹克精神的精髓就是其宗教精神。古希腊的每个运动员都像一个雕塑家,不同的是他们以运动的方式精心雕琢自己的躯体,从而向古希腊神话中的神明们致敬。现代运动员在奥运会当中同样以这种方式为自己的祖国拼搏而追求荣耀。因此,顾拜旦坚持要围绕着奥林匹克精神,从其中得出一种近乎宗教的感情。因为宗教体育的思想有着极为深刻的科学含义。奥林匹克运动的科学发展不断使人类有着更为强壮的身体。所有的这些,都是将奥林匹克精神发扬光大,这一过程中,顾拜旦和之后每一位奥林匹克运动的倡导者借助奥运会开展了许多意义重大的文化教育活动。

奥林匹克运动文化虽然源起于古希腊文化,但现代奥林匹克运动的持续发展,使得新的内容和精神又不断填充到奥林匹克运动文化当中,生生不息。

(二)奥林匹克文化性质

1. 奥林匹克运动文化以体育为载体

奥林匹克运动不只包含竞技体育,还包含大众体育。奥林匹克运动的相关文化活动在其中更是有着突出的作用。因此从文化的领域来辨别可以认为奥林匹克运动文化的传承载体就是体育。体育与文化虽然有区别,但更多的是联系。

体育与文化的影响是相互的,也在不断地相互促进。文化内的各种因素都对体育有着深刻的影响,而体育当中的各个方面同样影响着文化。体育作为人类自我完善的重要手段,能够促进人体的物质结构机能的发展。体育还能够积极地影响人的内在与社会的行为,这种积极的影响形成了体育的文化精神。人类的智慧就蕴藏在体育之中,所以它能够得到许多人的关心和主动参与,这使其文化功能得到了更多的关注。体育还作为一种语言而存在,它在国际上能够通用,任何人都不用翻译,这使它能够超越不同国家的意识形态,被所有人所接受,所以体育是国际文化交流最便利的工具。

体育是奥林匹克文化最重要的载体,顾拜旦复兴奥林匹克运动并没有将奥林匹克运动视为纯粹的体育,他更多力求使奥林匹克运动将智力和艺术涵盖其中,而不是只注重强健人的身体。国际奥委会前主席萨马兰奇对这一理念的评价非常准确,他认为,奥林匹克主义就是体育运动与文化的结合。奥林匹克运动之于人类文明,最突出的贡献就是通过体育发展文化,促进友谊。每 4 年一次的奥运会既是一场体育盛宴,更是一场文化交流的盛宴。

2. 奥林匹克运动文化以教育为核心

古代奥运会的主题是宗教祭祀。古代奥运会将人体美、竞技精神以及高超的技艺等来对神灵做出奉献,而这些养成的前提,都是要进行教育和训练。奥林匹克运动不仅要求运动员有高超的运动技巧,同时也要具备优良的品德,这都需要良好的教育才能获得。在古希腊的奥运会上,运动员获得比赛胜利将迎来人们的尊敬,这使古希腊社会有了通过崇尚英雄、崇尚美德来进行教育的手段。

现代奥林匹克运动对于古希腊的奥运精神和教育思想有着非常强的继承精神,并进一步将其发扬光大,现代奥林匹克运动以奥林匹克精神来教育全人类为宗旨,最终使我们的地球更加和平和美好。奥林匹克运动是以教育为己任的,奥林匹克运动当中的所有活动都可以看作是教育活动,教育是奥林匹克运动文化中最重要的目的。

3. 奥林匹克运动文化以西方文化为主导

古代奥林匹克运动文化源于古希腊文化,古希腊文化则是西方文化发展的重要组成。现代奥林匹克运动也是诞生在西方,最早的现代奥运会的运动员大多来自欧洲和北美,其中首届现代奥运会只有 13 个国家的 300 余名运动员参与其中,在这 300 多人里就有 230 人是希腊人,占运动员总数的 74%。发展到今天,现代奥林匹克运动已有百余年的历史,运动员几乎遍及世界的每个角落,截止 2012 年在英国伦敦举办的第 30 届奥运会,已有超过 200 个国家和地区的大约 10 000 多名运动员参与其中。不过,尽管奥运的普及迫切需求更加多元的文化,但受限于历史及现实经济、政治等各个方面的原因,奥运会的组织安排等许多方面中最主要的元素还是西方文化的色彩更加浓重。此外,在国际奥委会当中,大多数委员都是西方人,在奥运比赛项目中,西方现代竞技体育项目的主导地位也是毋庸置疑的。以上这些因素都说明现代奥林匹克运动文化仍是以西方文化占据着主导地位。

在西方文化中,公民意识尤为明显。公民意识是公民个人对于其在国家中的地位的自我认识,它强调公民在社会生活中的责任意识、公德意识、民主意识和道德意识等方面。对于现代公民而言,公民教育使其成为了社会生活中合格的公民,注重自身权利的维护和义务的履行,能够促进社会的和谐发展。如今,各国逐渐开始重视公民教育,注重青少年公民意识的培养。现代奥林匹克文化的传播,有助于公民意识的觉醒和培养,其作为促进社会和谐的拓展观念,对于社会的发展具有重要的促进作用。

(1)规则意识

奥林匹克文化中最为重要的一方面就是对于公民的规则意识的培养。在竞技体育过程中,为了保证各项活动的有序开展,会有各种各样的规则对运动员进行约束,人们在参与或观看比赛时,都会受到相应的规则的影响。这有助于其在社会生活中规则意识的培养。在人们进行健身锻炼过程中,大多是由自发的体育群体组成,没有教练,更没有裁判员执法,实质是体育规则意识在社会领域的拓展。改革开放以来,奥林匹克运动在我国得到了快速的发展,奥林匹克文化也在我国得到了快速的传播。近年来,我国参与奥运会不断取得好成绩,人们对于奥运会的关注度也不断提高。

(2)责任意识

所谓责任意识,就是指在社会生活中,每个公民都应承担起其作为国家的主人翁的责任,能够认真行使其作为公民的权利,还要能够认真履行相应的公民义务。开展公民教育就是要使得公民的权利和义务保持意识统一。责任意识的培养应从小事着想,这样才能够逐渐培养和增强其责任意识。并且责任意识的培养并不能纸上谈兵,应注重实践教育。在这方面,奥林匹克文化教育走出了传统的纸上谈兵式的教育模式,以活动为载体,使公民的责任意识不断加强。奥林匹克文化的普及,是公民责任意识不断提高的有效载体。就具体的竞技活动来讲,在一些机体运动项目中,如篮球、排球等,每个位置的球员都有其相应的职责,这也在一定程度上强化了人们的责任意识。另外,随着奥运会的开展,大量的志愿者也积极参与其中,其为奥运会的开展作出了积极的贡献。他们通过参与奥运会,心灵会重新接受一次洗礼,达到一个新的高度。

(3)尊重意识

联合国科教文组织将尊重主要分为四个方面,即为尊重他人、尊重差异和多样性、尊重环境、尊重地球上的资源。通过分析和了解奥林匹克文化,不难发现在其发展历史中,尊重意识在奥林匹克文化中普遍被人们重视。不管是哪一类型的比赛,尊重对手和裁判是对运动员的基本要求;不管是男性还是女性,都能够平等参加比赛,这体现了对女性的尊重;人们参与奥运会也不分种族,体现了民族之间的尊重和平等。另外,为了体现对于残疾人的尊重,维护残疾人参与体育运动的权利,还设置了残疾人奥运会。

为了促进我国学校德育体系的发展,2008 年北京奥运会开展之际,我国在北京的很多学校开展了文明礼仪教育活动,并将"尊重平等教育"列为重要的内容。通过相应活动的开展,能够有效地促进尊重意识的发展,从而对社会产生良好的影响。

4. 奥林匹克运动文化有着催人向上的精神

世界先进文化就是符合全人类社会发展方向,并且与所有人类的共同愿望也是相符的。现代奥林匹克运动文化是一种优秀的文化形态,其中蕴涵着伟大的精神文明,由于其将西方文化当中的精华融入自身,所以无疑它是世界先进文化的重要组成。

从古至今奥林匹克运动文化已经经历了几千年的历史考验,这些历史使它在全人类当中的影响力不容置疑。奥林匹克运动文化深刻的展示出了人类理想的崇高境界,更加体现了世界最为珍贵的真、善、美与和平。奥林匹克运动文化的先进性体现在奥林匹克运动的各个方面,其核心内容就是主张人类共同的和谐发展,从而使世界变得更加和平、美好。

5. 奥林匹克文化的和谐思想

现代奥林匹克运动是对古代奥林匹克运动的继承和发展,其在思想文化等方面继承了古代奥运会的公平竞争、拼搏、和谐等方面的思想。奥林匹克文化的体系包括奥林匹克主义、奥林匹克宗旨、奥林匹克运动的宗旨、奥林匹克精神等,这些都在不同的角度彰显了奥林匹克文化中的和谐思想。

如今,奥运会早已超出了单纯的竞技体育的范畴,其代表了一种文化哲学方面的价值取向。奥林匹克主义已经在更广的意义上将身体活动、艺术和精神等方面融为一体,从而促进了更完整的人的产生。《奥林匹克宪章》把"奥林匹克主义"解释为:奥林匹克主义是将身、心和精神方面的各种品质均衡地结合起来并使之得到提高的一种人生哲学。奥林匹克主义将体育运动、文化和教育等方面融为一体,其所要建立的生活方式以一般伦理的基本原则为基础,主张在奋斗中体验乐趣,并重视榜样的教育价值。奥林匹克主义注重人的全面发展,并将其上升到了人生哲学的高度:其不仅仅是对运动技能的提供和完善,更是对人的心理和精神等方面的提升;它不仅是一种高水平的竞技活动,更是将人类的教育和文化等方面结合在了一起;它不仅能够使得人们充分体会到竞技活动带来的愉悦感受,还为其他体育竞赛活动的发展提供了发展的方向,发挥了榜样的力量。通过奥林匹克文化的榜样作用,能够促进其教育功能在更广泛范围内实现。这种融身、心和精神的和谐发展为一体的社会活动,不仅能够促进个人的和谐发展,更能够促进社会的进步。

奥林匹克运动的宗旨在于促进人类个体、群体和整个社会向更美好的方向发展，而这些是通过充分团结、公平和友谊氛围的竞技活动来实现的。它将体育互动作为改造人类个体和整个社会的力量，促进人类向着真、善、美的价值取向前进。因此，现代奥林匹克文化充分体现了人追求和平、美好的理念，彰显着人们对于和谐、美好明天的愿望。

现代奥林匹克运动是盛大的世界性体育盛会，通过奥运会的举办，实现了不同国家、不同民族、不同社会制度的人们之间的相互理解和沟通，在活动过程中增进了人们之间的交流，发展了世界人民之间的友谊。通过开展奥运会，能够在一定程度上减少国际之间的冲突，从而达到了促进世界和平的目的。

二、民族传统体育文化与奥林匹克文化思辨

(一)民族传统体育文化思想的内涵

民族传统体育文化是我国传统文化的重要组成部分，具有我国鲜明的传统文化特色。以人为本的人文主义或人本主义一直以来被认为是中国文化的一大特色，也是中国文化精神的重要内容。与古希腊文化注重人与自然的关系以及希伯来文化、印度佛教文化的重视人与神的关系不同，中国文化侧重于人与社会、人与人的关系以及人自身的修养问题。中国哲学，无论是儒、道、佛，本质上都是一种人生哲学。实践也证明，以儒家为代表的以人为本的思想，在后来的封建社会中得到广泛的认同和创造性的发展。

中国传统文化植根于农耕文明，表现出一种静态的特征，重视自然和谐、人与自然和谐、人与社会和谐、人与人之间和谐、人自身的身心和谐等。中国传统文化以和为贵的和合精神最为典型地体现在"天人合一"的思想传统中。在古代思想家看来，天与人，天道与人道，天性与人性是相通的，因而可以达到和谐统一。

"实践理性"也是我国传统文化的重要方面，主要体现为一种重现世、重实践、重事实、重功效的思想方法和价值取向。它作为中国传统文化心理结构的主要特征，由来已久，而以理论形态呈现则是在先秦儒、道、法、墨诸主要学派中。它注重客观事实和历史经验，对直觉顿悟和整体思维非常重视，满足于解决问题的经验论的思维方式。作为一种价值取向，实践理性注重身体力行、经世致用的行动哲学，尤重道德功利主义。

中国文化的构架是以儒道互补为主体来进行的。从中国文化思想发展

史来看,春秋战国时期,思想界出现了百家争鸣的局面,儒道两家思想影响较大。汉初又崇尚黄老之学,至汉武帝接受董仲舒"罢黜百家,独尊儒术"的建议后,儒学由子学一跃而为官学。此后,它在中国传统文化思想中的统治地位始终未曾从根本上动摇过。汉末以来,由于中国土生土长的道教兴起以及外来佛教文化的传入,很快形成了儒、道、佛三足鼎立的局面,并日趋融合。

民族传统体育文化思想根植于我国的传统文化,其主要表现在以下几方面。

1. 阴阳思想

阴阳是一对对立统一的矛盾体。向日为阳,背日为阴。《周易》称"一阴一阳之谓道","道"即阴阳变化的规律。《素问·阴阳应象大论》说:"阴阳者,天地之道也,万物之纲纪,变化之父母,生杀之本始。"可见,阴阳规律是自然界固有的规律,整个世界就是阴阳对立统一运动的结果。阴阳对应,宇宙间的一切事物变化都是阴与阳相互作用的结果。阴阳的交感、对立制约、互根互用、消长平衡和相互转化是阴阳学说的基本内容,它们之间并非独立而是相互联系的。

民族传统体育与阴阳学说有着密切的关系,先秦时期,就有了记载"顺阴阳而运动"的思想,对抗技击类体育运动中蕴含着阴阳学说,进攻和防守都与阴阳变化有关。

如春秋末年"越女"论剑和战国时的《庄子》。"越女"认为:"道有门户,亦有阴阳,开门闭户,阴衰阳兴。"即用阴阳变化解说剑的攻守制胜之理。再如,传统武术中,经常用阴阳的相互根生、相互消长、相互转化等来解释技法技巧和拳技理法。阴阳对应依存,由此衍化出一系列概念,如动静、刚柔、虚实、进退、攻守、内外、开合等,这些原理被广泛用于我国各个拳种之中,构成了中国武术丰富、多彩的技击原理与方法。

2. 太极思想

太极思想是我国的重要思想。"太极"这一词最早见于《周易·系辞上》,其中记载:"易有太极,是生两仪。"意思是说两仪即阴阳,太极以阴阳为内涵,衍生万物。太极之理常用"太极图"解释。太极图由两个阴阳鱼相抱而成,白鱼与黑鱼之间由一条反"S"形曲线分开,这说明事物的阴阳双方并不是截然以直线的方式分开的,而是彼此相互依赖、互为所用的;同时也指出事物任何一方均不能脱离另一方而单独存在,事物的阴阳双方既对立又统一,彼此协调和谐而又相互制约,共同维持事物阴阳双方的动态平衡。

在太极图中,阴中有阳、阳中有阴,阴阳之中再分阴阳,对自然万物的发生、发展规律进行了高度的概括,是中国古代哲学思想的大成。太极思维中的阴阳辩证法被作为认识问题和解决问题的根本法则。

民族传统体育中,最能体现太极之道的就是太极拳,太极拳的拳理充分体现了太极思想中的阴阳辩证之法,是中国传统太极文化在武术中的最好体现。太极拳家认为,太极是一切的原动力,宇宙既有太极,人身也有太极,而且人身的腹部就是太极,所以《太极十三式歌》中说:"命意源头在腰隙,刻刻留心在腰间。"例如,太极图中的双鱼环绕恰似练习者在习练太极推手时相互双搭手的形态。练习太极拳的过程中,攻守双方臂膀组成环状,你进我退,粘边黏随,变化万千,正是符合了彼阴吾阳、相互消长、交替变化的太极之道。就拳风而言,太极拳动作圆活,每一招式都与圆形密切相关,动作较为流畅,可以一气呵成。

3. 八卦思想

八卦学说是由太极衍生而来的,八卦学说历史悠久,是一门庞大的思想体系,由太极衍生而来。有"无极生太极、太极生两仪、两仪生四象、四象生八卦"之说。八卦图衍生自中国古代的《河图》与《洛书》,传为伏羲所作。其中,《河图》演化为先天八卦,《洛书》演化为后天八卦。八卦各有三爻,"乾、坤、震、巽、坎、离、艮、兑"分立八方,分别象征"天、地、雷、风、水、火、山、泽"八种事物与自然现象。八卦学说是一种朴素的唯物论和辩证法。它肯定了万物之间的联系,认为事物的生长具有其自身的规律性,并根据这种规律性推测事物的发展和走向,又把发展理解为各种矛盾趋向和谐与不断往复的、递进式的过程。

八卦与中华民族传统体育的紧密联系主要体现在八卦掌中。八卦掌原名"转掌",是武术中的一个拳种。八卦掌与八卦学说有着紧密的联系。八卦掌原名"转掌",其运动形式主要是绕圆走转,所绕圆圈正经过八卦的八个方位,又以人体各部位比对八卦,故称"八卦掌"。八卦掌以"易理"为理论依据规范拳技。"易理"是解释八卦图形含义的基本理论,包括简易、变易、不易三种基本思想。

八卦思想丰富了我国的哲学体系的基本内容,促进了传统哲学的丰富与完善,同时,还渗透到民族传统体育的理论当中,对一些传统体育项目的进步和发展具有重要的影响作用。

4. 五行思想

五行学说,简述"五行",具体包括木、火、金、水、土五种物质。五行学说是古人认识宇宙、解释万物变化的一种学说,较早的历史文献记载见于殷末的《尚书·洪范》:"一曰水,二曰火,三曰木,四曰金,五曰土。"古人用类比法将自然界的万物进行了归类,并阐述了万物之间相生(木生火,火生土,土生金,金生水,水生木)、相克(木克土,土克水,水克火,火克金,金克木)的相互关系与作用。

以五行学说作为技击理论基本原则的以武术中的形意拳为代表。武术中的形意拳是以五行学说作为技击理论基础的武术拳种,它以五行学说为指导思想,在拳法中突出"阴阳五行生克制化"的变化规律。此外,五行拳的各种拳法对应人体脏腑,与人体生理功能有密切的联系,如崩拳能平气舒肝、强筋壮脑;钻拳属水,其气和则肾足,气乖则肾虚;炮拳属火,其拳顺则气和虚灵,拳谬则气乖而四体失和等。形意拳综合五行之说,有"形意合一""内外同化"之效。

5."天人合一"思想

"天"代表"自然",所谓"天人合一",主要有两层意思:一是天人一致,二是天人相应,即人和自然应和谐相处,万物的发展应符合其自身的规律,一切人事都应顺其自然。天人合一思想主张民族传统体育活动的开展要顺应自然。技法练习过程中,应追求人体与大自然的和谐相通,做到物我、内外的平衡、实现阴阳平和,而不要违背大自然的规律。要符合自身条件、符合节气、地理环境等。逆天时地利而动对健康不利。

天人合一是民族传统体育发展的终极目标。人们常象天法地、师法自然,从大自然中吸收营养,模拟自然界中各种事物的动作、姿态、神情,以创造和丰富民族传统体育的内容,主张通过各种体育活动的举办享受生活乐趣、实现人与自然的和谐统一。

在现代社会,天人合一正是和谐的具体表现,通过各种传统活动的举办,促进身心和谐发展,身心统一的实质就是身心和谐的发展,这主要取决于中国传统文化对和谐价值观的重视。

6."形神统一"思想

"形神统一",即"形神兼备""内外兼修",是我国古代唯物主义哲学家荀子和范缜对形、神关系的认识和看法。他们认为"形为神之本,神为形之用",即神依赖于形而存在,形是神的物质基础,形盛则神旺,神衰则形枯,二者相辅相成、对立统一。

以武术为例,"形为神之本,神为形之用"。在形神统一哲学思想的影响下,"形神兼修"成为武术的重要练功原则和特点。具体体现在以下几个方面。首先,就技术而言,形指手、眼、身、法、步等有形的武术动作特征,神指心、意、胆等无形的心理品质和气质。其次,就人体而言,"形"是指习武者的身体,包括五官、躯干、四肢、筋、骨、毛皮等,"神"是指习武者的精神、意识、思维等心理活动。最后,就内外而言,形是外在的具体运动形式,神指内在的精神内容。武术运动并非机械地肌肉运动,它讲究"以意领气,以气催力",讲究意、气、神与力的结合,讲究形神兼备,这是武术习练的最高境界。

(二)奥林匹克文化的内涵

1. 和谐发展

对于人来说,和谐发展体现在体力和智力这两大方面。早在古奥运会时期,就非常强调人在运动中的和谐,运动中的强者不光要表现出高强的记忆和健美的体态,同时在道德和知识方面同样不能够落于下风。古希腊人的观念里指的身体健康是生活健康所需要的最基本的要求,只有有了健全的体魄,健全的灵魂才能够有栖息之所,所以说古希腊非常注重身体和文化齐头并进,共同发展。

现代奥林匹克运动更加讲求以人为本。体育活动能够使人身体强健,从而获得更加强健的体质,对于思维能力的发展也有非常大的帮助,从而使人的人格更加健全。奥林匹克精神当中的哲学理念就是"增强体质、意志和精神并使之全面均衡发展"。顾拜旦作《体育颂》,对体育所能发挥的作用不吝赞美之词。他鼓励在体育运动中表现得更加积极,以人得到全面发展为目的,在拥有强健的体魄的同时,能够在素质上有着更高的升华,最终使每一个人都能变得高尚、公正、坚强、聪明、健美。

2. 团结友谊

奥林匹克运动的最高目标就是能够令世界上所有的人都能够相互交往,相互了解,建立友谊,减少人们之间的误解,最终将世界变得能够维护人的尊严,更加美好,从而超越了单纯的体育活动的范围。

在古代奥运会当中,象征纯洁、友谊、和平的橄榄枝就是获胜者的最高奖品。为了举办奥运会,古希腊人特意制定了神圣休战条约,在遏制战争、维护和平方面起到了不可替代的作用。现代奥运会继承了这种奥运精神,将人类对和平这一渴望强烈地映射了出来。

奥林匹克标志由五个奥林匹克环组成,这个五环标志,代表全世界五大洲共同的团结,全世界的运动员在奥林匹克运动会共同聚首,欢庆奥运这一节日般的聚会。现代奥林匹克运动逐渐成为了使各国人民都能够相互沟通的一座桥梁,成为了世界人民大团结不可缺少的纽带,不同民族、不同文化的人们能够更加深入地了解,更加长久地维护世界范围内的和平,避免战争爆发。

3. 公平竞争

竞争是体育运动最为基本的特征,也是体育运动魅力的来源所在。奥林匹克主义当中体育的竞争,要求体育活动首先要保证有着公平的道德,提出了"体育就是荣誉,但荣誉公正无私"的观点。

体育运动竞赛中,运动员之间激烈的对抗一决高下,这一过程中身体经历了磨砺,意志品质同时也得到了锻炼,而观看比赛的观众也得到了极大的享受。竞争能够大力推动人类社会的进步。人类在竞争中才能使自己的雄心得以展现,聪明的头脑也能够得到进一步发展。参加体育运动必须要敢于竞争,面对强手如林的环境,要无所畏惧,超越自我,战胜对手,创造纪录与奇迹。人类的发展,正是靠着这种动力,才能够不断创新,不断迈进。

现代奥运会面对全世界的人们,不分血统、种族、肤色、国籍,运动员人人平等,面对着公平,在不违反规则的前提下,依靠自身实力,正大光明地参与到比赛当中去。这种竞争是公平的竞争。

4. 奋力拼搏

勇于拼搏奋斗,直面竞争,这样才能寻找到生命的真正价值,在奥林匹克运动中也一直贯彻着这一宗旨。人们奋斗的景象,可以浓缩在赛场上体现出来。赛场上的汗水,竞争的激烈,不光能够影响到在赛场上拼搏的运动员,对电视机和现场的观众们而言也是非常好的励志课,对于处在成长过程中的青少年而言,他们所看到的景象,更会使他们终生难忘,从而更加理解奥林匹克运动的精神。奋斗的精神蕴藏在每一个人类的内心当中,是人类能够发展到今天,自强不息勇攀高峰的可贵品质。

5. 重在参加

体育竞赛中,不光存在胜与负的比拼,运动员之间精神、气势和斗志的较量往往更加重要。由此可知,过程很有可能要重于结果。体育比赛中的优胜者往往只有一个,这是要通过不懈的拼搏才能够争取而来的,参加比赛的人对于这一点都应该有着心理准备。有些运动员由于实力等方面的先天差距,虽明知与冠军无缘,甚至很难拿到名次,但这些运动员并未放弃,而是毫无畏惧地走上赛场,参与拼搏,这种精神鼓舞着人们不断前进,这也是重在参加的重要意义所在。

奥运会当中,参赛的每一个选手都有着摘金夺银的可能,但优胜的天平总是向永不放弃和顽强拼搏的人的方向倾斜,这有可能不能够最终决定胜利的走向,但一定是获得胜利的人应当拥有的思想内涵,是体育精神最重要的精华所在。竞赛往往是残酷的,但经历了竞赛,参与了竞赛,这也是一种经历,获胜与否变得不再重要,更重要的是参加了这令人痴迷的活动。

6. 为国争光

奥林匹克运动在现代体育运动当中是最耀眼的一颗明珠,参加奥运会的选手代表着自己的民族和国家。入场时运动员高举本国的旗帜,颁奖仪式上要奏国歌、升国旗,每一届不同的奥运会的开幕式、闭幕式也会将举办国的特色充分显示出来,奥运比赛中,运动员的个人价值实现了,其体育价值与社会价值也就同时得以实现。

奥运赛场上英雄主义、集体主义、爱国主义高度一致,使得每一个参与者与观赏者的自豪感得以激发,其国家的民族凝聚力得以增强,奥林匹克运动的精神也在此时得以升华。

三、民族传统体育文化与奥林匹克文化的对接与融合

(一)西方体育文化对民族传统体育文化的冲击

各民族的文化具有其鲜明的文化特质,在全球化背景下,这一文化上的差异性是不能够很快得到消除的。体育全球化是对现有的不平等的、不公正的体育发展等级模式的一种反映。在体育全球化进程中,又会产生新的体育文化间的冲突和融合的范式。如今,全球各体育文化体系间的交流与融合,其广度和深度是前所未见的。全球化对各国而言是发展的良好机遇,在体育运动方面,各国通过借鉴和吸收全球化的体育文化,从而对自身的传统体育中存在的各种问题进行反省和改革,从而促进了其民族体育的发展。

现代体育思想其实质是西方体育思想的传播,其运动理念、运动规则、运作模式等都具有西方国家的特点。这在很大程度上存在着弊端。这样的全球化会对其他各民族传统体育造成伤害,因为这是一种对异质体育文化的"侵入"。具体而言,在这种体育文化思想的影响下,各民族的传统体育文化,不管是运动文化,还是运动形式,都会被其影响,从而使得传统体育文化带有西方文化风格。从一定程度上说,体育文化的全球化过程也是体育文化的单一化和同质化的发展过程。

体育的全球化对人们的体育价值观念的影响尤为明显。在全球化的背景下,西方体育中所倡导的理念和反映的精神也逐渐在世界范围内传播,并被人们所接受。西方体育文化中,注重竞争意识,主张超越对手,在竞技过程中凸显出自身的实力。在这种文化的影响下,人们更多的注重竞赛的成绩、名次,而忽视了体育运动的本质诉求。也正是在这种体育文化的影响下,竞技运动中产生一些不和谐的因素。过于强调竞争,容易使人们形成错误的价值观。在很大程度上,现代体育场上的滥用兴奋剂、黑金黑哨、弄虚

作假等现象都是现代体育价值观不正确引起的,这也严重污染了纯洁无瑕的竞技体育思想。在激烈的社会转型期,这种线性的、单向的价值取向,很容易被失去信仰的现代人所认可和膜拜。所以,在全球化的西方体育文化价值观的强大冲击下,虽然中华民族的传统体育蕴含着其鲜明的文化特质,如注重人与人之间的和谐相处、注重体育运动的娱乐性和审美性等,但是这也无法改变我国传统体育受到忽视的事实。

当下的体育全球化进程的初衷是要让体育世界更加和谐文明和美好,但是,实际上它引起了不少人对体育文化的"误读"与冲突。其不利于体育文化全球化的发展,主要体现在阻碍了人类体育共识的形成,甚至造就了新的冷战意识,使各世界体育文化的交流和融合蒙上了一层阴影。因此,目前的体育全球化进程必须得到扭转。一个建立在平等对话基础上的双赢双利的体育全球化进程是很有必要的。

以奥林匹克体育文化为代表的西方体育是通过教会学校和基督教青年会传入我国的。随着西方的殖民扩张,一些近代体育项目也在我国得到了发展和传播。教学学校是其传播的重要途径。受西方体育思想的影响,中国人们的体育观发生了很大的变化,在当前国际体育一体化的新时期,我国民族传统体育的发展受到了西方体育的巨大冲击。

在中西方文化的交流和发展过程中,西方文化占着主导地位,我国民族传统体育在与之发生冲突的过程中,西方体育所凸显出的极大地进步性和科学性,使得越来越多的人开始引进、模仿和学习西方体育。在这一过程中,我国的民族传统体育产生了个性的异化。长期以来,我国传统体育在和西方体育所表现出的文化模仿形式,是导致民族传统体育文化个性异化的最直接的动因。

我国民族传统体育的发展本来就存在地域上的不平衡,学校民族传统体育的普遍开展受到制约,再加上逐渐受到以奥林匹克运动为主流的世界现代体育的强烈冲击,以至于我国很多学校将发展竞技体育作为提升自身品牌的手段。很多学生也倾向于选择现代体育运动项目作为健身和娱乐手段,而忽视对民族传统体育项目的学习。

(二)民族传统体育文化与奥林匹克文化的融合与共同发展

体育文化在世界经济一体化发展中得到了良好的发展。通过国际间不断的体育运动交流的加强,在奥林匹克运动和联合国教科文组织、世界体育组织的共同努力之下,国际竞技体育与群众体育之间相互融合,东方和西方的体育文化也处在相互交流和整合的状态之下。

东西方体育文化都是人类共同的体育文化,是人类互相交往的结果。

现代体育文化是随着经济社会的不断发展进步而发展起来的,它是英国、美国等西方国家文化发展的产物。现代体育文化呈现出竞技化、普遍化和个性化的发展趋势,这是与现代经济活动和生产活动相适应的。而我国,在漫长的发展历史中,受自给自足的自然经济的深刻影响,从而体育文化也呈现出相对独立和隔绝的状态;我国注重伦理道德教化,这一点在传统体育文化中也有鲜明的体现。随着我国改革开放的深化进行,东西方文化逐渐实现了交流和融合。我国民族文化的鲜明特质之一就是其包容性,在漫长的发展历史中,各民族文化融合在一起,从而形成了博大的中华文明。

在我国体育文化发展过程中,鲜明地反映了体育文化之间的交流和融合。例如,西方的足球、游泳和田径等运动已经成为我国重要的体育运动项目,并且已经走进我国体育教学的课堂,成为我国体育事业的重要组成部分。而西方的体育文化理念,也对我国的体育文化产生了深刻的影响。西方体育文化注重竞争、公平、公正、平等等思想,而这也成为了我国体育文化的重要方面。

在西方体育文化的影响下,我国传统体育项目发生了深刻的变化。例如,我国的传统武术运动,结合西方的竞赛方式,从而形成了独具特色的散手竞技;再如,我国的传统气功养生功法逐渐开始注重其科学理论依据。在现代体育文化的影响下,我国积极发展、创新,有效促进了我国传统体育的发展。

我国的传统体育文化也对西方体育文化产生了重要的影响。例如,我国的养生观念、伦理道德观念等也逐渐融入到了西方体育文化中。在这种相互影响过程中,东西方体育文化也表现出趋同化的特点。

文化是在人类生产和生活中创造的,随着人们生产生活的进行,社会文化也处在不断的发展和变化之中。因此,各国的文化并不是完全封闭的。世界文化也是处在不断发展和趋同过程之中的。各个民族的体育文化都有其独特性,这是不能改变的。但是,人类的体育文化也具有其共性特点,这也是不容忽视的。文化之间并没有明显的优劣之分,并且在长期的发展过程中,会出现"你中有我,我中有你"的状况,因此,应客观、公正地看待各国的体育文化。

民族体育文化与世界体育文化之间是对立统一、相互融合、相互促进的关系。尽管存在许多差异,包括时空、民俗、宗教、文化等的不同,导致了体育文化在内容与形式上有所不同,但是,民族体育文化与世界体育文化在体育活动的本质特征和内在价值上具有趋同的性质。在人类社会的发展和交流过程中,世界体育文化逐渐吸收和纳入各种体育文化,从而形成了具有普遍性的文化体系。随着全球化的进行,这一发展趋势将愈演愈烈。

世界体育文化正是在各国体育文化之间的交流与合作中而不断发展成长起来的,各国民族传统体育文化与世界体育文化之间具有密不可分的联系,具体而言,主要表现在:如果将世界体育文化比作一座大厦,那么各国的传统体育则是建成这座大厦的一砖一瓦。民族传统体育文化不仅为世界体育文化提供了文化积累,同时也保证了世界体育文化的多样性。体育文化的全球化发展也为民族传统体育文化的发展提供了重要的推动力,并且为其发展提供了广阔的空间。

文化的多元性是当今的时代浪潮,它能够促进不同民族之间相互了解、增进友谊,随着世界的发展,各国之间的交流也更加紧密,奥林匹克运动的普及程度也在与日俱增,人类文化必将在奥林匹克文化当中进行多元化的交融。文化从本质上来看,地域性和民族性是无法避免的因素。在奥林匹克运动文化的号召下,不同的文化渐渐融合到一起,成为了多元性的奥林匹克运动文化。

"越是民族的,就越是国际的"已成为全球性文化发展的新自觉和新意识。当今世界文化的发展正处在文化自觉、多元涌动与文化复古的浪潮之中。现代奥运会也不会脱离这种文化态势并有所反映。各奥运会的主办国和主办城市争先恐后地将本民族特色文化搬上奥运会,且都获得了出人意料的成功。

传统体育文化更多地表现为民俗文化,它多与原始宗教信仰、古代民间故事紧密相连,这些娱乐节庆活动由原始宗教信仰、古代民间故事形成,无疑会受到时间性与时空性的制约。比如大羿射九日和夸父逐日都是发生在原始社会,唐宋清明节的蹴鞠和水秋千,元宵节的舞龙,春时放风筝、踢毽子,端午节的赛龙舟,九九重阳节的登高望远,蒙古大草原的摔跤,苗族人擅长走独木桥、上刀梯,朝鲜族喜爱荡秋千……这些体育活动在一定的时空内是约定俗成的。然而,现代奥林匹克中的民俗文化表演,完全打破了原时节性和空间性的局限。

民族传统体育根植于我国民族优秀文化之中,是我国五千年文明的智慧结晶。2008年北京奥运会开幕式上2008名演员击缶而歌,吟诵着"有朋自远方来,不亦乐乎",欢迎世界各地的健儿和嘉宾的到来。开幕式上的表演是中西民俗文化的一次大交汇与融合,古代文明与现代技术、东方神韵与西方魅力紧密结合在一起,这种民俗文化与现代奥运的大融合与时空大移位使昔日的神话可以通过声、光、电梦幻般表现出来,昔日农耕民族为祈神求雨的手舞草龙,幻化成制作精良并配有声、光、电在空中飘荡的飞龙,昔日为祭龙和祭祀屈原的赛龙舟,变成了为奥林匹克运动会庆贺的表演项目。

各民族传统体育文化和民俗文化借助现代奥运会很好地展现了各个国

家和民族的风土人情,同时又为奥运会渲染了节日氛围,这不仅是奥林匹克全球化、多元化发展的需要,也是世界范围内文化多元发展的必然趋势。

　　民族传统体育文化是我国民族优秀文化的代表,它深受我国传统文化的影响,其对于我国人民体质健康状况的增强以及社会道德观念等方面的发展具有重要的作用。而现代奥林匹克文化也注重人的身体和心理方面的共同提高。奥运会是向世界展示体育文化的大舞台,我国民族传统体育文化要走向世界,必须与世界体育文化发展相结合。

第五章 民族传统体育文化弘扬与发展的战略

民族传统体育文化是我国文化的重要内容,继承、发展和弘扬民族传统体育文化是振兴中华文化的重要方面。民族文化的发展注重相应的策略和战略的制定,这样才能够更好地实现发展目标。因此,本章对民族传统体育文化弘扬与发展的战略进行了分析。

第一节 高校民族传统体育文化发展战略

一、高校民族传统体育教学的现状

(一)民族传统体育的教学理论现状

现阶段,广大青少年几乎是从小接受"现代"体育的教育,更青睐于足球、篮球、乒乓球等项目的参与。这就导致在许多体育教育部门的领导、教师甚至学生心中都认为民族传统体育的态度都是属于可有可无的非主流文化。民族传统体育在学校体育教育中的地位还比较低,没有受到应有的重视。因此,我国学校民族传统体育教学理论研究发展缓慢。

学校的上级领导部门(相关职能部门和单位)对学校开展民族传统体育教学缺乏应有的关注,对当前学校的师资培训、课程设置、教学理论建设等方面都缺乏支撑和管理,尤其缺乏对学校民族传统体育的人文关怀,使当前学校的民族传统体育应有的文化感染力和学科价值不断被削弱,同时制约了学校民族传统体育课程资源的开发。

在体育教学研究方面,大多数教师缺乏主观的内在驱动力,很难将精力放在对民族传统体育文化历史沿革、发展处境、文化内涵、规则演变等内容深入的研究上,导致研究内容片面、单一、浅显,缺乏系统性、针对性。这点通过检索中国学术期刊网全文数据库中关于民族传统体育的相关学术著作的数量上就可以看到,如 12 所高校体育部教师在 2007—2009 年三年时间里发表的体育类论文合计 149 篇,其中关于民族传统体育的论文 11 篇,比例仅为 7.38%,11 篇中有关教学研究的仅为 3 篇(均为武术教学方面)。

(二)民族传统体育的课程设置现状

相关职能部门和单位对于民族传统体育相关的师资培训、课程建设和教学、文化建设等方面往往处于放任自流或草草应付的状态,使得本就在传播和普及受限的民族传统体育的影响力越发的受到削弱,难以感染和激发学生对民族传统体育文化的热情,制约了课程资源效能的发挥。大多数学校不够重视我国民族传统体育项目的教学,在课程设置方面多以选修课的形式开设,课程多设置在大学第二学年,且教授的课时较少。

值得肯定的是,现阶段,各校民族传统体育课程中教学内容的设置突出了以学生为主体进行教学。在课程设置中,重点分析不同学生所喜欢的民族传统体育项目,集中开设大多数学生喜欢的项目进行教学,在民族传统体育课程的设置上充分考虑男女学生的不同项目需求,以及不同学生的娱乐、健身、养生等不同需求。

(三)民族传统体育的教材现状

教材是体育运动教学的内容体现,也是开展教学工作的依据。通过对我国学校民族传统体育类教材的调查研究发现,相关体育教材的来源主要有统编教材、本校自编教材、统编自编教材相结合、无统一要求(教师自己掌握)等四种情况。其中本校自编教材和由教师自行掌握两种教材都会使教学具有很多不确定性和非标准性,显然这不利于相关学科教学的开展。

调查显示,在设有民族传统体育项目的 60 所学校中,有 56.7% 的学校选择的教材是自编或与他校的合编教材;30% 的学校会使用自编教材,一般来讲,使用自编教材的学校规模较大,办学时间较长,师资力量较为雄厚,有条件和实力结合本校的教学特点和所设课程内容编写出较高质量的符合教学实际的教材,如北京大学、南开大学、天津大学、中央民族大学、海南大学、广西民族大学等;学校无统一教材,教师自己掌握教学内容的学校占调查学校总数的 25%(表 5-1)。

表 5-1　我国学校民族传统体育教学教材来源

形式	学校	百分比
本校自编教材	18	30
本校与外校合编教材	16	26.7
无明确教材,教师自定	15	25
其他学校编写的教材	8	13.3
其他	3	5
总计	60	100

　　另据调查显示,目前我国开展民族传统体育教学的学校的教材内容绝大多数以《大学体育》《大学体育教程》《大学体育与健康》《大学理论教程》《体育与健康》等命名,这类教材多少是在学校体育的总框架中编写而成的,内容涉及田径、球类、体操、健美操、武术等主要体育运动项目,知识范围广,综合性较强,民族传统体育教学内容非常少。该类教材虽然在传统的学校体育教学教材的体例和内容上有新的突破,理论上满足了 2002 年以后学校民族传统体育教育理念和课程改革的需要,但是民族传统体育部分仍然存在许多问题,具体如下。

　　(1)涉及的民族传统体育运动仅有武术或仅以武术为主,缺乏其他运动的介绍和学练方法,致使给人一种民族传统体育就等同于武术的概念。

　　(2)在套路内容上总是围绕初级拳三路、初级剑、初级刀和简化太极拳等常见项目。

　　(3)武术理论内容较为陈旧且缺乏更新的观点,仍未能突破体育教育专业武术学科理论内容。

　　(4)教材中涉及到的民族传统体育项目教学方法和教学指导方式单一、枯燥,缺少健身性、娱乐性、趣味性较强的民族传统体育练习方法。如此较难调动学生对此学科的主观积极性,使学生对教材不愿看,对该运动不想学。

　　因此,民族传统体育运动的教材不能长期保持这种状态,而是要随着相关理论的创新与时俱进的发展,多多参考学生对学科教学的意见和学习需求。尤其是对于认知能力和理论层次较高的大学生来讲,理论内容显得单薄和滞后,这与增强学生民族体育意识、养成锻炼习惯和提高民族传统体育锻炼能力以及在高校传承民族体育文化的目的存在着较大的差距。

(四)民族传统体育的教学内容现状

通过调查发现几乎所有学校开展的民族传统体育教学中都不会缺少武术。武术作为我国民族传统体育运动的代表在国际上有着极高的知名度，而且在强身健体方面也有着独到之处。因此，在学校民族传统体育的教学内容中包含武术是合情合理的。但问题是，武术课程几乎已经成为了民族传统体育教育的全部，以至于让人有民族传统体育等同于武术的错觉。教学内容过于单一，这就值得有关部门的思考了。再加上由于部分学校的民族传统体育教学目前还处于初级阶段，开展项目还比较少，相关师资力量较为匮乏等因素，还有一些学校只是开设了民族传统体育、体育养生学等理论课程，还没有开设民族传统体育实践课。

在经调查的 90% 开设了民族传统体育项目教学的学校中，以武术类项目的教学占绝大多数，就当前我国学校民族传统体育的教学内容分类而言，大体可以分为以下几类，即武术类、养生功法类、民俗体育类和民族体育类。调查发现，目前民族传统体育课出现的项目共计 42 项民族传统体育项目。其中，包括武术类 18 项，占学校民族传统体育开设总项目数的 42.8%；养生功法类 2 项，占学校民族传统体育开设总项目数的 4.8%；民俗体育类 5 项，占学校民族传统体育开设总项目数的 11.9%；民族体育类 17 项，占学校民族传统体育开设总项目数的 40.5%。

如果对我国高校民族传统体育的教学内容进行归类，大体可以分为：武术类、保健气功类、民俗体育类和少数民族体育类。由此可以看出并非是我国民族传统体育项目较少，恰恰相反的是我们拥有如此丰富的项目，因此在未来的发展中应该注重选择教学内容的全面，广泛涉及、平衡发展。

总体来看，我国学校民族传统体育教学内容呈现出以下两个特点。

首先，武术类项目是学校民族传统体育教学的主体，其他民族传统体育项目的教学不够普及和完善。

其次，一些学校开设的武术类项目的教学内容陈旧、专业性强，即便是学生感兴趣，但是因可操作性差而使该类课程开设后选课的学生较少不能成班，一些项目的教学面临着停开状态。学校在开展民族传统体育的过程中，体育教师对每一个运动项目的名称、特点以及学习目标、技术分析、动作要点等内容的研究不够深入，教学内容没有突显出实用性、民族性、趣味性和科学性。

(五)民族传统体育的场地设施现状

大多数民族传统体育项目对于场地和器材的要求都不是很多，即便是需要一些器材也都较为简单,如毽球、跳绳、跳竹竿、武术、拔河等,场地要求更是简单,一片空旷的室外或室内场地即可。也正因如此,在学校建立体育场所时往往就忽略了对民族传统体育场地这一重要硬件设施的完善。实际上,民族传统体育中的很多项目有蹦跳、翻滚的动作,所以为了保证教学的安全性还应该有针对性的购置一些适当的器材和完善运动场所,如购置足够大的可移动式的海绵垫;大面积可卷曲移动的便携式地胶等等。我国民族传统体育教学中体育场地建设落后,具体表现在如下两方面。

一方面,我国民族传统体育项目器械相对简单,对场地没有特殊的要求;另一方面,学校教育资金有限,对体育教育的投资较少,尤其是对竞技类民族传统体育项目的投资基本上不予考虑。因此,学校忽略了对民族传统体育场地这一重要硬件设施的完善。

一所学校的体育场地和设施水平是衡量其体育运动教学水品的标准之一。优良的运动场地和完善的运动器材可以大大激励学生参与运动的动机。根据调查发现,越来越多的学校开始重视体育场馆的建设和完善,但即便如此,也极少看到专门用于开展民族传统体育教学的场地,即使是开展民族传统体育项目较好的学校,其武术教学场所一般也是在体育馆内或舞蹈教室进行;毽球场地则选择在羽毛球场地进行,非专业化的、不稳定的运动场地显然无法保证学生在课后进行练习和锻炼的质量。当然从另一个角度来说,由于学生的趋利性和从众性也必然热衷于参与西方竞技项目的锻炼而冷落了民族传统体育,如果专门为民族传统体育教学建立场地,其使用效率也必然较低。如果长此以往发展下去,将形成一个恶性循环,对我国高校民族传统体育的发展极为不利。

(六)民族传统体育的师资队伍现状

在民族传统体育得不到重视的背景下,自然就鲜有教师专门从事这项运动的研究和专门性的任教,而专门任教此类运动的教师在学校中又得不到重视,无法得到重视就使得愿意从事民族传统体育教学的专门教师越来越少,如此恶性循环往复。自2001年推行新课程改革以后,我国高校体育课改变了以往公共课式的教学模式,选择性教学应运而生。由于多数学校的民族传统体育教学刚处于起步阶段,因此专门的师资力量较为匮乏,其授课教师的授课内容也几乎以武术为主,甚至一度让学生认为民族传统体育就等于武术。具体而言,教师队伍的现状如下。

首先,师资的教学经验不足,当前学校民族传统体育教学的授课教师缺乏足够的实践教学经验。

其次,师资的专业性不强,当前学校民族传统体育教学的授课教师也大多数是以武术专业为主的教师,还有很多授课教师是从其他专业项目转过来的。据对广东各学校的调查发现,其从事民族传统体育项目教学的教师中,专业教师的比例为 42.8%,而 57.2% 为非专业教师。另据一项对宁波12 所学校的调查显示,在从事民族传统体育项目教学的教师中,只有 15 位民族传统体育专业的体育教师,有 20% 授课教师在工作后才开始接触民族传统体育项目的教学。

二、民族传统体育教学的原则

高校民族传统体育教学中,应遵循的特殊教学原则主要有以下几个方面。

(一)地域性原则

我国民族传统体育项目的地域性特点是较为显著的,不同项目之间存在着较大的差异性。因此,在民族传统体育教学过程中,教师应因地制宜,以本土民族传统体育项目为主,将本地师资力量的优势充分发挥出来,在此基础上,不断拓展其他民族传统体育项目教学,使学生广泛地了解和掌握我国民族传统体育知识和技能。

由于各类学校的实际情况与地域分布均存在较大差异,因而我国民族传统体育地域性特征是民族传统体育教学要充分考虑的因素。学校开展民族传统体育教学要遵循因地制宜原则。最实际的方案就是把本民族或本地区的传统体育项目作为教学重点,因地制宜不仅可以使本地的师资力量得到充分发挥,还可以准确地规范民族传统体育项目的技术和战术教学。技战术规范教学有利于带动本民族传统体育的发展,形成良性循环。学校还要根据自身的条件适当地增加民族传统体育理论与实践方面的教学内容,使学生对民族传统文化知识和运动技能的了解更丰富。

在体育教学中,动作的规范性是教师教学的基本特点。而民族传统体育由于受到不同种族和文化因素的影响,具有较强的民族特色。因此,在进行民族传统体育教学时,教师着重强调学生学习时的动作规范性,可以有效避免因为不规范动作而使其失去项目本身的民族特色。例如武术中的南拳和太极拳项目,它们之间的动作特点就存在较大差距。源于我国南方的南拳,继承了南方人作风严谨、动作细腻的特点,动作刚劲有力、步法稳固;而太极拳则透露出中原人的沉稳和机智,动作刚柔相济、轻灵缓慢。因此,在民族传统体育教学过程中,注重动作规范性和民族特色,是学习、掌握和领悟民族传统体育的又一重要教学特点。

(二)培养骨干原则

培养民族传统体育骨干人才对于促进我国民族传统体育的可持续发展是较为有利的。在现代民族传统体育教学过程中,学校教育是培养民族传统体育骨干的最主要场所,通过学校教育来培养民族传统体育方面的骨干是非常重要的途径之一,要引起足够的重视。因此,这就要求教师在教学中要加强对学生进行系统民族传统体育知识、技术和技能的全面教育,使之成为民族传统体育方面的通才,并根据学生的具体情况有意识地发挥其技术特长,使之成为某一民族传统体育项目的精英。

(三)兼收并蓄原则

民族传统体育的教学可以将很多传统教法中的优秀成分吸收进来。具体可以从以下几个方面入手。首先,相近学科的成功教学方法可以被用来借鉴使用。比如,武术项目中的悟性教法能够将学生的潜能充分发挥出来,同时还能帮助学生深入领会技术。因此,教师可以针对技巧型的项目,鼓励学生积极动脑,通过合理利用自身多种感知和提高技术。其次,其他学科成功的教学经验也可以被民族传统体育教学借鉴使用,例如学导式教法形式主要是通过先让学生进行自学实践,然后进行自我总结,最后通过教师的指导形成有一定程度的理论,这种方法对于培养和提高学生的学习能力是有一定帮助的,同时也为学生自主学习民族传统体育新知识和新技能奠定了坚实的基础。

(四)创新性原则

创新是事物发展的根本推动力,因此创新性原则是民族传统体育教学必须遵守的原则之一。目前,被全国民族运动会采纳的民族传统体育项目的不同程度的创新为我国部分民族传统体育向全球传播奠定了基础。但应注意的是,在对我国部分民族传统体育项目进行改造和创新的同时,应保持其原有风格特点,保留和保护蕴涵民族意识和民族情感的内容,使之向更合理、科学与规范的方向发展。

(五)形式多样原则

民族传统体育教学要遵循形式多样的原则,因为我国民族传统体育项目种类繁多、形式多样,所以在具体教学中可以进行广泛的选择。在民族传统体育教学中,教师应从学生的性别、兴趣和技能等特点出发,进行形式多样的民族传统体育项目教学内容,这样有利于提高学生学习民族传统体育的热情,为学生指引正确的学习方向。教师可根据实际教学情况,将具体项目的知识、技术和战术使用不同形式传授给学生。教师首先可以让学生掌握有关项目的基本内容,再逐步将多种同类技术展示给学生,学生可以按照自身的兴趣和能力选择学习内容,这样可以充分考虑到学生的个性差异,实现有效的个性化教学。

在教法手段上,教师也可以用多种形式对同一技术实施教学,即用不同的教法把同一技术传授给学生,这样有利于学生多方位准确地掌握技术动作。在民族传统体育教学中,以学生为主体的教学方法是教师要格外重视的,以学生为主体的教法可以使学生的学习潜能得到极大的发挥。

在民族传统体育项目教学中,除了运用常规教学方式外,还可采取一些现代教学方法,这样的教学效果更为明显。例如,把民族传统体育项目利用多媒体技术刻制成教学光盘,使用多媒体手段进行传授,一方面有利于解决师资力量不足问题;另一方面也激发了学生学习的积极性。

(六)技术与文化融合原则

民族传统体育不仅具有较强的健身娱乐价值,而且还具备一定的文化教育价值。它在数千年的历史发展过程中,受到了许多文化思想的熏陶和影响,成为我国民族传统文化传播的一个文化载体,同时也让其拥有了浓厚的民族传统文化特色。例如,武术运动中的太极拳项目,教师在教学过程中,不仅要帮助学生掌握太极拳的基本套路动作,而且还要帮助学生在太极拳柔和缓慢的练习中,提高自己的心理素质,帮助学生形成积极向上的性格以及平和的心态。因此,将民族传统体育项目的技术教学与文化教学相融合,可以有效提高学生的身心健康,也能为我国学校体育教育事业的新发展作出贡献。

三、民族传统体育教学体系的构建

(一)健全学科体系,丰富文化内涵

学校具有自身的功能与优势,其主要责任表现为:汲取各民族传统文化精华、促进民族团结、培育人才与传承文明等方面。随着现代社会休闲时代的来临,传播并倡导区域性传统体育活动,使之成为不同区域和人群的健身方式,将对人们的健康产生非常大的促进作用。在现代社会经济条件下,学校有义务为所在地的经济、社会和文化的发展服务,各相关职能部门要根据当地的实际情况,有针对性地制定各种政策,采取各种相应的措施,建立和健全民族传统体育在各个学校的发展机制,从而使其在学校体育发展中应有的地位得到有力的保证,进而使各学校开展民族传统体育教学与训练的积极性得到有效调动,为尽早形成有利于我国民族传统体育发展的良好的学校体育文化氛围创造有利条件。

民族传统体育学科体系的建立与完善,主要从两个方面得到体现。一方面,现代科技的迅速发展使得许多先进的科学技术逐渐在体育教学中得到广泛的应用。民族传统体育教学对现代科学技术的引进和吸收能为逐步建立起一个完善的民族传统体育研究的学科体系,为民族传统体育在新时期的发展奠定了坚实的基础。另一方面,现代民族传统体育的教学是一门综合学科的教学,涉及到的内容也较为广泛,其中,主要表现在文化学、民俗学、民族学、体育学等各个方面,因此,这就需要不同领域的学者进行合作研究,要求民族传统体育教学工作者坚持用严谨的科学态度和方法对民族传统体育进行甄别、选择和分析。因此,建立健全民族传统体育教学学科体系对于民族传统体育教学工作者更好地组织和实施教学有着非常重要的意义。

现阶段,从民族传统体育的文化内涵中进行全面深刻地分析、探寻民族传统体育的本质特征,用现代的理论对民族传统体育中一些古老的命题进行诠释,赋予其新的内涵、新的意义,再结合现代体育的组织形式,对民族传统体育进行整合,体现民族传统体育的民族性和世界性具有重要的意义,能促进我国民族传统体育的真正复兴和发展。

(二)强调终身体育,推进课程改革

对学生进行体育教育的目的并不是单一的,而是综合的,不仅要达到强身健体的目的,还要对学生"终身体育"意识的养成起到积极的促进作用。"终身体育"思想的形成,能够促使人们形成良好的体育健身的习惯,对身心的发展,以及和谐的人际关系的形成起到积极的促进作用,对于社会的发展产生有利的影响。因此,对高校民族传统体育教育来说,要始终贯彻"终身体育"思想,从而为高校民族传统体育课程改革起到一定的推动作用。

将民族传统体育项目教学纳入我国各级各类学校的体育教学的时间还不是很长,因此,我国民族体育教学课程建设的完善程度还相对较低。从我国高校体育教学的现状来说,年限较短是我国各大高校的体育课都存在着的一个重要问题,因此,这就要求采取相应的措施来对此进行改善,比如,可在适当延长大学本科体育课年限的基础上,对高年级的学生采用必选课的形式进行教学,并以学分制的办法进行管理,另外,发展一些体育健身俱乐部有利于增加学生进行民族传统体育学练的时间,对于学生扎实地掌握锻炼方法以及确保民族传统体育在高校开展的效果也是有帮助的。推进现阶段我国民族传统体育教学课程改革是非常重要且必要的,其重要意义主要体现在激发学生的学习兴趣、促进民族传统体育的发展、加强不同学校的民族传统体育教学特色等各个方面。

(三)加强教材建设,不断丰富内容

作为进行教育的基础,教材是非常重要的。目前,我国中小学、各大高校实施的都是国家教委、体育总局组织专家在编写全国统一的民族传统体育教材。加强民族传统体育教材的建设,创编优秀民族传统体育系列教材,对于我国民族传统体育文化的传承和发展是非常有利的。因此,这就提出了以下几个方面的要求:首先,民族传统体育教学教材编写的科学化和系统化程度应该进一步提高,在编写内容上要力求创新,创编具有丰富攻防内涵的精简套路,完善和充实武德教育、传统文化教育以及健身机理等理论内容;其次,应广泛吸收具有浓郁地方特色的民族传统体育及民族体育,将民族特点充分体现出来;最后,还要对我国民族传统体育的国际化发展引起足够的重视,可将具有代表性的项目编写成双语教材,供各国的留学生和华侨生学习,从而使东西方文化交流得到积极的促进,使我国民族传统体育在世界体育文化中的地位得到有效的提升。

(四)重视人才培养,增进文化传承

对于文化传承来说,最基本的保障就是人才。当前,我国的民族传统体育教育存在着人才紧缺的现象,这在很大程度上制约着我国民族体育事业的发展。因此,这就要求各地区的体委、民委、教委和文化部门应密切配合,一方面应有计划地培养一大批民族传统体育干部、体育骨干和体育教师;另一方面应用多渠道、多形式的方法培养多种层次的民族传统体育人才,逐步扩大高等体育院校招收民族学生的名额或开设民族传统体育班积极培养民族传统体育后备人才。

加速民族传统体育师资建设,增强民族传统体育的师资力量是促进民族传统体育在学校体育中普及与提高的必要措施。从当前的情况来看,我国学校体育中的民族传统体育的人才匮乏,师资力量薄弱。具体而言,可以通过以下三个方面来加强民族传统体育师资力量的培养。

1. 建立民族传统体育学科

20 世纪 80 年代中期,我国就已经进行了民族传统体育学科的课程开发实验。但发展至今,开发民族传统体育学科还处于探索和总结经验阶段。随着社会的不断发展与学校体育教学改革的日益深化,以及体育教师自身追求和谐完美发展需求的日益高涨,在学校建立民族传统体育学科,增强民族传统体育师资力量就成为民族传统体育教学进一步发展的必由之路。具体就是培养具有主辅修专业经历的民族传统体育教师,鼓励体育教师能够将其知识和经验熟练地运用到实践中来。

2. 提高教师的理论知识和实践水平

在学校民族传统体育教学中,体育教师在传授民族传统体育文化中起到主导作用,体育教师指导、鼓励并评价学生对民族传统体育知识、民族传统体育技术的学习和掌握情况。体育教师的职责不仅是把我国优秀的民族传统体育文化传授给学生,而且应该培养学生树立起关注身心健康、增强体质是一种社会责任的观念,并指导学生通过学习民族传统体育达到科学健身的效果。因而发展学校民族传统体育师资力量需要提高现有教师的民族传统体育理论知识和实践水平。具体可通过各种培训班、学习班、研讨会等形式来提高民族传统体育教师的专业技术和理论水平,为我国民族传统体育的继承与推广工作创造条件。

3. 学校适当聘请民间艺人教学

目前,许多民族的传统体育文化面临着失传、消亡的现象,学校作为培育人才的主要阵地,应该积极探索民族传统体育文化的师资培养方式,从而提炼出民族传统体育文化教育资源的传承模式。学校可以利用民族传统体育文化课、特色活动和课外活动等实践聘请民间艺人给学生授课;也可以对民族传统体育教师进行授课;还可以把现有的民族传统体育方面的一些专家培育与扶持成我国学校民族传统体育教学的一批新的体育教师,使之能够成为今后学校中的民族传统体育教学的师资骨干与精英。

(五)增加民族传统体育教学经费投入

当前,半途而废、中期流产的现象在我国民族传统体育课程开发过程中已经普遍存在,主要原因有课程开发实验得不到支持;实验条件不能满足;经费不足;研究人员与实验学校不能协调等。有些学校领导听到一些负面评价就对课程开发失去信心,便开始减少经费投入、撤销科研人员,甚至停止开发课程。由此可见,资金短缺在很大程度上限制了民族传统体育在学校中的发展,因此要加大民族传统体育课程建设的资金投入。增加民族传统体育教学经费投入要做到以下几点。

(1)要保证重点民族传统体育项目的资金投入力度,重点发展比较成熟的民族传统体育项目,从而能够从整体上带动民族传统体育项目的发展。

(2)要兼顾一般民族传统体育项目的资金投入,并使其也能得到开发和发展。

（3）注意改善民族传统体育的场地和设施状况，在未来体育场馆的建设中考虑增加民族传统体育场馆，从而在一定程度上满足民族传统体育教学的需求。

第二节　民族传统体育文化的国际化发展战略

一、民族传统体育国际化的背景分析——全球化

（一）全球化的概念

全球化，顾名思义，就是指某一现象在全世界范围内广泛出现和发展，"全球化"一词的提出是在 20 世纪末，如今，"全球化"一词广为人知。20 世纪 90 年代，前秘书长加利在联合国大会上提出"全球化"，此后，全世界各个国家都在广泛应用全球化一词，而且不同领域中都会涉及这一词，由此可知，世界各国都接受了"世界进入全球化"这一观点，从侧面也能够看出全球化的影响范围是极其广泛的。

具体来说，全球化所涉及的范围主要有政治、经济、文化等，同时，它也是这些领域发展所表现出来的一个重要特征。无论是学者，还是普通民众，对"全球化"一词的使用，主要是表达了包括各国经济、知识技术、社会文化和政治等众多因素的相互依存和影响。当前，全球化概念更多地指向了经济全球化，此外，"Globalization"一词也可以单独解释为"经济全球化"，具体是指世界范围内，各个国家和地区之间的经济通过贸易、国际直接投资（FDI）、资本流动、人力资本跨国流动，以及知识技术转移，从而实现不同国家和地区之间的经济融合的过程。

（二）经济全球化

经济全球化是一个趋势，在这个趋势形成和发展的过程中，世界上各个国家、各地区之间紧密联系，因此，可以从宏观和微观两个角度分析和认识经济全球化。

1. 宏观层面的经济全球化

从宏观层面来看，经济全球化的典型产物是以世界贸易组织（WTO）为

代表所形成的全球多边贸易体系。目前,WTO 的成员已经达到了 161 个(截止到 2015 年 7 月 21 日),WTO 在推动各国、各地区之间经济的自由贸易、投资以及信息流动等方面,起着重要促进和导向作用。

在 WTO 及其前身关税及贸易总协定的推动下,入世的国家和地区之间达成一系列市场准入协议,这使得全球化的服务贸易谈判取得进展,当前,WTO 各成员国之间贸易互通有无,不同国家和地区之间的服务贸易市场开放的范围拓宽到电信、信息、金融三大领域,"全球基础电信协议""信息技术协议"和"金融服务协议"先后达成。商品和服务贸易自由化发展,促进了各国各地区之间的经济合作,推动了世界各国各地区形成相互依存、彼此之间形成以生产和贸易联系为纽带的"互通有无"的全球供应链关系,在这种情况下,使得各个经济体(国家和地区)彼此之间的经济联系日益紧密,全球范围内的经济发展都会影响各个国家和地区经济的发展,这些国家和地区同呼吸、共命运。

2. 微观层面的经济全球化

从微观方面来看,经济全球化主要表现为跨国公司的出现和同一产品在全球范围内形成的产业链。

在各国各地区经济密切联系的今天,以跨国公司为载体推进的全球贸易、投资和生产的国际化程度高度发展。跨国公司的全球化发展的前提,是全球供应链、全球金融网络、全球信息网络的高度发展,据不完全统计,20世纪 80 年代中期,世界范围内的跨国公司总数约为 1.3 万,2008 年,联合国贸易和发展会议的数据统计指出,2008 年全球大约有 7.9 万家跨国公司和 79 万家分支机构,它们的外国直接投资存量超过 15 万亿美元,全球销售额更是高达 31 万亿美元。当前,作为经济全球化的产物,跨国公司是各国和地区经济发展的重要组成部分,是当前全世界范围内经济全球化发展的主要载体。

总的来说,经济全球化是一个发展趋势,未来还在继续,因为其支持性因素——互联网技术、交通运输技术等在不断地发展,国家(地区或经济体)、跨国公司为了实现其基本的经济利益(最大收益),必然在全球范围内寻找最低的成本资源,并通过各种销售途径,实现经济利益的最大化,这是当前各个国家和地区经济发展的不可逆转的趋势。

(三)文化的"全球化"

"全球化"被提出之后在政治、经济领域得到了较早的运用,之后,全球化一词逐步扩展到其他应用领域,如文化、科技、信息等不同领域。在各国的推动下,"全球化"得到了持续的发展,此外,西方强行向世界其他国家扩张自己的文化,导致世界其他民族的传统文化受到全球化与西方强国文化的双重冲击。不可否认,对于一些传统文化来说,"全球化"可能会产生或多或少的负面影响,但是,从相关的研究中可以看出,传统文化以其旺盛的生命力,不会受到西方文化的同化,相反会对西方文化的有用成分进行积极的吸收的情况得到有力的保证,从而使自身得到更健康的发展。关于文化,有些人提出了自己的观点,具体来说,就是与世隔绝的文化一定会终止继续发展,相反,伟大的文化能够对其他文化中的精髓进行学习与借鉴,并在学习过程中勉励自己不断与时俱进,不断创新,为文化的发展注入新鲜的血液与活力。由此可以看出,不管是什么样的文化,扩张性和渗透性、包容性和同化性都是其显著的特点,因此,为了更好地促进可持续发展,就要求必须对本土传统文化的发展具有信心,对外来文化的精华部分要虚心学习与借鉴,有机结合本土文化与外来文化。从客观地角度上来说,对于民族传统文化的发展,实现文化的"全球化"所获取的利益远远要比全球化给文化带来的消极影响要大,所以,在认识"全球化"时,要注意保持客观公正的态度。

(四)民族传统体育的全球化和国际化

体育已经实现了全球化,具体来说,其主要在竞技体育方面得以体现。在现代社会中,竞技体育一直处于持续、快速的发展状态,究其原因,主要有两个方面:一方面,随着现代竞技体育在世界范围内的传播,在一定程度上限制了各民族传统体育的发展;另一方面,各国普遍重视竞技体育的发展,致力于促进本国竞技水平的提高,因此使得竞技体育理论与实践获得了快速的发展。随着竞技体育水平的不断提高,各国对运动员训练的科学化水平也不断提高。如今,各种新的训练理论以及相应的新技术被不断应用于竞技训练和竞技比赛中。竞技训练理论的科学化发展使得训练的手段、方法日益科学、合理,更加促进了竞技体育的发展。科学技术是第一生产力,随着高新科学技术在竞技体育领域的不断应用,其带来的各方面影响是积极而深远的。

随着人类文明的不断发展,各国、各民族的文化融合成为了一种必然的发展趋势。在这一过程中,各民族的文化在吸收他国文化的基础上保持自身文化的鲜明特点,从而使得世界文化多元共存。体育文化的发展也必然遵循这一发展趋势。跆拳道、柔道等运动项目逐渐走出各国国门,成为了一项世界性竞技运动,各个国家的民族传统体育应该迈开步子,大步向前,而不是固步自封、原地不动,究其原因,主要表现为,民族传统体育与现代奥林匹克运动中的竞技体育运动一样,拥有自己独特的生存和发展的空间,同时也因为自身的独特魅力受到人们的欢迎和喜爱,有着广阔的发展前景。因此,这就要求民族传统体育发扬竞技体育的精神,为自身的进一步发展创造更加有利的条件。

20 世纪 80 年代的多元化运动已经成为一种文化思潮,同时,其出现的契机为作为"文化一体"的对立面在"全球化"呼声中出现。多元化论者的主要观点是,文明民族应有的态度为,从民族的自由中心发展到承认文化多元的存在。关于全球化,其较为正确的理解为:世界各民族的经济文化之间的共同与合作的全面展开,就是所谓的全球化。这里所说的全球化,不是要将差异消除掉,而只是在新的经济与文化层次中间同一性与差异性的辩证性发展。20 世纪 80 年代以来,全球化发展较为迅速,世界对文化的多样性的重视程度越来越高,这已经成为一种主要的发展态势。

二、民族传统体育文化国际化发展的诉求

民族传统体育项目呈现出全球化和国际化发展的趋势,这一发展趋势有着较为显著的诉求,主要从以下两个方面得到体现。

(一)满足传统文化大繁荣的需求

在丰富的民族文化中,民族体育文化是重要内容;在国家民族精神中,民族体育文化也是其中一个重要的组成部分。中华民族博大精深的传统文化的传承离不开民族体育文化这一载体,中华民族精神能够在民族传统体育文化中得到充分体现。民族传统体育,其自身拥有民族文化中的文化信仰、文化健身以及文化娱乐等多方面的意义。与此同时,民族传统体育比较推崇传统民族文化中的和谐发展观,即"天人合一,顺应自然"。我国民族传统体育的发展符合世界体育全球化发展的理念与方向,与全球化趋势相符有利于我国体育文化的发展,我国体育文化在世界范围内的发展也会促进世界体育文化的繁荣。此外,世界体育文化对各民族体育文化的发展是十分尊重与支持的,其允许世界体育文化存在不同,也没有强制性地要求各民族文化按照一定的标准统一,这在一定程度上有利于不同民族之间的体育文化交流与沟通,有利于民族团结与繁荣。

我国民族传统体育在其发展过程中不断凸显自身的独有魅力,这些魅力主要在价值观念、文化观念、行为模式和思维模式等方面得到体现,鉴于此,我国民族传统体育也一定会对世界文化的多样化发展产生积极的影响。因此,我国民族传统体育文化走出民族范围,走向世界各国,顺应全球化发展,在世界各个国家进行宣传与推广,在世界范围内进行传承,最终成为世界体育文化中一道亮丽的风景线就会成为一种必然,这样能够在很大程度

上促进我国民族传统文化的健康发展。

(二)适应世界文化大发展的潮流

全球化在近代之后取得了快速的发展,而且对世界各个领域的发展都具有不同程度的影响。与此同时,世界各民族、国家的社会状况和文化结构也因全球化的发展与影响而有所改变。多样性的特征在世界的发展过程中较为显著,无论是哪个民族所创造的文化,其都是全世界共同拥有的,都是组成世界文明的重要成分。由此可知,多样性的发展特征与趋势有利于不同国家之间的文化交流,也有利于全世界人民都能够享受人类创造的文明成果。

所谓的体育全球化就是指,东方体育文化、西方体育文化以及奥林匹克文化相互借鉴与学习,共同发展与繁荣。当前,我国提出文化大发展、大繁荣的政策,在这样的背景下,要求对我国民族传统体育文化的发展具有更加积极的推动作用,从而达到共同进步以与社会发展的需要相适应的目的。这里需要强调的是,只有在保持多元文化影响下的多样性的同时,也将我国民族传统体育文化的独特性保持好,从而使世界体育文化的多样性得到进一步的丰富和完善,才能够使我国民族传统体育文化获得更好的发展,一味地仿欧洲化或西方化是不可取的。也只有这样,才能够保护和发展我国民族传统体育,将民众对我国民族传统体育文化的文化自觉性唤醒,实现我国宝贵文化遗产保护和传承。

三、民族传统体育强势项目的国际化发展策略

民族传统体育国际化发展并不是一帆风顺的,在发展过程中应坚持正确的发展策略,具体而言,应注意以下几方面。

(一)改变传统体育的传承观念

从社会学研究的领域来看,"传统"与"现代"在社会发展形态比较意义上是一对概念,"现代"是在"传统"的基础上发展而来的。由于受到千年封建思想的长远影响,中国人已经形成了闭关自守、自娱自乐的传统思想观念。中国人在革新方面的心态是较为缺乏的,这一点可以从"不求有功,但求无过"等词语中得到体现。受传统观念的影响,大部分的少数民族传统体育项目在较为偏僻的地方被限制传播与发展,这不仅阻碍了民族传统体育文化成为我国优秀的传统体育文化,同时也不利于在世界范围内宣传我国的特殊民族体育文化。

在保护民族非物质文化遗产方面,我国表示关注与重视,并对一些相应的措施进行了制定,而且提出了保护对策。尽管如此,传统的封建观念、落后的思想以及错误的价值观等仍然在不同程度上影响和制约着民族传统体育的发展,只能得以有限的发展,有的甚至逐渐消亡。因此,要改善民族传统体育的发展现状,就要做到转变观念,深化改革,通过科学的考察、研究,对一些优势民族传统体育项目进行国际化改革,从而使民族传统体育逐渐从偏僻的地方走向城市、走向全国、走向全世界,实现我国传统文化软实力的提升,进而达到使我国优秀民族文化得到保障的目的。

(二)规范传统通过体育的发展模式

作为我国优秀民族传统文化的重要组成部分,民族传统体育在我国华夏民族中长期以来都是作为民间生活的一种范式,它能够较好地维系我国的民族情感,将民族的伦理和风俗体现出来,从而使构筑的华夏文明社会生活更加的丰富多彩。只有具备可识别性、可利用性、可沟通性,才能够使民族传统体育的可持续发展得到有力的保证,也就是说,民族传统体育必须要具备世界大众所认可的某些共性。由于缺乏较为完善和严格的比赛规则,很难对胜负和名次进行准确的判别,这对民族传统体育的发展和传播产生了非常严重的影响,从而导致我国民族传统体育发展较为缓慢。所以,要想使我国民族传统体育中的优势项目在世界上取得较好的发展,就必须加强对民族传统体育基本理论知识与实践技能的研究,同时也要不断更新与完善民族传统体育中优势项目的竞赛规则,以使民族传统体育不断向着规范与科学的方向发展,提高其在世界范围内的信誉。

从民族传统体育中的舞龙与舞狮项目来看,这两个项目在我国的民族传统体育项目中是比较有优势的,而且竞争性也是比较突出的,其也具有与国际惯例相符的竞赛规则,我国成立的龙狮运动协会也在对这两个项目的发展进行监督,从而使我国的龙狮运动在发展中能够做到有法可依、有章可循,这为严密组织和合理竞赛提供了保证。同时,随着龙狮分会在世界各地华人社会的成立,舞龙舞狮运动的国际影响力得到进一步扩大,这对我国舞龙舞狮运动的国际化发展起到了很好的促进作用,从而成为国际化运动项目之一。随着与世界文化搭建起文化交流的平台,我国优秀的民族传统体育项目从过去只在狭小地域空间中开展转变为在世界体育文化交汇中得到不断的交流和传播,从而向着世界各地进一步推广,成为世界文化的重要组成部分。

（三）强化传统体育文化的推广

在长期的历史发展过程中，积累和沉淀的文化会在人们的内心深处形成一种定性的思维定势和心理趋向，即文化系统。作为一种集体无意识，文化系统在人们的内心深处潜藏，并作为一种情感态度、思维方式和价值观存在于人们心中，人们逐渐将其作为一种评价尺度。人们的思想观念在很大程度上都会受到文化系统的影响，文化系统也会在一定程度上对人们对事物的认识起到制约作用，从而使人们在思考与行动中表现出鲜明的倾向性。优秀的文化是否具有实际价值，其中重要的判断标准就是其是否可以被世界接纳，是否有利于社会的发展与进步。作为我国优秀的民族传统文化，民族传统体育在其发展历程中不断进步与完善，可以说，它作为一个缩影，将我国民族传统文化充分体现了出来。除此之外，在世界各民族文化的交流过程中，传统文化也发挥着重要的作用，东方文化与西方文化的交流与融合大都是通以各自的传统文化为媒介进行的。这也就说明，民族传统体育非常需要登上国际化的舞台，通过开发一些具体的优秀的民族传统体育文化资源，使民族传统体育与世界文化的大发展相融合，以实现文化传播的重要意义。目前，我国的一些优秀民族传统体育项目已经成为了非常成功的案例，国际龙舟赛、风筝节以及舞龙舞狮等是较为典型的代表。对一些世界体育比赛和国际体育文化交流活动进行的组织与实施，有利于在全世界范围内推广与普及我国的优秀民族传统体育项目，使我国体育文化在世界体育文化之中占有一席之地，从而为我国民族传统体育文化的发展创造更大的平台，这反过来也有利于促进世界体育文化的大发展与大繁荣。

（四）优化传统体育的技术结构

民族性和国际化双重并重是我国民族传统体育的技术风格特点。民族是指在长期的历史发展中逐步形成的一个具有共同地域、共同生活、共同语言以及共同心理素质的稳定的共同体。民族传统体育始终保持自己的独特个性是其存在的根本保障，而且在开发民族传统体育的过程中也要注意个性的保持。如果民族传统体育的个性失去了，那么民族传统体育存在的意义和价值也就失去了。以我国传统的舞龙舞狮表演为例，在表演时就必须要有锣鼓助阵，究其原因，主要是由于锣鼓在表演时的主要作用在于营造出喧闹的节日气氛，因此可以说，其是我国民族文化的一个缩影。要想使民族传统体育项目在发展的过程中被世界大众所认可和接受，适应全球化发展需要，并且在当今信息全球化、世界一体化的时代，要实现民族传统体育的振兴，使其国际化，就必须要做好民族传统体育项目本身的全球化。

我国的民族传统体育是民间文化中一种较为原始的文化意识形态,它起源于民间并在民间进行传承,很多民族活动封建习俗浓厚,而且较为野蛮,达不到文明的要求,因此其在世界范围内的发展举步维艰,而且我国也不提倡将此项目推广到世界其他各国。所以,我国民族传统体育的发展要想取得良好的成果,就必须将对违背科学原理的内容进行摒弃,对残害人体的项目进行根除。要大力改造和整合那些有着鲜明的特色、健身效果好、群众乐于接受、便于组织开展的民族传统体育,并使之发扬光大,以使这些民族传统体育项目在对国际化要求进行适应的同时,还能保持其自身的民族特色,以达到民族化与国际化的统一,如舞龙舞狮、巴山舞等。

(五)彰显民族文化自身特色

在对我国优秀文化遗产进行继承的过程中,民族传统体育经过不断的改革和创新,开始迈出中国,走向世界,走向改造和矫正现代西方体育文化的目标,对于世界文化相互交流来说,这是必需的,同时将民族自豪感、自尊性等民族情感发展的必然充分体现了出来。竞技性和娱乐性是民族传统体育项目自身的显著特色,且两者之间有着较为密切的联系,具体来说,即相互依托,相辅相成。竞技性使得体育运动具有了无穷的魅力,战胜对手,通过相互竞争取得胜利,使自我超越得以实现,充分体现出了奥林匹克精神。竞争是现代体育运动国际化的大趋势,也是现代人类社会发展的主旋律。因此,龙舟竞赛、舞龙舞狮等我国的一些竞技类的民族传统体育项目要得到国际化的发展,就必须要使这些民族传统体育项目适应国际化的要求,并以对自身所固有的民族特色进行保持为前提,进行适当的改革,合理完善其规则,使其竞技性得以提高,促使其得到创新发展。当前,我国的民族传统体育在使自身竞技性得到提高的同时,还要使自身的娱乐性尽可能地保持好。这主要是因为,竞技只是属于少数的运动条件和精英的体育,并不是广大群众的。健身娱乐和修身养性是民族传统体育的宗旨,其所服务的最终对象仍然是广大的人民群众。民族传统体育在民间产生并在民间开始流行,其所具有的娱乐与健身作用逐步得到了广大民众的认可,并且在民间有着一定的群众基础。所以,我国民族传统体育强势项目的国际化发展要想取得较好的效果,就一定要将民族传统体育所具有的娱乐性和竞技性特征充分发挥出来,以此来广泛宣传与弘扬我国优秀的民族传统体育文化,使其在世界范围内实现可持续发展。

总的来说,大量的区域性和地方性文化通过相互交融从而组成了体育文化的全球化,这种体育文化的全球化是一个过程,也是一个趋势,它是融合东方体育与奥林匹克文化之后所产生的新生事物。在体育文化的全球化发展过程中,我国的民族传统体育文化始终要以本土传统体育文化为基础,同时充分利用全球化的平台来促进自身的不断发展。体育文化的全球化为人类健康和生命本质的归复提供了一个非常好的空间,这些都说明我国的民族传统体育文化必须要与全球化的体育文化相融合,并在全球化的过程中,相互学习、相互借鉴、和谐迈进,适应体育文化全球化发展的需要,融合民族传统体育人文精神,取精去糙、改变观念,进而完成中华体育新文化的建构。

第三节　民族传统体育文化的产业化发展战略

民族传统体育的发展是一个过程,并且是在一定的社会经济条件下逐步实现了其发展和壮大。经历多年的发展,我国众多的民族传统体育项目逐渐实现了与人们的现代需求的接轨,并走向了产业化之路。如今,我国体育产业已经成为了我国民族传统体育产业的重要组成部分,并且对地区经济的快速发展起到了良好的促进作用。为了更好地理解民族传统体育的产业化发展之路,本节对民族传统体育产业进行分析和阐述。

一、民族传统体育产业及产业化概述

(一)民族传统体育产业的内涵

我国民族传统体育产业经历了多年的发展,从原始的自给自足的发展模式,逐步发展成为了完善的产业链条,实现了其体育产品和体育服务的大规模、标准化生产,在实现了其经济效益的同时,也促进了国民体质的增产。另外,民族传统体育产业的发展,还促进了我国人民的全面发展和社会精神文明的进步。民族传统体育产业的发展的规模在一定程度上反映了国家现代体育的水平。

民族传统体育产业即为生产和提供各种体育产品和体育服务的各行业的总和,它是我国国民经济的重要组成部分。民族传统体育产业有广义和狭义之分。广义的民族传统体育产业是指全社会提供体育产品的企业、组织、部门和活动的集合,包括体育服务业和体育相关产业两大领域;而狭义的民族传统体育产业是指以体育劳务形式为消费者提供体育服务产品生产的企业、组织、部门和活动的集合。

民族传统体育产业的内容很多,总体而言,可将其分为体育服务业和体育相关产业两大类（图 5-1）。体育服务业具有体育健身、休闲、培训和咨询等服务；相关的民族传统体育产业则有体育用品制造、体育出版、体育彩票等内容。体育服务业是民族传统体育产业的主体，在一定程度上决定了民族传统体育产业的发展水平；体育相关产业是辅助产业，正是有辅助产业的存在和发展，才使得民族传统体育产业逐步发展和完善。

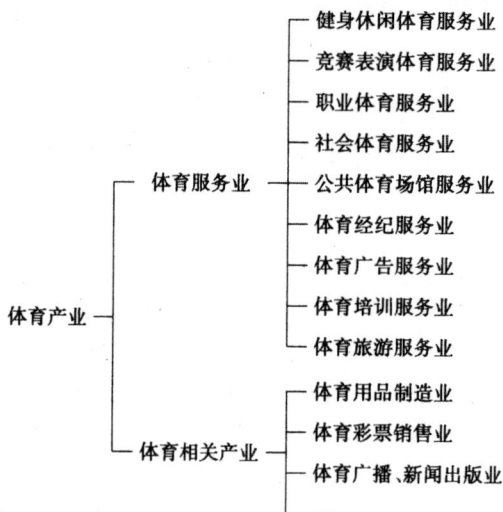

```
                                  ┌─ 健身休闲体育服务业
                                  ├─ 竞赛表演体育服务业
                                  ├─ 职业体育服务业
                                  ├─ 社会体育服务业
                     ┌─ 体育服务业 ┼─ 公共体育场馆服务业
                     │            ├─ 体育经纪服务业
                     │            ├─ 体育广告服务业
                     │            ├─ 体育培训服务业
          体育产业 ───┤            └─ 体育旅游服务业
                     │            ┌─ 体育用品制造业
                     │            ├─ 体育彩票销售业
                     └─ 体育相关产业┼─ 体育广播、新闻出版业
                                  └─ …………
```

图 5-1

民族传统体育产业结构即为民族传统体育产业各部门之间的比例关系，它包括物资资源、技术、人员、资金等的数量分配。民族传统体育产业结构能够从整体上反映各部门之间的相互影响和相互作用的关系。

民族传统体育产业其主体部分属于第三产业，对于国民经济的促进作用意义非凡。我国民族传统体育产业处于起步发展阶段，民族传统体育产业发展水平有待进一步提高和完善。发展我国民族传统体育产业，其中最为重要的一点就是要实现民族传统体育产业结构的优化升级，实现其内部资源的优化配置，协调各部门之间的关系，使其在国民经济中的作用不断得到提升。

民族传统体育产业结构发展变化的基本规律为：民族传统体育产业领域不断得到拓展，内部结构实现优化升级，体育服务业所占比重呈逐渐上升的态势，体育相关行业所占比重则逐步下降。

（二）民族传统体育产业化简述

民族传统体育的产业化就是以产业化的运作方式来发展民族传统体育，优化民族传统体育产业各部门之间的资源配置，提高资源利用的效率和效益,从而促进民族传统体育的快速、健康发展。发展民族传统体育产业要做到经济效益、社会效益的协调发展,使得民族传统体育产业与经济社会的发展形成良性互动,共同提高。

民族传统体育在我国拥有广泛的群众基础,不仅在各个民族中广泛流传,而且深受群众喜爱。民族传统体育的投入相对较少,与大众的消费能力相适应,因此,很多传统民族体育项目逐渐走向了市场化的运作之路,并初步形成了一定的产业体系。

(三)民族传统体育产业发展的模式

模式是对实践经验的总结,具有一定的理论性和稳定性的特点。究其实质而言,就是解决某一问题的方法论,具体表现为在解决某一问题时形成的标准形式和模型。在经济学中,通常所谓的经济模式,则是在一定地区和历史条件下形成的别具一格的经济发展道路,包括所有制形式、产业结构类型、分配方式和经济发展思路等各方面的内容。

所谓民族传统体育产业发展模式,就是某一地区的民族传统体育产业发展方式,它包括民族传统体育产业的发展路径和时序、民族传统体育产业资源的构成和利用、民族传统体育产业部门之间的协调和配合等方面的内容。民族传统体育产业模式是在长期实践的基础上逐步形成的,因此,国外民族传统体育产业或是其他行业的成熟产业模式对于我国民族传统体育产业模式的发展和完善具有重要的借鉴意义。

民族传统体育产业发展模式的内容可概括为:发展方式的选择、"集化区"的选择、发展时序的选择以及民族传统体育产业的区域主导行业的选择等几个方面(图 5-2)。

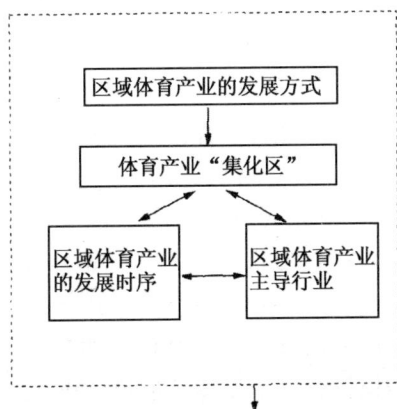

图 5-2

（四）民族传统体育产业化的环境分析

民族传统体育是我国体育文化的重要组成部分,它承载着我国的民族传统文化,发展民族传统体育对于民族文化的增强和民族凝聚力的培养具有重要的作用。随着近年来我国民族传统体育的发展壮大,民族传统体育在我国民族传统体育产业中的地位逐渐上升,并成为了一个新兴的体育部门。

人们体育消费投入的增加需要满足三方面的内容。首先,人们需要有实际的支付能力,能够进行相应的花费需求;其次,人们具有健康投资的消费观念,这样人们才会去进行相应的体育锻炼;最后,人们要有充足的时间,在工作和生活之外,有时间进行相应的体育活动。

随着人们生活水平的提高,人们的生活观念也发生了相应的转变,从而使得人们的日常行为方式也得到相应的调整。如今,人们的基础消费占消费总支出的比例不断下降,而用于更高层次消费的资金比例不断上升。这一系列变化趋势促进了民族传统体育的产业化发展。

民族传统体育的产业化是市场经济发展的必然要求。如今,体育的职业化、商业化和市场化是大势所趋,只有顺应潮流,才能使得传统体育得到继承和发展。因此,近年来我国不断推进相应的体制改革,使民族传统体育与现代社会的发展相适应,并积极与国际接轨。走民族传统体育产业化的道路,已成为社会主义市场经济体制下民族传统体育发展的突破口,是民族传统体育发展的重要趋势。

二、开发民族传统体育资源的基本原则

（一）自然资源、人文资源相结合原则

民族传统体育形式多样,既包括各民族的传统体育项目,也包括我国的传统武术项目等形式。而民族传统体育项目之所以具有如此独特的魅力,除了深蕴其中的文化特色之外,还在于它美好的生态环境背景,两者的相互协调和融合使得民族传统体育表现出了其原生特色性,吸引着人们参与其中。在民族传统体育产业开发和发展过程中,应注重将民族文化资源和自然风光进行整合开发,凸显出其民族传统体育的独特性和不可替代性。如此,才能够使得民族传统体育资源发挥其独特优势,促进民族传统体育的产业化发展进程。

(二)观赏性与参与性相结合原则

体育是一项参与性和实践性较强的活动,人们只有参与其中才能够充分体验其独特的魅力。因此,在传统体育项目开发过程中,除了精彩的表演类项目之外,还应向人们提供更多的参与性和体验性较强的体育运动项目,使人们充分体味到运动的乐趣。目前,我国民族传统体育的参与面相对较窄,这是因为人们有其相应的喜好,而各民族也有其独特的文化风格,这就造成了民族传统体育进一步推广的困难。为了促进民族传统体育产业的发展,应对相应的体育项目进行改造和推广,使其在全国范围内得到一定程度的传播。

(三)收益性与保护性相结合原则

强调民族传统体育资源开发的经济效益并不意味着以牺牲民族文化为代价,在开发特色体育资源为当地创造经济效益的同时,保持好民族传统文化的特色优势,不断提高民族传统体育产业资源的文化要素,走内涵型、可持续发展的道路。另外,收益性与保护性相结合原则还要求在相应的资源开发时,注重生态环境的保护,促进经济效益和生态效益的协调发展。

(四)多样性与统筹性相结合原则

民族传统体育项目丰富多彩,在进行相应的项目开发时,应注重发挥其资源的多样性优势,发展多种传统体育文化项目,并且在开发过程中要注重相应的产品和服务的差异化。在多样化发展的同时,应注重结合民族风俗特点、区域特征等方面,统筹民族地区的整体资源优势,从而更好地推进规模化战略效应。

总而言之,民族传统体育是我国体育事业的重要组成部分,具有其独特的发展优势,在其开发过程中,应注重资源的开发和保护,在此基础上进行积极的推广和传播。另外,还应注重其改革和创新,使其不断适应时代发展的需要,满足人们的各项需求。在民族传统体育产业化发展过程中,应注重保持其内涵的文化因素,引导其向市场方向迈进。民族传统体育的资源开发并不能仅仅考虑相应的市场因素,还应注重与时代发展特征的契合。在发展过程中应确立民族传统体育产业的发展思路、发展战略和发展模式,促进其科学化、可持续化发展。

三、民族传统体育产业发展的具体措施

(一)加强民族传统体育的基础设施建设

民族传统体育的发展依赖于一定的基础设施,这是其发展的重要物质保证。而从现实情况来看,我国民族传统体育的场地和基础设施建设严重不足,很多传统的体育项目的场地和设施资源并不能满足人们的日常训练和比赛的需要。民族传统体育的相应场地设施是发展民族传统体育的技术和传播民族传统体育的重要场所,因此,应予以充分的重视。对于已经建好的场地和资源,应加强其使用率,开展相应的传统体育项目比赛和运动会,促进人们之间的交流和构成,促进民族传统体育产业的发展。

加强民族传统体育的基础设施建设,一方面是要加强其产业化和市场化发展,促进其基础设施的兴建;另一方面则是要进行科学合理的经营,促进其健康发展。这样不仅可以为广大的人民群众提供健身的场所,同时还为民族传统体育产业的开发提供了必要的物质载体。

(二)加强民族传统体育项目的自身改造

随着现代生活节奏的加快,人们对于休闲和健身项目的追求向着简单、实用、有趣和高效等方面转化。这就要求民族传统体育加强对自身的动作的改造,使其能够更好地适应社会的发展。通过进行相应的改造能够使其更好地满足现代人的不同需求,为其发展和传播增加了一定的群众心理基础。

为了促进民族传统体育更好的发展,民族传统体育项目的开发应注重项目的分化、提炼和创新。在项目自身的改造过程中,不妨加强先进的科学技术的投入,采用先进的理论和科学技术手段来进行相应的理论研究,运用现代科技促进其发展和传播。具体而言,对于一项项目的动作应舍弃那些不符合科学原理的动作,增强其健身效果。对于一些观赏性较强、适合开展相应比赛的运动项目,应注重其相应的规则的完善,提高其观赏性。

(三)加强人才培养,提高管理者的素质和水平

人才是发展的第一生产力,对于经济和社会的发展起着至关重要的作用。人才素质的提高是民族传统体育产业化发展的重要保证。尤其是在当今社会,产业采用的多为数字化、网络化的技术手段,并且是与拥有品牌优势和销售渠道优势的大型跨国公司展开生存竞争,竞争的胜负很大程度上

取决于民族传统体育文化品牌的质量和拥有发展民族传统体育文化产业的人才数量。应增加民族传统体育文化产业的吸引力，使更多不同领域的人才加入到民族传统体育文化产业的大家庭当中，各尽所能，逐步形成适应市场经济规律的运作形式和过硬的人才队伍。我国民族传统体育文化发展的现状需要越来越多专业人才的出现，培养民族传统体育人才是发展的根本保障。

对于管理者和经营者而言，应用现代经营和管理理念提高自身的业务水平。除了相应的经营和管理人才之外，还应该注重运动表演和运动技术水平较高的人才的培养。企业和相应的管理单位应建立相应的人才选拔和培养机制，促进民族传统体育产业的可持续发展。

虽然我国民族传统体育的产业化发展起步相对较晚，基础也比较薄弱，但是其发展潜力巨大。随着改革开放的深化进行，民族传统体育产业化发展的水平会进一步提高，因此，应尽快加强人才的培养，以适应未来发展的需要。

(四)大力培育中介组织，加大无形资产开发的力度

民族传统体育产业的发展需要借助相应的中介组织和机构，为其发展提供广阔的空间。而随着我国改革开放的进行，社会主义市场经济制度在我国逐渐确立，很多外资体育中介组织大量涌入我国市场，形成了多层经营主体竞争的局面，这在很大程度上为我国民族传统体育中介的发展提供了某种契机。因此，民族传统体育的发展应抓住机遇，借助相应的中介组织促进自身的发展。另外，政府也应该加大对体育中介市场的扶持，为我国传统体育中介市场的发展提供宽松的外部环境。

(五)加强民族传统体育竞赛表演业的发展

开展体育竞赛和体育表演是体育项目传播的重要渠道和方式，很多体育项目都是通过这一渠道逐渐被人们所了解和认识，并且逐渐在国际上具有了一定的影响力。因此，开展民族体育运动会，对于我国民族传统体育产业化发展具有极为重要的推动力。

除了开展相应的民族体育运动会之外，还可开展相应的运动比赛形式，积极推广民族传统体育，倡导健身、休闲，使更多的人参与其中。

对于一些发展比较成熟的民族传统体育项目，应对其进行科学的加工，使其逐渐向竞技项目迈进，在吸引人们参与其中的同时，也能够发展和完善其运动规则和运动技术。

(六)健全相关法律法规

民族传统体育文化的产业化发展主要包括两种模式,一是市场主导型;二是政府参与型。在社会主义市场经济体制下,主要采用政府参与型的产业发展模式,这是由我国的基本国情所决定的。因此,必须充分发挥政府在民族传统体育文化产业化发展中的作用。发挥政府的作用,就要为民族传统体育文化产业发展确立目标。目标确立后,政府应出台相关的扶持政策,采取发展民族传统体育文化产业的措施,将民族传统体育文化产业确定为体育产业发展的重点。另外,政府对民族传统体育文化产业进行扶持,还必须要健全和完善相关的法律法规。只有健全与完善民族传统体育文化市场的法律法规体系,才能对市场起引导、规范作用,才能为民族传统体育文化产业化发展提供良好的环境。

(七)实行民族传统体育俱乐部制

在体育自身的发展以及人类物质文明与精神文明的不断提高的条件下,体育的许多特有的功能和作用逐渐被挖掘出来,并得到充分的发挥,体育俱乐部的数量和会员迅速扩大也得益于此。体育俱乐部逐渐成为有效开展和经营体育活动的主要组织形式,并风靡世界。改革开放以来,在计划经济转向市场经济的过程中,国家的政治、经济发生重大变革,我国的体育俱乐部就是在这样的背景下兴起的。体育俱乐部一定程度上反映了社会的进步和体育改革与发展的方向,因为它是体育改革的产物。中国体育未来的发展必然有体育俱乐部的伴随。

民族传统体育在我国社会主义市场经济发展的背景下逐渐走向市场。民族传统体育文化要想成为世界性的体育项目,要想与世界范围内的体育运动相互交流,就必须走俱乐部制这条路。民族传统体育实行俱乐部制不仅有利于传播我国优秀的民族传统文化,也加速了民族传统体育文化社会化与产业化的发展历程。实行俱乐部制对构建民族传统体育文化的产业化发展体系具有如下几方面的作用。

(1)民族传统体育实行俱乐部制能够满足人民群众日益增长的民族传统体育健身、娱乐、观赏等各方面的需求,为民族传统体育文化的产业化发展吸引更多的消费群体。人们对民族传统体育的要求随着物质生活水平提高和健身娱乐方式的多样化也越来越高。俱乐部可以帮助人们实现健身娱乐的需要,人们也可以通过俱乐部观赏到有价值的民族传统体育比赛。因此,实行俱乐部制能够提高民族传统体育比赛的观赏性,帮助人们实现观赏的需要。

（2）民族传统体育实行俱乐部制，可以通过俱乐部的组织形式吸引更多的民族传统体育文化爱好者，使爱好者在俱乐部接受专业系统的训练，俱乐部就成为为民族传统体育文化产业化发展培养后备人才的重要场所。

（3）实行俱乐部制能够加速民族传统体育文化在世界范围内的广泛传播与交流。实行俱乐部制，民族传统体育文化就有机会走向世界，成为世界性的体育文化。在国际上传播我国民族传统体育文化，也意味着传播我国优秀的民族文化。民族传统体育文化在世界范围内的传播与交流主要有两种形式。第一，向国外输送优秀的民族传统体育教练员与运动员，互派访问团与表演团，创办国际性的职业运动员和教练员培训班。第二，借助文化形式，如民族传统体育文化节等，在国家间开展广泛的交流，使之成为全球性的优秀文化。

（4）实行俱乐部制能够促进社会经济的繁荣发展。俱乐部获取经济利益、促进经济发展的主要途径是收取门票、广告费、网络转播费和运动员转会费及相关费用，俱乐部同时带动了电视业、广告业、服装业与器材业等相关产业的发展。

（5）实行俱乐部制带动了民族传统体育服务业的繁荣。随着人们生活水平的日益提高，城市居民特别是大中城市居民的可支配收入也随之增加，因此对民族传统体育健身娱乐服务的要求也进一步提高，民族传统体育服务业便随之产生并快速发展。服务产业主要以盈利为目的，有着广阔的消费市场。新型的民族传统体育俱乐部不仅为消费者提供民族传统体育服务，而且提供娱乐、餐饮、旅游等方面的综合服务，有效促进相关服务产业的发展。

综上所述，实行民族传统体育俱乐部制，能够加快构建民族传统体育文化产业化发展体系，带动相关产业的飞速发展。

（八）创建有影响力的民族传统体育品牌

民族传统体育文化是我国的宝贵财富，所以，我们应积极研发实施品牌战略，提高民族传统体育文化产业的国际竞争力，促进民族传统体育文化产业的快速发展。目前，我国民族传统体育虽然跨出了国门，走向世界，也参与一些交流、表演和比赛，取得了一定的成绩，但其发展的状况仍不能令人满意。造成这种情况的原因是多方面的，如民族传统体育文化产业自身的宣传推广不够等，没能形成品牌优势是直接原因之一。民族传统体育文化品牌包含的内容很多，有民族传统体育工艺品、旅游用品、邮票书画、音像光盘等。民族传统体育文化品牌有很大的发展空间和发展潜力，关键在于我们要科学合理地开发。

如今,起源于古代的民族传统体育文化,随着中国经济的迅猛发展和国际地位的提高,走出国门,迈上世界舞台,得到长期、系统的发展,在世界上已形成了颇有影响力的品牌。以武术为例,在国际上,以武术为表现内容的文艺作品,已经占有重要位置,如《卧虎藏龙》《精武门》《少林寺》等影视作品。与电影的结合,提高了武术的知名度,在世界范围内带动了新一轮的功夫热潮。

(九)积极促进民族传统体育市场的发展

市场化是民族传统体育文化发展的必由之路。民族传统体育文化产业化的发展需要诸多有关市场的有效配合。在现阶段我们要积极开拓民族传统体育文化的国内、外市场,为民族传统体育文化的发展创造一个良好的环境。

1. 民族传统体育技术培训市场

增加民族传统体育人口的主要方法是做好民族传统体育的技术培训工作。民族传统体育技术培训与产业市场是相互影响、相互促进的密切关系,主要表现在如下两个方面。

一方面,民族传统体育技术培训中,接受培训的人要购买相关书籍、服装和用品等,同时要参加多种民族传统体育比赛和表演等活动,这些需要购买的物品和民族传统体育活动对民族传统体育相关市场的活跃和发展起到了积极促进的作用。而且,民族传统体育技术培训还可以培养大批爱好者,引导他们进行民族传统体育文化产业消费。

另一方面,民族传统体育相关市场的发展反过来影响民族传统体育技术培训市场。例如,民族传统体育竞赛表演市场中精彩的表演与比赛或健身娱乐市场的发展可以带动更多的消费群体转入民族传统体育技术培训市场。

2. 民族传统体育健身娱乐市场

促进民族传统体育健身娱乐市场的发展主要要做好如下几方面的工作。

(1)培育广大消费者

生产、流通和消费是民族传统体育健身娱乐市场运行的几个环节。民族传统体育健身娱乐市场的发展需要广大消费者的支持与保障,因为健身娱乐市场的发展在很大程度上由消费者的消费意识、消费动向和消费水平来决定。健身娱乐市场的发展主要考虑的经营策略是如何根据消费者的需要开发和利用民族传统体育资源。这个经营策略可以从两个方面实行。

一方面,提高人民的消费水平,提高消费水平首先要提高收入水平及生活水平,人们物质生活条件优越了,在民族传统体育健身娱乐这个行业中消费的观念才有可能萌生。

另一方面,民族传统体育健身娱乐市场要想扩大积累资金,加快运转,促进自身发展,就必须把握市场发展方向,准确做好市场定位,降低自身的成本,以灵活的价格面向各种消费者,逐渐吸引更多的消费群体投入健身娱乐市场,这样才能够多层次、多特色、多项目地开发健身娱乐市场,才能满足不同层次的民族传统体育消费者的需要,推动民族传统体育健身娱乐产业的快速发展。

(2)建立相关法律和管理体制

没有形成符合市场运行规律的管理体制是民族传统体育健身娱乐市场还未充分发展的主要缘由之一。虽然我国有些省市制定了相关的地方法律法规,一定程度上也规范了当地健身娱乐业。但是,由于市场有自身的运作规律,必然会出现市场竞争与优胜劣汰,新生事物进入市场能否生存并发展要经过市场的长期检验才有结果,相关部门的管理只是起到了宏观导向的作用。谁投资、谁受益是管理民族传统体育健身娱乐市场的基本原则,对此,相关部门需要用必要法律政策来维护和保障市场的稳定发展。

3. 民族传统体育消费市场

当前,我国的民族传统体育消费在整个体育消费中所占比例还很小,因此积极开拓民族传统体育消费市场,扩大我国的民族传统体育消费水平非常迫切。这就要求我们充分发挥民族传统体育的吸引力,刺激消费,积极宣传民族传统体育的功能价值,以迎合人们对健康的需求。另外,民族传统体育中一些项目还具有防身作用并且动作优美,这都可以成为刺激民族传统体育消费的有利条件。只要充分挖掘民族传统体育文化的价值,就会形成有活力的品牌,吸引大企业、大公司等参与到民族传统体育文化的发展中来,进一步促进民族传统体育产业文化的发展。

4. 民族传统体育文化市场

在民族传统体育文化产业的发展过程中,民族传统体育文化市场的发展至关重要。一方面,要加强民族传统体育文化基础理论的研究工作,借助媒体宣传作用,积极引导民族传统体育文化的消费需求;另一方面,要积极开拓民族传统体育市场,形成以创新促市场发展,以发展推动民族传统体育创新的良性循环。

民族传统体育文化市场的类型非常复杂,主要包含有形产品、无形产品、物质产品和精神产品等,这使得人们在进行某种类型的民族传统体育文化消费的同时会带动对民族传统体育文化其他层次的需求。从而,民族传统体育市场的开发具有文化先行性、潜在性、引导性的特征,因此文化规律成为制约民族传统体育文化市场的另一规律。由于民族传统体育文化产品与其服务价值的二重性及其消费特性,民族传统体育文化市场具有与一般物质产品市场所不同的市场效益二重性——经济效益和社会效益。社会效益第一,经济效益第二。没有社会效益也就无从谈起经济效益。

随着社会的发展,民族传统体育文化产品的生产、流通、消费和服务呈现出了新的面貌,这与现代化的社会化大生产密不可分。大工业生产和现代的科技为民族传统体育文化的生产和服务活动的开展创造了极为有利的条件,丰富和扩展了传播媒介、流通方式、消费方式。

(十)加强对民族传统体育文化产业的宣传和推广

政府还要加强政策的扶持,促进民族传统体育的推广与普及,把现代高科技运用到民族传统体育文化产业中,拓展全新的产业空间,提高民族传统体育文化产业的整体运作效率,为全面提高民族传统体育的国际化地位与社会影响开创一个新的起点。

在宣传推广过程中,要注重民族传统体育文化传播。民族传统体育深厚的文化底蕴,越来越受到国内外学者的普遍关注,而且其深远的品牌价值也受到商界人士的青睐。在信息化年代,产业的发展、产品的宣传都离不开媒体。因此,民族传统体育也应通过现代化媒体积极宣传,而且要特别重视对民族传统体育文化的宣传与传播。

第六章　民族传统体育之武术教学指导

　　武术历史悠久,它的起源与中华文明的产生是同步的,是我国优秀传统文化的重要组成部分。武术作为一种传统体育项目和一种独立的社会文化现象,具有十分重要的健身健心价值和教育功能,因此是高校体育教学的重要项目之一。本章重点对民族传统体育中的武术动作、武术徒手与器械套路、散打的具体教学内容进行详细分析,旨在为师生教学与练习提供理论指导。

第一节　武术基本动作教学

　　武术基本动作教学是武术套路教学的重要基础,在教学过程中,教师应重视对武术各基本动作完成过程的分解和细致讲解,以便于学生建立正确的动作定型,在此基础上指导学生反复练习,以为之后的武术学习奠定扎实的基础。

一、手型与手法教学

(一)手型

1. 拳

　　四指并拢卷握,拇指紧扣食指的第二指节处。拳心朝上(下)为平拳;拳眼朝上(下)为立拳(图 6-1)。拳分为拳面、拳背、拳眼、拳心、拳轮。

　　拳面:食指、中指、无名指和小指第一节指骨相并形成的平面。

　　拳背:手背的一面。

　　拳心:手心的一面。

　　拳眼:拇指根部与食指相叠而成的螺旋形圆窝。

　　拳轮:小指一侧的螺旋圆窝。

教学要点:拳握紧,拳面平,直腕。

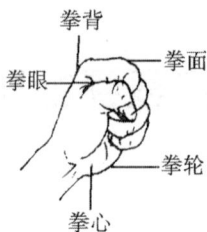
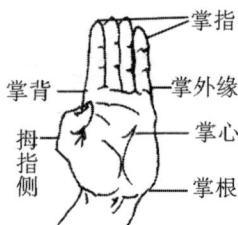
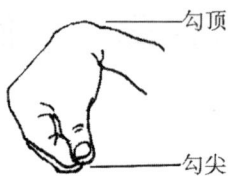

图 6-1   图 6-2   图 6-3

2. 掌

手指并拢伸直,拇指弯曲紧扣于虎口处为柳叶掌。拇指外展呈八字掌。大拇指向掌心一侧屈扣,其余四指并拢后张为直立掌(图 6-2);拇指侧在上,小指一侧在下,四指并拢。小臂与掌同在一直线称为柳叶掌。手心向上直掌称仰掌,手心向下直掌为俯掌;侧掌立于胸前或腋前,掌心向异侧方向,或倒立于两侧腰间,掌心向前称为侧立掌。

掌背:手背的一面。

掌心:手心的一面。

掌指:主要指食指、中指、无名指和小指的手指前端。

掌外:缘小指的一侧。

掌根:手掌小鱼际的下侧。

教学要点:掌心展开、竖指。

3. 勾

勾,亦称勾手。屈腕,五指尖捏拢。勾分为勾尖与勾顶(图 6-3)。勾尖向上为反勾手,勾尖向下为下勾手。在做勾手时,应尽量屈腕。

勾尖:五指尖捏拢后,五指所撮在一起的端头。

勾顶:腕关节弯曲凸起处。

教学要点:尽量屈腕。

(二)手法

1. 冲拳

动作讲解:两脚左右开立,两手握拳分别抱于腰侧,拳心向上,肘尖向后,目视前方。右拳从腰间旋臂向前快速冲出,力达拳面,臂伸直高与肩平;同时左肘向后牵拉,目视前方(图 6-4)。

教学指导:挺胸、收腹、拧腰、顺肩;出拳快速有力、有寸劲。

图 6-4　　　　　　　图 6-5

2. 推掌

动作讲解:预备姿势同冲拳。右拳变掌,由腰间旋臂向前立掌推出,速度要快,臂伸直,力达掌外沿,目视前方(图 6-5)。

教学指导:挺胸、收腹、直腰、顺肩、沉腕、翘掌;出掌要快速有力,有寸劲。

3. 亮掌

动作讲解:预备姿势同冲拳。右拳变掌,由腰间向右、向上划弧至头右上方,肘微屈,抖腕翻掌。目视左方(图 6-6)。

教学指导:挺胸、收腹、立腰、抖腕;亮掌与转头同时完成。

图 6-6　　　　　　　图 6-7

4. 架拳

动作讲解:预备姿势同冲拳。右拳自腰间向左经腹前、面前向头上方旋臂架起,臂微屈,拳心朝前上方。目视前方(图 6-7)。在架拳时,前臂内旋,松肩,力达前臂外侧。

教学指导：挺胸、收腹、立腰、松肩、肘微屈、前臂内旋；力达前臂外侧。

二、步型与步法教学

(一)步型

1. 弓步

动作讲解：前脚微内扣，全脚掌着地，屈膝半蹲，大腿成水平，膝部约与脚面垂直；另一腿挺膝伸直，脚尖里扣斜向前方，脚掌着地，上体正对前方，两手抱拳于腰间(图 6-8)。

教学指导：前腿弓，后腿绷；挺胸、塌腰、沉髋；前后脚成一条直线。

图 6-8   图 6-9

2. 马步

动作讲解：两脚左右开立约为脚长的 3 倍，脚尖正对前方，屈膝半蹲，大腿成水平，眼看前方，两手抱拳于腰间(图 6-9)。

教学指导：挺胸、塌腰、展髋、脚跟外蹬。

3. 虚步

动作讲解：后脚尖斜向前，屈膝半蹲，大腿接近水平，全脚掌着地；前腿微屈，脚面绷紧，脚尖虚点地面(图 6-10)。

教学指导：挺胸、塌腰、虚实分明。

图 6-10　　　　　图 6-11

4. 歇步

动作讲解:两腿交叉靠拢全蹲,左脚全脚掌着地,脚尖外展;右腿前脚掌着地,膝部贴近左膝外侧,臀部坐于右腿接近脚跟处,两手抱拳于腰间,眼向左前方平视(图 6-11)。左脚在前为左歇步,右脚在前为右歇步。

教学指导:挺胸、塌腰、两腿靠拢并贴紧。

5. 丁步

动作讲解:并步站立,两腿屈膝半蹲,右脚全脚掌着地;左脚脚跟提起,脚尖里扣并虚点地面,脚面绷直,贴于右脚脚弓处,重心落于右腿上,两手抱拳于腰间,眼向左平视(图 6-12)。左脚尖点地为左丁步,右脚尖点地为右丁步。

教学指导:挺胸、塌腰、两腿靠拢并贴紧。

图 6-12　　　　　图 6-13

6. 仆步

动作讲解:两脚左右开立,右腿屈膝全蹲,大腿和小腿靠紧,臀部接近小腿,右脚全脚掌着地,脚尖和膝关节外展;左腿挺直平仆,脚尖里扣,全脚掌着地,两手抱拳于腰间,眼向左平视(图 6-13)。仆左腿为左仆步;仆右腿为右仆步。

教学指导:挺胸、塌腰、沉髋。

(二)步法

1. 盖步

动作讲解:两脚左右开立,同肩宽,两手叉腰(图 6-14)。重心左移,右脚提起,经左脚前向左侧横迈一步,右腿屈膝,脚尖外展;两腿交叉,重心偏于右腿(图 6-15)。

教学指导:横迈要轻灵,步幅要适当。

图 6-14   图 6-15

2. 垫步

动作讲解:两脚前后开立,同肩宽,两手叉腰(图 6-16)。后脚离地提起,脚掌向前脚处落步,前脚立即以脚掌蹬地向前上跳起,将位置让与后脚,然后再屈膝提腿向前落步,眼向前平视(图 6-17)。

教学指导:跳起腾空时,要保持上体正直并侧对前方。

图 6-16   图 6-17   图 6-18

3. 插步

动作讲解：插步的准备动作姿势与盖步相同。重心左移，右脚提起，经左脚后向左侧横迈一步，脚前掌着地，两腿交叉，重心偏于左腿（图 6-18）。

教学指导：动作要流畅，重心要稳。

三、基本腿法教学

（一）正踢腿

动作讲解：两脚并步站立，两臂成侧平举，立掌。目视前方（图 6-19）。左脚向前上半步，左腿支撑，右腿挺膝，脚尖勾起向前额处快速踢起。目视前方（图 6-20）。

教学指导：挺胸、收腹、立腰；腿上摆过腰后加速用力，收髋，上体正直。

图 6-19　　　　图 6-20

（二）侧踢腿

动作讲解：右脚向前上半步，脚尖外展；左脚跟稍提起，身体略右转，左臂前伸，右臂后举。随即左腿挺膝，勾脚向左耳侧踢起，同时右臂上举亮掌，左臂屈肘立掌于右肩前。目视前方（图 6-21）。

教学指导：挺胸、立腰、开髋、侧身、猛收腹。应避免俯身弯腰。

图 6-21

（三）斜踢腿

动作讲解：左脚向前上半步，左腿支撑，右腿挺膝，勾脚向异侧耳部踢起。目视前方（图 6-22）。

教学指导：避免俯身弯腰。

图 6-22

（四）外摆腿

动作讲解：右脚上步，左脚尖勾紧，向右侧上方踢起，经面前向左侧上方摆动，直腿落于右脚旁，目视前方。右掌和左掌也可在面前依次迎击左脚面（图 6-23）。

教学指导：挺胸、立腰、展髋；腿成扇形外摆，幅度要大。应避免俯身弯腰。

图 6-23

（五）里合腿

动作讲解：右脚上步，左脚尖勾起里扣并向左上方踢起，经面前向右侧上方直腿摆动，落于右脚旁。右掌也可在右侧上方迎击左脚掌。目视前方（图 6-24）。

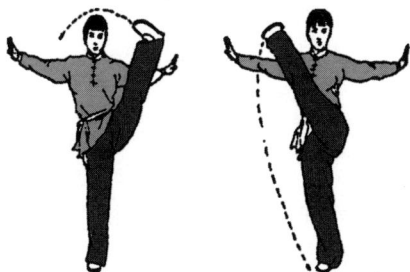

图 6-24

教学指导：学生在完成动作时要领同外摆腿。避免俯身弯腰。

（六）单拍脚

动作讲解：并步站立，两手握拳抱于腰间。左脚上步，左腿支撑；右腿挺膝，脚面绷直向前上方快速踢摆。同时右拳变掌举于头右前上方，掌心朝前，迎击右脚面。目视前方（图 6-25）。

教学指导：收腹、立腰。踢腿高度过胸，击拍脚要脆、快、响。应避免俯身弯腰。

图 6-25

（七）蹬腿

动作讲解：左腿支撑，右腿屈膝提起，脚尖勾起，以脚跟为力点向前猛力蹬出，挺膝，脚高过腰。目视前方（图 6-26）。

教学指导：挺胸、立腰、脚尖勾紧；蹬出要脆、快、有力，力达脚跟。避免屈伸不明显。

图 6-26

（八）弹腿

动作讲解：左腿支撑，右腿屈膝提起接近水平时，小腿猛力向前弹出，挺膝，力达脚尖。目视前方（图 6-27）。

教学指导：挺胸、立腰、收髋；弹踢要有寸劲，力达脚尖。练习者在练习过程中常出现的错误是屈伸不明显。

图 6-27

（九）后扫腿

动作讲解：成左弓步，两掌向前推出（图 6-28）。左脚尖内扣，左腿屈膝全蹲，成右仆步，同时上体前俯，两掌撑地，随上体向右后拧转的惯性力量，以左脚掌为轴，右脚贴地向后扫转一周（图 6-29）。

图 6-28

图 6-29

教学指导:在进行后扫腿时,转体、俯身、撑地、扫转要连贯协调。为了避免旋转无力,转体、拧腰的速度要快。

（十）侧踢腿

动作讲解:右脚经左脚前盖步,随即右腿伸直支撑,左腿屈膝提起,脚尖勾起内扣,用脚底向左上方猛力踹出,脚高过腰,上体右倾。目视左侧方(图6-30)。

图 6-30

教学指导:挺膝、展髋;踹腿要脆、快、有力。侧踢时,脚尖应内扣,避免脚尖朝上。

第二节　武术徒手套路

武术套路有徒手套路与器械套路之分,初学者应先从徒手套路开始学起,在高校民族传统武术的徒手套路教学中,教师应进行套路分解,一招一招地指导学生学练,让学生能够对运气使力有切身体会,理解攻防技击含义,并不断、反复练习。这里重点对武术初级长拳与二十四式太极拳套路教学进行详细分析。

一、长拳套路教学

（一）预备式

(1)预备势:两脚开立,两臂垂于体侧,五指并拢贴靠腿外侧,平视前方。

(2)虚步亮掌:右脚撤步成左弓步,右掌向右→上→前划弧,掌心朝上;左臂屈肘,左掌提至腰侧,掌心朝上。目视右掌;右腿微屈,重心后移,左掌经胸前以右臂上向前穿出伸直;右臂屈肘,右掌收至腰侧,掌心朝上。目视左掌;左脚右移成左虚步。左臂内旋向左→后划弧成勾手,勾尖朝上;右手向后→右→前上划弧,屈肘抖腕,在头右前上方横掌,掌心朝前,掌指向左,目视左方。

(3)并步对拳:右腿蹬直,左腿提膝,上肢不动;左脚向前落步。左臂屈肘,左勾手变掌经左肋前伸;右臂外旋向前下落于左掌右侧,两掌同高,掌心朝上,目视两掌;右脚向前上一步,两臂下垂后摆;左脚向右脚并步,两臂向外向上经胸前屈肘下按,两掌变拳,拳心朝上,停于小腹前。目视左方。

(二)第一段

(1)弓步冲拳:左脚上步成半马步。左臂向上→左格打,拳眼朝后,拳与肩同高,右拳收至腰侧,拳心朝上。目视左拳;右腿蹬直成左弓步。左拳收至腰侧,拳心朝上;右拳向前冲出,高与肩平,拳眼朝上。目视右拳。

(2)弹腿冲拳:重心前移至左腿,右腿屈膝提起,脚面绷直,猛力向前弹出伸直,高与腰平。右拳收至腰侧,左拳向前冲出。目视前方。

(3)马步冲拳:右脚向前落步,脚尖内扣,上体左转90°。左拳收至腰侧,两腿下蹲成马步;右拳向前冲出。目视右拳。

(4)弓步冲拳:上体右转90°,右脚尖外撇向斜前方,成半马步。右臂屈肘向右格打,拳眼朝后。目视右拳;左腿蹬直成右弓步。右拳收至腰侧;左拳向前冲出。目视左拳。

(5)弹腿冲拳:重心前移至右腿,左腿屈膝提起,脚面绷直,猛力向前弹出伸直,高与腰平。左拳收至腰侧,右拳向前冲出。目视前方。

(6)大跃步前穿:左腿屈膝。右拳变掌内旋,以手背向下挂至左膝外侧,上体前倾。目视右手;左脚向前落步。右掌后挂,左拳变掌,向后→下伸直。目视右掌;右腿屈膝提起,左腿蹬地前跃。两掌向前→上划弧摆起。目视左掌;全蹲,左腿前铲成仆步。右掌变拳抱于腰间,左掌由上向右→下右胸前划弧成立掌。目视左脚。

(7)弓步击掌:右腿猛力蹬直成左弓步。左掌经左脚面向后划弧至身后成勾手,左臂伸直,勾尖朝上;右拳由腰间变掌向前推出,掌指朝上,掌外侧向前。目视右掌。

(8)马步架掌:左脚内扣成马步,上体右转。右臂向左侧平摆,稍屈肘;左勾手变掌由后经左腰侧右臂内向前上穿出,掌心均朝上。目视左手;右掌立于左胸前;左臂向左上屈肘抖腕,头部左上方立掌,掌心朝前。目右视。

(三)第二段

(1)虚步栽拳:右脚蹬地,屈膝提起,左腿伸直,以前脚掌为轴向右后转体180°。右掌由左胸前向下经右腿外侧向后划弧成勾手;左臂随体转动并外旋,使掌心朝右。目视右手;右腿落步,蹲成左虚步。左掌变拳下落于左膝上,拳眼向里,拳心向后;右勾手变拳,屈肘向上架于头的右上方,拳心朝前。目视左方。

(2)提膝穿掌:右腿稍伸直。右拳变掌收至腰侧,掌心朝上;左拳变掌由下向左、向上划弧盖压于头上方,掌心朝前;右腿蹬直,左腿屈膝提起,脚尖内扣。右掌从腰侧经左臂内向右前上方穿出,掌心朝上;左掌收至右胸前成立掌。目视右掌。

(3)仆步穿掌:右腿全蹲,左腿向左后方铲出成左仆步。右臂不动,左掌由右胸前向下经左腿内侧,向左脚面穿出。目随左掌转视。

(4)虚步挑掌:右腿蹬成左弓步。右掌稍下降,左掌前挑;右脚上步成右虚步。身体左转180°。左掌由前→上→后划弧立掌,右掌由后→下→前上挑立掌,目视右掌。

(5)马步击掌:右脚踏实,脚尖外撇,重心右移,左掌变拳收腰间;右掌俯掌向外捋手;左脚上步,以右脚为轴向右后转下蹲成马步。左拳变掌从右臂上成立掌向左侧击出,右掌变拳收至腰间。目视左掌。

(6)叉步双摆掌:重心右移,两掌向下向右摆,掌指朝上。目视右掌;右插步,两臂由右→上→左摆,停于身体左侧,立掌,右掌停于左肘窝处。目随掌转。

(7)弓步击掌:两腿不动。左掌收至腰侧,掌心朝上;右掌向上→右划弧,掌心朝下;左腿后撤成右弓步。右掌向下→后摆动成勾手,勾尖朝上;左手立掌前推。目视左掌。

(8)转身踢腿马步盘肘:两脚以前脚掌为轴向左后转体180°。左臂向上、向前划半立圆,右臂向下、向后划半圆;上动不停,两脚不动,右后向上→前划半立圆,左臂由前向下→后划半立圆;上动不停,右臂向下成反臂勾手,勾尖朝上;左臂向上亮掌,掌心朝前上方。右腿伸直,脚尖勾起,向额前踢;右脚向前落步,脚尖内扣。右手不动,左臂屈肘下落于胸前,左掌心朝下;上体左转90°,蹲成马步。左掌向前、向左平捋变拳收至腰间,右勾手变拳,右臂伸直,由体后向右→前平摆,至体前屈肘,肘尖向前,高与肩平,拳心朝下。目视肘尖。

(四)第三段

(1)歇步抡砸拳:重心稍升高,右脚尖外撇。右臂由胸前向上→右抡直;左拳向下→左,使臂抡直。目视右拳;上动不停,两脚以脚掌为轴,向右后转体180°。右臂向下→后抡摆,左臂向上→前随身体转动;紧接上动,两腿全蹲成歇步。左臂随身体下蹲向下平砸,拳心朝上,臂部微屈;右臂伸直向上举起。目视左拳。

(2)仆步亮掌:左脚由右腿后抽出上前一步,左腿蹬成右弓步。上体微向右转。左拳收至腰间,右拳变掌向下经胸前向右横击掌。目视右掌;右脚蹬地屈膝提起,上体右转。左拳变掌从右掌上向前穿出,掌心朝上;右掌平收至左肘下;右脚向右落步,屈膝全蹲,左腿伸直,成仆步。左掌向下→后划弧成勾手,勾尖朝上;右掌向右→上划弧微屈,抖腕成亮掌,掌心朝前。头随右手转动,至亮掌时,目视左方。

(3)弓步劈拳:右腿蹬地立起,左腿收回并向左前方上步。右掌变拳收至腰间,左勾手变掌由下向前上经胸前向左做搂手;右腿经左腿前方向左绕步成右弓步。左手向左平搂后再向前挥,虎口朝前;同时,右拳向后平摆,再向前→上做抡劈拳,拳高与耳平,拳心朝上,左掌外旋接扶右前臂。目视右拳。

(4)换跳步弓步冲拳:重心后移,右脚后移。右拳变掌,臂内旋以掌背向下划弧挂至右膝内侧;左掌背贴靠右肘外侧,掌指朝前。目视右掌;右腿上抬,上体稍左转。右掌挂至体左侧,左掌伸向右腋下。目随右掌转视;右脚以全脚掌用力向下震踩。与此同时,左脚急速抬起。右手由左→上→前搂盖而后变拳收至腰间;左掌伸直向下→上→前屈肘下按,掌心朝下。上体右转,目视左掌;左脚前落步成左弓步。右拳向前冲出,拳高与肩平;左掌藏于右腋下,掌背贴靠腋窝。目视右拳。

(5)马步冲拳:上体右转 90°,重心移至两腿中间,成马步。右拳收至腰间,左掌变拳向左冲出,拳眼朝上。目视左拳。

(6)弓步下冲拳:右腿蹬直,左腿弯曲,上体稍向左转,成左弓步。左拳变掌向下经体前向上架于头左上方,掌心朝上,右拳自腰间向左前斜下方冲出。目视右拳。

(7)叉步亮掌侧踹腿:上体稍右转。左掌由头上下落于右手腕上,右拳变掌,两手交叉成十字。目视双手;右脚蹬地并向左腿后插步,以前脚掌着地。左掌由体前向下→后划弧成勾手,勾尖朝上;右掌由前向右→上划弧抖腕亮掌,掌心朝前。目视左侧;重心移至右腿,左腿屈膝提起,向左上方猛力踹出。上肢姿势不变。目视左侧。

(8)虚步挑拳:左脚左侧落地。右掌变拳稍后移,左勾手变拳由体后向左上挑,拳背向上;上体左转 180°,微含胸前俯。左拳向前→上划弧上挑,右拳向下→前划弧挂至右膝外侧,右膝提起。目视右拳;右脚向左前上步成右虚步。左拳向后划弧收至腰间,拳心朝上;右拳向前屈臂挑出,拳眼斜向上,拳与肩平,目视右拳。

(五)第四段

(1)弓步顶肘:重心抬高,右脚踏实。右臂内旋向下直臂划弧以拳背下挂至右膝内侧,左拳不变。目视前下方;左腿蹬直,右腿屈膝上抬。左拳变掌,右拳不变,两臂向前→上划弧摆起。目随右拳转;左脚蹬地起跳,身体腾空,两臂继续划弧摆至头上方;右脚先落地屈膝,左脚向前落步,以前脚掌着地。两臂向右→下屈肘停于右胸前,右拳变掌,左掌变拳。右掌心贴靠左拳面;左脚左上步屈膝成左弓步。右掌推左拳,左肘尖向左顶出,高与肩平。目视前方。

(2)转身左拍脚:以两脚前脚掌为轴向右后转体180°。随着转体,右臂向上→右→下划弧抢摆,同时左拳变掌向下→后→前上抢摆;左腿伸直向前上踢起,脚面绷直。左掌变拳收至腰间,右掌由体后向上→前拍击左脚面。

(3)右拍脚:左脚向前落步,左拳变掌向下→后摆,右掌变拳收至腰间;右腿伸直向前上踢起,脚面绷直。左拳变掌由后向上→前拍击右脚面。

(4)腾空飞脚:右脚落地;左脚前摆,右脚蹬地跳起,左腿屈膝上摆,右拳变掌前上摆,左掌上摆→下降→拍击右掌背;右腿上摆,右手拍击右脚面,左掌由体前向后上举。

(5)歇步下冲拳:左、右脚先后相继落地。左掌变拳收至腰间;身体右转90°,两腿全蹲成歇步。右掌变拳收至腰间;左拳由腰间向前下方冲出,拳心向下。目视左拳。

(6)仆步抢劈拳:左臂上摆,右臂由腰间向体后伸直;以右脚前脚掌为轴,左腿屈膝提起,上体左转270°。左拳由前向后划立圆一周;右拳由后向下→前上划立圆一周;左脚向后落一步,屈膝全蹲,右腿伸直,脚尖内扣,成右仆步。右拳由上向下抢劈,拳眼朝上;左拳向上举,拳眼朝上。目视右拳。

(7)提膝挑掌:成右弓步。右拳变掌由下向上抢摆,左拳变掌下落,右掌心朝左、左掌心朝右,两臂在垂直面上由前向后各划立圆一周。右臂伸直停于头上,掌心朝左,掌指向上;左臂伸直停于身后成反勾手;右腿屈膝提起,左腿直立。目视前方。

(8)提膝劈掌弓步冲拳:右掌由上向下猛劈伸直,停于右小腿内侧;左勾手变掌,屈臂向前停于右上臂内侧,掌心朝左。目视右掌;右脚向右后落步;身体右转90°。左掌变拳收至腰间,右臂内旋向右划弧做劈掌;上动不停,左腿蹬直成右弓步。右手抓握变拳收至腰间,左拳由腰间向左前方冲出。目视左拳。

(六)还原式

(1)虚步亮掌:右脚蹬地提起扣于左膝后,两拳变掌,两臂右上左下屈肘交叉于体左前。目视右掌;右脚向右后落步,重心后移,右腿半蹲,上体稍右转。同时右掌向上→右→下划弧停于左腋下;左掌向左→上划弧停于右臂上与左胸前,两掌心左下右上。目视左掌;左脚尖稍向右移,右腿下蹲成左虚步。左臂伸直向左→后划弧成反勾手;右臂伸直向下→右→上划弧抖亮掌,掌心朝前。目视左方。

(2)并步对拳:左腿后撤一步,同时两掌从两腰侧向前穿出伸直,掌心朝上;右腿后撤一步,同时两臂分别向体后下摆;左腿后退半步向右腿并步直立。两臂由后向上经体前屈臂下按,两掌变拳,停于腹前,拳面相对,拳心朝下。目视左方。

(3)还原:两臂自然下垂,随之头转向正前方。两眼向前平视。

二、太极拳套路教学

(一)第一组

1. 起势

两脚并拢,身体自然直立,头颈正直;两臂自然下垂,两手指尖轻贴大腿侧;眼平视;左脚向左慢慢开步,与肩同宽,脚尖向前;两臂向前平举,两手高与肩平,手心向下;上体保持正直,两腿屈膝下蹲;两掌轻轻下按至腹前,两肘下垂与膝相对;眼平视。

2. 左右野马分鬃

(1)上体微向右转,身体重心移至右腿上;同时右臂收在胸前平屈,手心向下,左手经体前向右下划弧放在右手下,手心向上,两手心相对成抱球状;左脚随即收到右脚内侧,脚尖点地;目视右手。

(2)上体微左转,左脚向左前方迈出,左右手随转体分别向左上、右下错开;目视左手。

(3)上体左转,右脚跟后蹬,右腿自然伸直成左弓步;左右手随转体向左上、右下分开,左手高与眼平,手心斜向上,肘微屈;右手落在右胯旁,肘也微屈,手心向下,指尖向前;目视左手。

(4)上体后坐,重心移至右腿,左脚尖翘起,微向外撇,两手准备抱球。

(5)左脚掌慢慢踏实,左腿前弓,身体左转,重心移左腿;同时左手翻转向下，左臂收在胸前平屈，右手向左上划弧放在左手下，两手心相对成抱球状；右脚收到左脚内侧，脚尖点地；目视左手。

（6）上体微右转，右腿向右前方迈出，同时左右手随转体慢慢分别向左下、右上错开；目视右手。

（7）左腿伸直成右弓步；上体右转，左右手分别向左下、右上分开，右手与眼平，手心斜向上，肘微屈；左手落在左胯旁，手心向下，指尖向前；目视右手。

（8）与（4）解同，唯左右相反。

（9）与（5）解同，唯左右相反。

（10）与（6）解同，唯左右相反。

（11）与（7）解同，唯左右相反。

3. 白鹤亮翅

（1）上体微左转，左手翻掌向下，左臂平屈胸前，右手向左上划弧，手心转向上，与左手相对成抱球状；目视左手。

（2）右脚跟进半步，上体后坐，重心移至右腿；上体先右转，面向右前方，目视右手；左脚稍向前移，脚尖点地，成左虚步；上体再微左转，面向前方，两手随转体慢慢向左下、右上分开，右手上提停于右额前，手心向左后方，左手落于左胯前，手心向下，指尖向前；眼平视前方。

（二）第二组

1. 左右搂膝拗步

（1）右手从体前下落，由下向后上方划弧举至右肩外侧，肘微屈，手与耳同高，手心斜向上；左手由左下向上→右下方划弧至右胸前，手心斜向下；同时上体先微左再向右转；左脚收至右脚内侧，脚尖点地；目视右手。

（2）上体左转，左脚成左弓步；同时右手屈回由耳侧向前推出，高与鼻尖平，左手向下由左膝前搂过落于左胯旁，指尖向前；目视右手。

（3）右腿屈膝，上体后坐，重心移至右腿，左脚尖翘起微外撇，脚慢慢踏实，左腿前弓，身体左转，重心移至左腿，右脚收到左脚内侧，脚尖点地；左手向外翻掌由左后向上划弧至左肩外侧，肘微屈，手与耳同高，手心斜向上；右手随转体向上向左下划弧落于左胸前，手心斜向下；目视左手。

（4）与（2）解同，唯左右相反。

（5）与（3）解同，唯左右相反。

（6）与（2）解同。

2．手挥琵琶

（1）右脚跟进半步，上体后坐，重心移至右腿上，上体半面向右转。

（2）左脚略提起稍向前移，变成左虚步，脚跟着地，脚尖翘起，膝部微屈；同时左手由左下向上挑举，高与鼻尖平，掌心向右，臂微屈；右手收回放在左臂肘部里侧，掌心向左；两手成侧立掌合于体前；目视左手食指。

3．左右倒卷肱

（1）上体右转，右手翻掌经腹前由下向后上方划弧平举，臂微屈，左手随即翻掌向上；眼的视线随着向右转体先右视，再转向前方视左手。

（2）右臂屈肘折向前，右手由耳侧向前推出，手心向前，左臂屈肘后撤，手心向上，撤至左肋外侧；左腿轻轻提起向后退一步，脚掌先着地，全脚慢慢踏实，移重心成右虚步，右脚随转体以脚掌为轴扭正；目视右手。

（3）上体微左转。左手随转体向后上方划弧平举，手心向上，右手随即翻掌，掌心向上；眼随转体先左视，再转向前方视右手。

（4）与（2）解同，唯左右相反。

（5）与（3）解同，唯左右相反。

（6）与（2）解同。

（7）与（3）解同。

（8）与（2）解同，唯左右相反。

（三）第三组

1．左揽雀尾

（1）上体微右转，同时右手随转体向后上方划弧平举，手心向上，左手放松，手心向下；目视左手。

（2）身体右转，左手自然下落，逐渐翻掌经腹前划弧至右肋前，手心向上；右臂屈肘，手心转向下，收至右胸前，两手相对成抱球状；同时身体重心落在右腿上，左脚收至右脚内侧，脚尖点地；目视右手。

（3）上体微左转，左脚向左前方迈出，上体继续向左转，右腿自然蹬直，左腿屈膝成左弓步，左臂向左前方拥出，高与肩平，手心向后；右手向右下落，放于右胯旁，手心向下，指尖向前；目视左前臂。

（4）身体微左转，左手前伸翻掌向下，右手翻掌向上，经腹前向上→前伸至左前臂下方；两手下捋，上体右转，两手经腹前向右后上方划弧，直至右手心向上，高与肩平，左臂平屈胸前，手心向后；重心移至右腿；目视右手。

（5）体微左转，右臂屈肘折回，右手附于左手腕里侧（相距约5厘米），上体继续向左转，双手向前慢慢挤出，左手心向后，右手心向前，左前臂保持半圆;重心前移成左弓步;目视左手腕部。

（6）左手翻掌,手心向下,右手经左腕上方向前→右伸出,高与左手齐,手心向下,两手左右分开,宽与肩同;右腿屈膝,上体慢慢后坐,重心移至右腿上,左脚尖翘起;两手屈肘回收至腹前,手心均向前下方;眼向前平视。

（7）上式不停,身体重心慢慢前移,同时两手向前→上按出,掌心向前;左腿前弓成左弓步;眼平视前方。

2. 右揽雀尾

（1）上体后坐并向右转,重心移至右腿,左脚尖里扣;右手向右平行划弧至右侧,由右下经腹前向左上划弧至左肋前,手心向上;左臂平屈胸前,左手掌向下与右手抱球;重心移至左腿,右脚收至左脚内侧,脚尖点地;目视左手。

（2）同"左揽雀尾"（3）解,唯左右相反。

（3）同"左揽雀尾"（4）解,唯左右相反。

（4）同"左揽雀尾"（5）解,唯左右相反。

（5）同"左揽雀尾"（6）解,唯左右相反。

（6）同"左揽雀尾"（7）解,唯左右相反。

（四）第四组

1. 单鞭

（1）上体后坐,重心逐渐移至左腿,右脚尖里扣;同时上体左转,两手（左高右低）向左弧形运转,直至右臂平举,伸于身体左侧,手心向左,右手经腹前运至肋前,手心向后上方;目视左手。

（2）重心渐渐移至右腿,上体右转,左脚向右脚靠拢,脚尖点地;同时右手向右上方划弧（手心由里转向外）,至右侧方时变勾手,臂与肩平;左手向下经腹前向右上划弧停于右肩前,手心向里;目视左手。

（3）上体微左转,左脚迈步成左弓步;重心移向左腿,左掌随上体左转慢慢翻转向前推出,手心向前,手与眼齐平,臂微屈;目视左手。

2. 云手

（1）重心移至右腿上,身体渐向右转,左脚尖里扣;左手经腹前向右上划弧至右肩前,手心斜向后,同时右手松勾变掌,手心向右前;目视左手。

（2）上体左转,重心左移;左手由脸前向左转,手心左转;右手由右下经腹前向左上划弧至左肩前,手心斜向后;右脚靠近左脚成小开立步;目视右手。

（3）上体再向右转,左手经腹前向右上划弧至右肩前,手心斜向后;右手向右侧运转,手心翻转向右;随之左腿向左横跨一步;目视左手。

(4)同(2)解。

(5)同(3)解。

(6)同(2)解。

3. 单鞭

(1)上体向右转,右手随之向右运转,至右侧方时变成勾手;左手经腹前向右划弧至右肩前,手心向内;重心落在右腿上,左脚尖点地;目视右手。

(2)上体微左转,左脚向左前侧方迈出,右脚跟后蹬,成左弓步;重心左移同时,上体左转,左掌慢慢翻转向前推出,成单鞭式。

(五)第五组

1. 高探马

(1)右脚跟进半步,重心逐渐后移至右腿上;右勾手变成掌,两手心翻转向上,两肘微屈;同时身体微右转,左脚跟渐渐离地;目视左前方。

(2)上体微左转,面向左前方,右掌经右身旁向前推出,手心向前,手指与眼同高;左手收至左侧腰前,手心向上;左脚前移成左虚步;目视右手。

2. 右蹬脚

(1)左手手心向上,前伸至右手腕背面,两手相互交叉,随即向两侧分开并向下划弧,手心斜向下,同时左脚提起向左前侧方进步(脚尖稍外撇);重心前移;右腿自然蹬直,成左弓步;目视前方。

(2)两手由外圈向里圈划弧,两手交叉合抱于胸前,右手在外,手心均向后;同时左脚靠拢,脚尖点地;眼平视右前方。

(3)两手臂左右划弧分开平举,肘部微屈,手心均向外;同时右腿屈膝提起,右脚向右前方慢慢蹬出;目视右手。

3. 双峰贯耳

(1)右腿收回,屈膝平举;左手由后向上→前下落至体前,两手心均翻转向上,两手同时向下划弧,分落于右膝盖两侧;目视前方。

(2)右脚向右前方落下,重心渐渐前移,成右弓步,面向右前方;同时两手下落,慢慢变拳,分别从两侧向上→前划弧至面部前方,成钳形;两拳相对,高与耳齐,拳眼都斜向内下(两拳中间距离为10~20厘米);目视右拳。

4. 转身左蹬脚

(1)左腿屈膝后坐,重心移至左腿,上体左转,右脚尖里扣;同时两拳变掌,由上向左右划弧分开平举,手心向前;目视左手。

（2）重心再移至右腿,左脚收到右脚内侧,脚尖点地;同时两手由外圈向里圈划弧合抱于胸前,左手在外,手心均向后;眼平视左方。

（3）两手臂左右划弧分开平举,肘部微屈,手心均向外;同时左腿屈膝提起,左脚向左前方慢慢蹬出;目视左手。

（六）第六组

1. 左下势独立

（1）左腿收回平屈,上体右转;右掌变成勾手,左掌向上→右划弧下落,立于右肩前,掌心斜向后;目视右手。

（2）右腿慢慢屈膝下蹲,左腿由内向左侧（偏后）伸出,成左仆步;左手下落（掌心向外）向左下顺左腿内侧向前穿出;目视左手。

（3）重心前移,左脚跟为轴,脚尖尽量向外撇,左腿前弓,右腿后蹬,右脚尖里扣,上体微左转并向前起身;同时左臂继续向前伸出（立掌）,掌心向右,右勾手下落,勾尖向后;目视左手。

（4）右腿慢慢提起、平屈,成左独立式;同时右勾手变掌,并由后下方顺右腿外侧向前弧形上挑,屈臂立于右腿上方,肘与膝相对,手心向左;左手落于左胯旁,手心向下,指尖向前;目视右手。

2. 右下势独立

（1）右脚下落于左脚前,脚尖着地,然后以左脚前掌为轴,脚跟转动,身体随之左转,同时左手向后平举变成勾手,右掌随着转体向左侧划弧,立于左肩前,掌心斜向后;目视左手。

（2）同"左下势独立"（2）解,唯左右相反。

（3）同"左下势独立"（3）解,唯左右相反。

（4）同"左下势独立"（4）解,唯左右相反。

（七）第七组

1. 左右穿梭

（1）身体微左转,左腿向前落地,脚尖外撇,右脚跟离地,两腿屈膝半坐盘;两手在左胸前成抱球（左上右下）;右脚收到左脚内侧,脚尖点地;目视左前臂。

（2）身体右转,右脚迈步成右弓步;右手由脸前向上举并翻掌停架在右额前,手心斜向下;左手向左下→体前向前推出,高与鼻尖平,手心向前;目视左手。

（3）重心略后移,右脚尖稍向外撇,重心移至右腿,左脚跟进,停于右脚内侧,脚尖点地;两手在胸前成抱球(右上左下);目视右前臂。

(4)同(2)解,唯左右相反。

2. 海底针

(1)右脚向前跟进,重心移至右腿,右脚稍向前移举步;右手下落经体前向后→上提抽至肩上耳旁,左手下落至体前侧。

(2)左虚点步;体左转;右手左转,由右耳旁斜向前下插出,掌心向左,指尖斜向下;左手向前→下划弧落于左胯,手心向下,指尖向前;目视前下方。

3. 闪通臂

(1)上体稍向右转,左脚微回收举步,同时两手上提;目视前方。

(2)左脚向前迈出,脚跟着地;左右两手分别向左前、右后分开;左手心向前,右手心向外;目视前方。

(3)重心前移,成左弓步;右手屈臂上举停于右额前上方,掌心翻转斜向上,拇指朝下;左手由胸前随重心前移前推,高与鼻尖平,手心向前;目视左手。

(八)第八组

1. 转身搬拦锤

(1)上体后坐,重心移至右腿上,左脚尖里扣;身体向右后转,然后重心再移至左腿上;右手随着转体向右→下(变拳)经腹前划弧至左肋旁,拳心向下;左掌上举于头前,掌心斜向上;目视前方。

(2)右转体,右拳经胸前向前翻转撇出,拳心向上;左手落于左胯旁,掌心向下,指尖向前;右脚收回后即向前迈出,脚尖外撇;目视右拳。

(3)重心移至右腿,左腿向前迈出一步;左手上起经左侧向前上划弧拦出,掌心向前上方;同时右拳向右划弧收到右腰旁,拳心向上;目视左手。

(4)左弓步,同时右拳向前打出,拳眼向上,高与胸平,左手附于右前臂里侧;目视右拳。

2. 如封似闭

(1)左手由右腕下向前伸出,右拳变掌,两手手心逐渐翻转向上并慢慢分开回收;同时身体后坐,左脚尖翘起,重心移至右腿;目视前方。

(2)两手在胸前翻掌,向下经腹前再向上→前推出;腕部与肩平,手心向前;同时左腿前弓成左弓步;目视前方。

3. 十字手

(1)屈膝后坐,重心移向右腿,左脚尖里扣,向右转体;右手随转体向右平摆划弧,与左手成两臂侧平举,掌心向前,肘部微屈;右脚尖随着转体外撇,成右侧弓步;目视右手。

(2)重心慢慢移至左腿,右脚尖里扣,随即向左收回,两脚距离与肩同宽,两腿逐渐蹬直,成开立步;同时两手向下经腹前向上划弧交叉合抱于胸前,两臂撑圆,腕高与肩平,右手在外,成十字手,手心均向后;目视前方。

4.收势

(1)两手向外翻掌,手心向下,两臂慢慢下落,停于腹前;目视前方。

(2)两腿缓缓蹬直,两掌慢慢下落至大腿侧,收左脚并步直立;目视前方。

第三节　器械套路教学

器械是武术套路演练中所使用的兵器的总称。武术器械种类丰富,有短器械(刀、剑)和长器械(枪、棍、大刀),双器械(双刀、双剑、双钩)和软器械(三节棍、九节鞭、绳标)等之分。就当前高校武术课程教学实践来讲,常设武术器械课程主要是棍、剑。因此,这里重点对棍术套路与剑法套路教学进行详细分析。

一、棍术教学

(一)预备式

并步,直立;两臂自然下垂,右手持棍立于身体右侧。目左视;右手提棍上举,臂伸直;左手握住棍把,臂平屈胸前。目左平视。

(二)第一段

(1)弓步劈棍:左转体,左脚上步成左弓步;两手握棍随上步动作使棍身上段向前下劈,棍梢略高于肩,棍把紧贴左腰侧。目向前平视。

(2)弓步撩棍:右手握棍向左侧上举,松握下滑握住棍的把端,左手撒开,由棍把处换握于棍的中端;右脚离地,目平视。右脚向右斜前方上一大步,屈膝,左腿在后蹬直,成右弓步;左手向左后下方抢棍,右手经身前向头上方提起,翻腕,使棍沿着体左侧向前撩出。左臂伸直,棍梢与右膝同高。目视前方。

（3）虚步上拨棍：左手使棍梢由前下方向左上方摆起，在头上绕半圈；右手由屈到伸向前推棍把，左手继续向身体右后绕行，上体稍右转，头微后仰，两臂左上右下在胸前交叉；右脚尖外撇，两腿成交叉步。目视前方；左脚向前上一步，屈膝半蹲，继而右脚再上一步，略屈膝，成右虚步；左臂伸直向前平摆，手心向下，身体划半个圆，再向左上方拨动。此时，右手置于左腋下，棍梢高与头平。目视棍梢。

（4）虚步把拨棍：左手握棍由左前侧向右→后→左→前绕行一周，右手握棍把由左腋下向前→上→经头部右方绕行，棍身在头上平转一圈，右脚向右侧斜前方跨半步，膝盖微屈；重心前移，左脚向前上一步，膝盖微屈，脚尖点地，成左虚步；右手由头部右侧向后→左→向身体由前侧绕行，臂部伸直斜上举；左手顺势绕至右腋下，使棍把由身后向身体右前上方划半圆拨击，棍把一端略高于头部。目视棍把。

（5）插步抢劈棍：右手向下，经左腿外侧向左肩上方绕行，左手顺势稍下降，同时左脚尖外撇，上体左转，棍把由前上方向下→上摆起；两腿成交叉步。目视身体右下方；右脚右跨成右虚步，右手上体稍右转握棍向身前抢劈，手心向下，左手稍后拉，停于左肋旁，棍把由后上向前劈下，把端与头部齐平。目视棍把；脚稍前移，左脚从身后右侧插一步，成交叉步；左手握棍向后→下→身前抢动，右手握棍向下→左腋下绕行，棍身在胸前转半个立圆，棍梢用力向身体右下方抢臂。目视棍梢。

（6）翻身抢劈棍：以两脚为轴，上体向左后翻转，两腿屈膝半蹲成半马步；左手握棍下压，继而向左→上→左侧前→下劈；右手握棍把顺势置于右腹前。目视左前方。

（7）马步平抢棍：右手握住滚把上举，使棍身经过头上向后下降，背于后肩上；左臂伸直，手心向上，松握于棍梢近端。目视棍梢；左手撒开，右手握住棍把用力向身前抢动，使棍梢平抢一周；身体顺平抢棍之式，以左脚为轴从左向后转，右脚向转体前的身体左侧上一步，蹲成马步；平抢棍后，两棍平屈胸前，左手松握于右手外面，手心均向下，棍身架于左上臂部，棍梢指向身体左后侧。目视右前方。

（8）跳步半抢劈棍：两脚蹬地跳起，转胯使身体从右向后转，两脚落地成马步；两脚跳起时左手上滑于棍的中段，并使棍略上举；身体转跳时，棍梢沿着身体向前下方平抢半圆；在两脚落地成马步时，两手向右前斜下猛劈，左手要随即向前松握棍把，左臂伸直，棍梢指向身体左侧，右手握住棍把撒至右腰前。目视棍梢。

（三）第二段

（1）单手抡劈棍：右脚略向左移，脚尖着地，上体随即右转，成右高虚步；左手撒开，向左侧上举成横掌；右手握棍把上举，继而臂外旋向右侧伸直，使棍梢由左向上→身体右侧画弧绕行。目视右前方；右手向下→后→前上方抡动，使棍梢经右腿外侧向后上方绕行；上动不停。右手向右侧翻腕，右腹前屈肘，使棍梢向上→前绕行；左手握棍中段，两手齐用力向身体左前侧劈棍，使棍身与地面平行；劈棍、右脚后退，上体向右后转180°，蹲成半马步。目视棍梢。

（2）提膝把劈棍：重心后移，左脚内收，脚掌着地；右手握棍把向右上方提起，左手向棍梢一端滑握。目视棍梢；上动不停。左腿屈膝提起成右独立式；右手用力向前下压，臂伸直，左手收至右腋下，上体左转，棍把向前劈打，棍身与地面平行。目平视。

（3）弓步抡劈棍：左脚向前下落，脚尖外撇，上体左转，成交叉步；右手握棍向下→腹前绕行，使棍把向下、经左推前面向身体左下侧抡动。目视棍把；上动不停。右脚向身体右侧跨一步，脚尖点地，上体稍右倾，成右虚步；棍把继续向前抡劈，到与头平，左手顺势撒至左腰侧。目视棍把；右脚再向前上半步，屈膝，左腿挺膝蹬直，成右弓步，左手稍向棍身中段移握，并向后→上→前绕行，右手顺势收于左腋下，使棍梢由后向上→前劈打，高与眼平。目视棍梢。

（4）弓步背棍：右脚尖外撇，左脚跟外转，上体右转；左手握棍向下、经腹前向身体右侧绕行，使棍梢向下、经右腿外侧抡绕。目视棍梢；上动不停，左脚向前上步，屈膝，右腿挺膝蹬直，成左弓步；左手向上→前绕行，右手拉至腹前，棍梢向上→前抡绕。目视棍梢；上动不停。左手继续向下→腹前绕行，右手向后上方举起，使棍把向后上方抡起。目平视前方；上动不停。右手持棍继续向前→后下方抡绕，左手顺势将棍托至右腋下；撒开，手心贴靠右胸，由右手单手握棍抡绕至棍身斜背于左肩后，棍梢指向前上方；左手由右→前撩成立掌，掌指向上。目视左掌。

（5）挑把棍：右脚前靠，两腿叉开；右手握棍向下→左绕行，棍把由后下方绕至头部的前方，左手在右胸前接握棍的中段。目视左侧；上动不停。右脚向身体左侧上一大步，屈膝，左腿挺膝蹬直，成右弓步；右手继续向后下绕行，左手握棍屈肘于左肩前，使棍把由七向后下抡绕。目视棍把；上动不停。上体左转；右手由后下向前绕行，左手顺势收回左腰胯前，使棍向前上方挑起，略高头顶。目视棍把。

（6）转身弓步戳棍：右脚尖里扣，左腿屈膝提起，成右独立式；上体稍左转,右臂在右肩外侧平屈,左手稍向棍身中段滑握,臂伸直贴在左腿内侧。目视棍梢;上动不停。右脚尖里扣180°,上体从左向后转。转身,左脚左侧落步,屈膝,右腿蹬直成左弓步;两手握棍使棍梢向左侧平戳,左手松握后滑与右手靠近。目视棍梢。

(7)踢腿撩棍:右脚稍向前移,重心移至右腿,上体右转。在转身的同时,两手握棍向上→右侧体前抢劈。目视棍梢;上动不停。两手握棍使棍梢继续向下撩绕,上体随即再向后转,右腿顺着撩棍的方向向右侧踢起,棍继续向身体左侧上撩;两手握棍置于胸腹前,棍梢高于头,脚尖勾起,与鼻同高。目视棍梢。

(8)弓步拉棍:左脚尖稍外撇,上体左转。右腿屈膝准备,下落至身体右侧;左手上滑握于棍身中部,直臂向右上方举起,使棍梢向右上方抢绕。目右平视;上动不停。右脚在身体右侧落步,屈膝,左腿蹬直成右弓步;右手向右肩前拉带并内旋,左臂直臂下压内旋,棍身斜放于身前,棍梢位置在膝下踝上之间。目向左侧平视。

(四)第三段

(1)提膝拦棍:左脚向身体右侧跨一大步,屈膝,上体随即从右向后转成左弓步;左手握棍随着上步转体动作向身体左侧推出,臂伸直,手心斜向上,右手顺势提至头上。左脚尖里扣,右脚略收回,并以脚尖点地,上体右转成右虚步;左手握棍上举于左后侧,右手顺势向胸前下拉,臂弯曲棍身斜举于胸前,棍梢指向身体左上方。目视右下方;上动不停。右腿屈膝提起,同时右手握住棍把向前推拦,左手举于头上,上体前倾。棍身歇架于身前。目视棍把。

(2)插步抢把劈棍:右脚向前落步,脚尖外撇,上体稍右转。同时左手握棍向前下压,右臂顺势屈收至左腋下。目视前下方;左手向下经右腿外侧向右绕,上体随即右转,右手位置不变,两腿左右交叉。目视棍梢;上动不停,左脚向身体左侧横跨一步,两腿屈膝半蹲成半马步。同时左手继续向右→上→左绕行,右手顺势撤至右腰侧,使棍梢向上→左侧画弧平劈。目视棍梢;上动不停。右脚从左腿后向左前插上一步,两腿成左右交叉。同时右手向右→上→左,左手经腹前向左腋下绕行,使棍身在体前垂直翻转半周,棍把向左。目视棍把。

(3)马步抢劈棍:以两脚的前脚掌为轴,上体向右方翻转180°,右手握棍向下→右肩外侧绕行,屈前臂、后臂与肩平行,左手顺势直臂伸向左下侧,棍梢指向左下方。目视棍把;上动不停。左腿向身体右侧跨一大步,上体随即从右向后转,两腿屈膝半蹲成马步;左手握棍向上,随转体劈向身体右侧,抡棍臂伸直,用力向前推下压;右手顺势撤至右腰前,使棍的上段向前平劈,棍梢略高于棍把。目视棍梢。

(4)翻身马步抡劈棍:右腿屈膝上提,左腿直立,上体随即右转,并稍向左侧倾斜。同时,右手握住棍把向右胸前提起,屈肘;左臂伸直,稍下降。目视右上方。紧接上一动作;左脚用力蹬地跳起,身体腾空。在起跳的同时,上体开始向右翻转,棍梢从左下方随转体动作向上抡绕。在腾空最高点,身体转动180°,两腿屈膝提起;左手握棍上举,右臂屈肘于胸前。目视左下方;在空中,身体继续从右向后转180°,随即右脚先落地左脚相继落地,两腿屈膝半蹲成马步;左手握棍从上劈向身体左侧,臂伸直右手顺势撤至右腹前。目视棍梢。

(5)上步右撩棍:两腿直立,左脚稍回收。左手向棍把一端下滑并迅速换握于右手小指下侧,两手一起向上→右绕行,上体右转使棍梢向上→转体前的右侧方抡动,划半个立圆;双手握棍举于胸前,目视棍梢;紧接上一个动作。上体从左向后转,两手握棍继而向下→后上方抡动,并停在脸前;右脚跟上一步,使棍梢向前撩出划半个立圆;左腿半蹲成右虚步,两手屈臂举于脸前,棍梢与胸同高。目视棍梢。

(6)上步左撩棍:上动不停。左手迅速移至右手拇指前握棍,两手一起继续向左后抡棍;两腿随转身动作逐渐伸直,两臂伸直,两手握棍位于腰腹前。目平视;两手握棍继续向下→头部的前上方摆起,上体右后转,左脚经右脚前边向前上一步,使棍向下,经身体左侧向上撩起,此时,右腿半蹲成左虚步,右手握住棍把置于头部前上方,左手在脸前松开托住棍身,棍梢与胸同高。目平视前方。

(7)转身仆步摔棍:上动不停。继续向上→身后抡出,左脚掌里扣、右脚跟辗转,两腿逐渐伸直,上体随即右转;右腿屈膝在身前提起,两手稍上提,左臂内旋,使左手虎口向下。右臂外旋,右手稍放松,棍梢由前向下抡绕;两手使棍沿身体右侧向后→上→前→下抡劈;右脚后落全蹲,左腿伸直,上体右转,成左仆步;左臂斜前伸直,右臂屈肘于胸前正下方,棍梢前端摔地,身体稍前倾。目平视。

(8)弓步崩棍:右腿挺膝蹬直,左腿半蹲,成左弓步;左手略右手前滑握,棍顺势前送,两臂自然伸直,右手猛力向下压,使棍梢从下向上崩挑,高与头平。目视棍梢。

(五)第四段

(1)马步把劈棍:重心后移,左脚随即稍回收,上体右转,两腿半蹲成半马步;右手握住棍把向身体右上方提抽,左手顺势向棍梢一端滑握。目视左下方。右脚向左脚前跨一大步，上体随即向左转，两脚半蹲成马步；右手随着转体动作向右肩前上方一面滑握于棍身中段，一面向前→右作抡劈动作，左手迅速换握并顺势撤至左腰侧，使棍把向上→身体右侧抡劈；右臂向右伸平，手心向下，虎口向左，左手虎口向右，把端高度在胸下腰上之间。目视棍把。

（2）坐盘半抡劈棍：以右脚跟左脚掌为轴，上体右转，两腿屈膝全蹲，成坐盘式；右手滑握至棍把，并收至腹前，左手滑握至棍身中段，并向上向前抡劈，使棍梢随转体动作向上→身前平劈；左臂向前伸平，手心向下，小指一侧在前；右手握棍于腹前，棍梢与肩同高。目视棍梢。

（3）左平舞花棍：两腿立起，随即左脚向前上一步，同时两手将棍向上平举，左手换握成手心向上，虎口向前；上动不停。左脚蹬地跳起，右脚向身前跨跳一步，脚尖里扣，身体向左后转，左脚在身后悬空；右手向身前→右→经脸前向左腑下绕行，左手则经脸前向右→前平绕，棍身随转体动作在头上平转一周半；左脚在身后退一大步，上体左后转，左腿半蹲，右腿蹬直，成左弓步；棍梢随转体动作平绕半周。向左上方拨击，两手握棍姿势不变；左臂斜上举，棍梢略高于头。目视棍梢。

（4）右平舞花棍：右脚向身前方上一步。同时，右手从左腋下向前→右再向左绕行，使棍身在头上平转接近一周。此时右臂略屈肘上举，左臂向前平伸，两手虎口相对；上动不停。右脚蹬地跳起，左脚向身体右前方跨跳一步，脚尖里扣，上体随即右转，右脚在身后悬空；两手握棍不变，左手继续上举，准备在头上做舞花棍动作；右脚向身体左后侧落步，上体随即右转；左手经脸前向右腋下绕行，左手换握虎口夹握棍身，右手则向右经左肩上方向身前绕行，使棍身在头上平转一周；重心落于左腿，右臂向身前平伸，手心向下。目视棍把；右脚向身后移一小步。上体随即向右后转，右腿半蹲，左腿蹬直，成右弓步；同时，棍把随转体动作继续平绕半周，向身体的右后方拨击，两手握棍姿势不变。此时，右臂斜上举，把端略高于头，左手置于右腋，棍梢贴靠右胯外侧。目视棍把。

（5）插步下点棍：右腿略伸直，右前脚掌擦地移动半步，上体左转，左脚向左成交叉步，上体左传，左脚速向左侧插步成交插步；两手在腹前各绕一个立圆，即内臂内旋，右手向下→左→上→右再向左下方绕行，左手则从右腋处起顺右手绕行路线向腹前绕压，棍梢由右跨侧向上并随转体动作向右→下→左再向上→右下抡绕点地；当左手从右腋处绕至身体左侧时，迅速翻掌握棍并向右手附近滑握。目视棍梢。

（6）弓步下点棍：上体左转，右脚向后退一大步，左腿半蹲，右腿蹬直，成左弓步；同时两手在腹前转腕，即左手向左前使棍梢由身后向上→前抡圆点地;同时,两臂伸直,两手位于膝盖前。目视棍梢。

(7)插步下戳棍:重心后移,上体右转,左脚身后向右成交叉步;左手上抬并向棍梢一端滑握,右手随把由腹前向右下方伸直,左臂左胸前屈,手心向里,目视棍把。

(8)提膝拦棍:右脚右退跨一步,上体左转,左手向右肩外侧提带,右手经腹前向前推出;重心移至右腿,上体右转,左腿成右独立式;右手向右后方上举,左手向身体左侧平推,手心向上,棍身中段向左上方架拦,棍梢指向左斜下方。目视左前方。

(六)还原式

右手从上屈肘向身体右侧下落,臂伸直,左手顺势向上→右肩上方成直拳,而后屈臂,使棍把由右上方下降至右腿外侧,棍身直立;目仍向左侧平视。左脚自然下落,与右脚并步站立;同时右手上滑握于棍身中段,左手撒开垂于身体左侧,棍把往右脚外侧着地。目视正前方。

二、剑术套路教学

(一)预备式

身体正直,并步站立。左手持剑,以拇指为一侧,中指、无名指和小指为另一侧,分握护手盘与剑柄的分界处,掌心贴在护手盘下部,手背朝前,食指贴于剑柄,剑身贴于前臂后侧。右手握成剑指,食指和中指伸直并拢,无名指和小指屈向手心,拇指压在无名指的指甲上,手腕反屈,手背朝上,食、中指内扣指向左下侧。两臂在体侧下垂,两肘微上提,目向左平视。

(二)第一段

(1)弓步直刺:右手接剑,左手握成剑指。左脚向前上半步、屈膝;右脚前脚掌碾地,脚跟外展.膝部挺直,成左弓步。上身左转,右手持剑向身前平伸直刺,拇指一侧在上;左手剑指随之伸向身后平举,拇指一侧在上。目视剑尖。

(2)回身后劈:左脚不动,右脚向前上一步,膝略屈,上身右转。同时,右手持剑经上向后劈,剑高与肩平,拇指一侧在上;左手剑指随之由下向前上弧形绕环,在头顶上方屈肘侧举,拇指一侧在下。目视剑尖。

(3)弓步平抹:左脚向左前方上一步、屈膝;右腿在后,膝部挺直,脚尖里扣,成左弓步。左手剑指由胸前下降,经左下向上弧形绕环,在头顶上方屈肘侧举,拇指一侧在下;右手持剑随之向前平抹,剑尖稍向右斜。目视前方。

（4）弓步左撩:右腿屈膝在身前提起,脚尖下垂,脚背绷直。同时,右手持剑臂外旋使剑由前向上→后划弧,至后方时,屈肘使手腕、前臂贴靠腹部,手心朝里;左手剑指随之由头顶上方下落,附于右手腕部(手心朝下)。目视剑身;右腿继续向右前方落步、屈膝;左腿在后蹬直,脚尖里扣,成右弓步。同时,右手持剑由后向下→前反手撩起,小指一侧在上;左手剑指随右手运动,仍附于右手腕处。目视剑尖。

（5）提膝平斩:左脚向前上一步,右手手腕向左上翻转、屈肘,使剑向左平绕至头部前上方,右脚随之由后向身前屈膝提起。右手继续翻转手腕。使剑向右平绕至右方后(手心朝上),再用力向前平斩;左手剑指由下向左→上弧形绕环,屈肘横举于头部左上方。目视前方。

（6）回身下刺:右脚向前落步,脚尖外撇,膝略屈,上身右转,右手持剑手腕反屈,使剑尖下垂,随之向后下方直刺,剑尖低于膝,拇指一侧在上;左手剑指先向身前的右手靠拢,刺剑同时,向前上方伸直,拇指一侧在上。目视剑尖。

（7）挂剑直刺:左脚向前上一步,屈膝略蹲,右臂内旋先使拇指一侧朝下成反手,然后翘腕、摆臂,使剑尖向左→上抄挂,当持剑手抄至左肩时,再屈肘使剑平落于胸前,手心朝里;此时左腿伸直站立,右腿随之在身前屈膝提起,左手剑指屈肘附于右手腕处;接着,以左脚前脚掌碾地,上身右转,右手持剑使剑向下插,左手剑指仍附于右手腕处。目视剑尖;上动不停,仍以左脚前脚掌为轴碾地,右脚向身后跨一大步、屈膝,上身从右向后转;左腿在后蹬直,脚尖里扣,成右弓步。同时,右手持剑向前直刺,剑尖与肩同高,拇指一侧在上;左手剑指随之向后平伸,拇指一侧在上。目视剑尖。

（8）虚步架剑:右手持剑先将剑尖由左向右搅一小圈,臂内旋使持剑手的拇指一侧朝下。同时,以右脚跟和左脚前脚掌为轴碾地,右脚尖外撇,上身从右向后转,左脚向前收拢半步,两膝均略屈成交叉步。在转身的同时,右手持剑反手向后上方屈肘上架;左手剑指屈肘经左肩前附于右手腕处。目向左平视;右腿屈膝不动,左脚向前进一步,膝盖稍屈,前脚掌虚着地面,重心落于右腿,成左虚步。在右手持剑略向后牵引,左手剑指向前平伸指出,手心朝下。目视剑指。

（三）第二段

（1）虚步平劈:左脚脚跟外展,上身右转,重心移于左腿,右脚跟随之离地,成为前脚掌虚着地面的右虚步。在转身的同时,右手持剑向下平劈,拇指一侧在上;左手剑指即向上屈肘,手心向左上方,目视剑尖。

（2）弓步下劈：右脚踏实，重心前移，左手剑指伸向右腋下，右手持剑臂内旋使手心朝下。左脚随即向左前方上步、屈膝；右腿在后蹬直，脚尖里扣，成左弓步。在左脚上步的同时，右手持剑屈腕向左平绕，划一小圈后向前下方劈剑，剑尖高与膝平；左手剑指随之由右腋下面向左→上绕环，在头顶上方屈肘侧举，上身略前俯。目视剑尖。

（3）带剑前点：右脚向左脚靠拢，前脚掌虚着地，两腿均屈膝略蹲。右手持剑向上屈腕，使剑向右耳际带回，肘微屈；左手剑指随之由前下落，附于右手腕处。目向右前方平视；右脚向右前方跃一步，落地后即屈膝半蹲，全脚着地；左脚随之跟进，向右脚并步屈膝，以脚尖点地，成丁步。同时，右手持剑向前点击，拇指一侧在上；左手剑指即屈肘向头顶上方侧举，手心朝上。目视剑尖。

（4）提膝下截：右腿伸直，左腿退步后屈膝，上身后仰。右臂外旋手心朝上，使剑向右→后上方弧形绕环；左手剑指不动；右臂内旋使手心朝下，继续使剑向左→前下方划弧下截，同时上身向前探倾，左腿屈膝提起。目视剑尖。

（5）提膝直刺：右腿略屈膝，左脚向前落步，脚尖外撇。右臂外旋使手心朝上，并在左脚落步的同时向上屈肘，将剑柄收抱于胸前，手心朝里。剑尖高与肩平；左手剑指随之下落，屈肘按于剑柄上。此时两腿成为交叉步，目视剑尖；右腿向身前屈膝提起，左腿伸直站立。右手持剑向前平直刺出，拇指一侧在上；同时左手剑指向后平伸指出，手心朝下。目视剑尖。

（6）回身平崩：右脚向前落步，脚尖外撇；左脚前脚掌碾地使脚跟外转，屈膝略蹲，同时上身向右后转，成交叉步。右手持剑臂外旋使手心朝上，屈肘向胸前收回，剑身与右前臂成水平直线；左手剑指随之直臂上举，经左耳侧屈肘前落，附于右手心上面。目视剑尖；上身稍向右转，左腿挺膝伸直，右腿略屈膝，右手持剑使剑的前端用力向右平崩；左手剑指屈肘向额部左上方侧举。目视剑尖。

（7）歇步下劈：右脚蹬地起跳，左脚向左跃步横跨一步，落地后，右腿即向左腿后侧插步，继而两腿屈膝全蹲，成歇步。在跃步的同时，右手持剑向上举起，并在形成歇步时向左下劈，拇指一侧在上，剑尖与踝关节同高；左手剑指随着下劈动作，下按于右手腕上面。目视剑身。

（8）提膝下点：右手持剑先使手心朝下成平剑，以两脚的前脚掌碾地，上身经右→后转动，两腿边转边站立起来，右手持剑平绕一周。当剑绕至上身右侧时，上身稍向左后仰，同时剑身继续向外→上弧形绕环，剑尖接近右耳侧；此时左手剑指离开右手腕向上屈肘侧举。目视前下方；右腿伸直站立，左腿屈膝提起，上身向右侧下探俯，同时右手持剑向前下点击，拇指一侧在上。目视剑尖。

(四)第三段

(1)并步直刺:以右脚前脚掌为轴碾地,使上身向左后转。在转身的同时,右臂内旋并向拇指一侧屈腕,使剑尖指向转身后的身前;左手剑指随之由上经右肩前、腹前绕环,向正前方指出,手心朝下。目视剑指;左脚向前落步,右脚随之跟进并步,两腿均屈膝半蹲。同时,右手持剑向前平伸直刺,拇指一侧在上;左手剑指顺势附于右手腕处。目视剑尖。

(2)弓步上挑:右脚上步屈膝,同时左脚脚跟稍内转,左腿挺膝伸直,成右弓步。右手持剑直臂向上挑举,剑尖向上,手心朝左;左手剑指仍向前平伸指出,手心朝下。上身稍微前倾,目视剑指。

(3)歇步下劈:右腿伸直,左脚向前上步,脚尖外撇,随之两腿交叉屈膝全蹲,成歇步。同时,右手持剑向前下劈,拇指一侧在上,剑尖与踝关节同高;左手剑指屈肘附于右手腕里侧。上身稍前俯,目视剑身。

(4)右截腕:两脚以前脚掌碾地,并且两腿稍伸直立起,使上身右转,右腿屈膝半蹲,左腿稍屈膝,左脚前脚掌虚着地面,成左虚步。右臂内旋使拇指一侧朝下,用剑的前端下刃向前上方划弧翻转,随着上身起立成虚步,右手持剑再向右后上方托起,左手剑指仍附于右手腕,两肘均微屈。目视剑的前端。

(5)左截腕:左脚向前上半步,并以前脚掌碾地使上身向左后转,右脚随之向前上一步,前脚掌着地,两腿均屈膝,成左实右虚之右虚步。在右脚进步的同时,右臂外旋,使剑身的前端向左前上方划弧翻转,手心朝上,剑身与地面平行;左手剑指随之离开右手腕,屈肘向上侧举。目视剑的前端。

(6)跃步上挑:左脚经身前向前上一步,右脚随之在身后离地,小腿后弯。同时,右手心朝里,使剑由右向上→左屈肘划弧,剑至上身左侧时,右手靠近左胯旁,拇指一侧在上并向上屈腕;左手剑指在右手向左下落时附于右手腕上。目视剑尖;左脚蹬地,右脚向右侧跃步,落地后屈膝略蹲,左脚随之离地屈膝从身后伸向右侧方,形成望月式平衡。上身向左侧倾俯。在右脚跃步的同时,右手持剑由左胯旁向下→右划弧,当剑到达右侧方时,臂外旋并向拇指一侧屈腕,使剑向上挑击;左手剑指即向左上方屈肘横举,拇指一侧在下。目视右侧方。

(7)仆步下压:右手持剑使剑尖从头上经过,继而向身后→右弧形平绕,当剑绕到右侧时,即屈肘将剑柄收抱于胸部前下方,手心朝上。同时,右膝伸直,上身立起,左腿屈膝提于身前,左手剑指仍横举于左额前上方;上动不停,左手剑指经身前下落,按在右手腕上。左脚随之向左侧落步,屈膝全蹲;

右腿在右侧平铺伸直,脚尖里扣,成右仆步。同时,右手持剑用剑身平面向下带压,剑尖斜向右上方。上身前探,目向右平视。

(8)提膝直刺:两腿直立站起,左腿屈膝提于身前,右腿挺直站立。同时,右手持剑向身前平伸直刺,拇指一侧在上;左手剑指屈肘在左侧上举,拇指一侧在下,目视剑尖。

(五)第四段

(1)弓步平劈:右臂外旋,先使手心朝向背后、剑的下刃转翻向上,继而上身左转,同时左脚向左后侧落一大步、屈膝;右脚以前脚掌为轴碾地,脚跟稍外转,右腿挺膝伸直,成左弓步。左手剑指随着持剑臂的运行而向右→下→左→上圆形绕环,仍屈肘举于头部左侧上方;同时,右手持剑向身前平劈,拇指一侧在上,臂要伸直,剑尖略高于肩。目视剑尖。

(2)回身后撩:右脚向前上一步,膝微屈;左脚随之离地,小腿向上弯曲;上身前俯,腰向右拧转。右手持剑随右脚上步而向后反撩,剑尖斜向下方,拇指一侧在下;左手剑指前伸成侧上举,拇指一侧在下。目视剑尖。

(3)歇步上崩:右脚蹬地,左脚向前跃步,上身随之向右后转;左脚落地,脚尖稍外撇,右腿摆向身后。在上身转动的同时,右臂外旋,使拇指一侧朝上;左手剑指在身后平伸,手心朝下。目视剑尖;上动不停,右脚在身后落步,两腿均屈膝全蹲,左大腿盖压在右大腿上,臀部坐在右小腿上,成歇步。同时,右手持剑直臂下压,手腕向拇指一侧上屈,使剑尖上崩;左手剑指随之屈肘在头部左上方侧举,拇指一侧在下。目视剑身。

(4)弓步斜削:左脚脚尖里扣,上身右转,右脚随之向前上步、屈膝,左腿在身后挺膝伸直,成右弓步。右手持剑臂外旋使手心朝上,在转身的同时,屈肘向左胁前收回;左手剑指随之从身前下落,按在剑柄上。上身向右前倾,目视前方;上动不停,右手持剑由后向前上方斜面弧形上削,手心斜向上方,手腕稍向掌心一侧弯曲;同时,左手剑指伸向后方,拇指一侧在上。目视剑尖。

(5)进步左撩:右腿伸直,上身向左转,左腿稍屈膝,右手持剑使手心朝里经脸前边转身边向左划弧,剑至体前时,左手剑指附于右手腕里侧。目视剑尖;以右脚跟为轴碾地,脚尖外撇,上身向右后转;左脚随之向前上步,以前脚掌虚着地面。右手持剑反手向下→前→上继续划弧撩起,剑至前上方时,肘部略屈,拇指一侧在下,剑尖与肩平;左手剑指随右手动作,附于右手腕上。目视剑尖。

(6)进步右撩:右手持剑直臂向上→右后方划弧,左手剑指随势收于右肩前,手心朝左。目视剑尖;左脚踏实后以脚跟为轴碾地,脚尖外撇,右脚随之向左脚前上一步,前脚掌虚着地面。同时,右手持剑由右向下→前划弧抢臂撩起,剑至前方时,肘微屈,手心朝上,剑尖高与头平;左手剑指随之由右肩前向下→前→后上方绕环,屈肘侧举于头部左上方。目视剑尖。

(7)坐盘反撩:右脚踏实后向前上一小步,随即左脚从右腿后向右侧插一步,两腿屈膝下坐,成坐盘式。在左脚插步的同时,右手持剑向上→左→下,再向右上方反手绕环斜上撩,剑尖高过头顶;左手剑指随之经体前向下。向后上方划弧,屈肘横举于左耳侧,拇指一侧在下。上身向左前倾俯,目视剑尖。

(8)转身云剑:右脚蹬地,两腿伸直站起,两前脚掌碾地,上身左后转;之后,右腿屈膝略蹲,右脚踏实,左膝微屈,前脚掌虚着地面,重心落于右腿,右手持剑随身体转动一周后屈肘使剑平举,拇指一侧在下;左手剑指附于右手腕处。目视剑尖;上身后仰,右手持剑向左→后→右→前圆形云绕一周,剑至身前时,右手手心朝上、松把,使剑尖下垂;左手剑指放开,拇指一侧朝上,准备接握右手之剑。此时重心前移,左脚踏实,右腿伸直,上身前倾。目视左手。

(六)结束式

右手将剑柄交于左手后即握成剑指,左手接剑后反握住剑柄向身体左侧下垂。此时右脚向右前方上步,脚尖里扣,屈膝略蹲,上身随之左转;左脚随之向前移步,以前脚掌虚着地面,膝微屈。上身左转同时,右手剑指随之由身后向上屈肘侧举于头部右上方,手心朝上。目左平视;右腿伸直,右脚向左脚靠拢,并步站立。右手剑指下落于身体右侧,手心朝下,恢复成预备式。目向正前方平视。

第四节　散打教学

散打,又称散手,古称相搏、手搏、拍张、角抵、手战等。进行散打锻炼具有较强的健身价值,能提高身体各项素质,促进呼吸、消化、血液循环、神经系统等机能的提高,增强体质,培养吃苦耐劳的精神和不畏强暴、敢于拼搏的道德情操,以及勇往直前的意志品质,而且还能熟练地掌握格斗技术、技能,锻炼出"拳来手格,脚来臂挡,远则拳打脚踢,近则擒拿抱摔"的敏捷身手。因此,是当前民族传统体育重要教学内容和课程之一。

一、散打实战姿势教学

散打的实战姿势需从实战出发。因此,要便于进攻和防守,并便于移动。另外,还要注意姿势不可太低,重心控制在两脚之间,两手坚护躯体,注意防护头部,尽量缩小暴露给对手的部位。

以正架式为例,两脚左前、右后开立,略比肩宽,两脚尖微内扣,两膝微屈,重心在两腿之间,前脚掌内侧与后脚脚跟内侧在一延长线上。

两手左前、右后握拳,拳眼均朝上,左臂弯曲,肘关节夹角在 90°～110° 之间,左拳与鼻同高,右臂弯曲,肘关节夹角小于 90°,大臂贴近右侧肋部,相距约 10 厘米,身体侧立,下颌微收,闭嘴合齿,面部和左肩、右拳正对对手。

二、散打基本动作教学

(一)基本步法

1. 滑步

(1)前滑步:后脚掌蹬地,前脚稍离地向前滑出 20～30 厘米,后脚随之跟进相同距离,重心保持在两脚之间,整个动作完成后仍为原来的姿势。

(2)后滑步:前脚掌蹬地,后脚稍离地向后滑出 20～30 厘米,前脚随之后退相同距离,重心保持在两脚之间,整个动作完成后仍为原来的姿势。

2. 交换步

从预备姿势开始,前后脚同时蹬地稍离地面,转换时要以髋部力量快速带动两腿交换,转体 120°左右,同时两臂也做前后体位的交换。

3. 闪步

(1)左闪步:从预备姿势开始,上体不动,前脚向左侧迅速蹭出 20～30 厘米,紧接着后脚以前脚为轴迅速向左滑动,角度在 45°～90°以内。

(2)右闪步:从预备姿势开始,后脚向右方横向蹭出,随后以髋部带动前脚向右侧滑动,身体转动一般在 60°～90°之间。

4. 击步

向前击步时,重心前移,后脚蹬地靠拢前脚内侧,后脚着地同时前脚向前方迅速跃出,着地后两脚成预备姿势步型。向后击步与向前击步动作相反。

(二)基本拳法

1. 冲拳

(1)左冲拳击头

动作讲解:从基本搏斗姿势开始,右脚掌蹬地,使重心快速前移到左脚上,身体右转,右脚跟稍向内转一下,在转体同时,探左肩,左臂迅速向前伸出,力量集中在拳头顶部,在击拳瞬间应该感到肩部有催劲。左膝稍弯曲一下。右手防护下颌,肘部防护身体;左手击打完成后应尽快收回成开始姿势。

教学指导:出拳时重心不能过分前倾,不要翘臂、夹肩,右手不能向后拉,否则会影响拳法的运用效果。

(2)右冲拳击头

动作讲解:从基本搏斗姿势开始,以右脚前脚掌支撑蹬地,同时脚跟外转,把蹬地力量传至全身。身体随左后转,旋右臂向前沿直线冲出,在接近目标刹那合肩,将拳握紧。随出拳瞬间,重心移在左脚上,全脚着地。右脚微左脚踵跟进,右膝靠近左膝。收左手防护头及上体。

教学指导:蹬地、前移重心、转脚、屈膝、转体、顺肩、旋臂和出拳动作要协调一致;左膝不能过屈;不能有右拳后撤动作,发拳之前重心不要过早移动。

(3)右冲拳击上体

动作讲解:从基本搏斗姿势开始,重心移向右脚,以右前脚掌为支点,用力蹬地,身体随之左后转;重心前移到左脚,全脚着地。在身体左后转的同时,左膝屈约 $100°\sim130°$。重心在后脚。与转腰同时,右手臂沿直线向前冲出。左手护头,肘护肋。

教学指导:可以直接击打上体或闪躲后击上体,也可以在左拳击出后使用。

2. 掼拳

(1)左掼拳击头

重心移至右脚,随之向右转体带臂,左肘微屈,使左拳前送并成横向从左向右摆动。同时左脚蹬地,脚跟微外转,随之全脚掌着地,左膝屈约 $110°\sim120°$。右手保护下颌。

教学指导:以腰带臂;出拳的手臂边前伸,边横摆,以加快速度。

(2)右掼拳击头

动作讲解:从基本搏斗姿势开始,右脚尖蹬地,脚跟微外转,身体随之猛向左拧转,右臂由侧横向成弧形摆动。边摆边前伸,再加上肩部动作一起向击打方向送出。重心略移到左脚。击打后,身体稍降低,微左侧偏,以防身体前倾失去重心、暴露弱点。击打的刹那左肩比右肩略低。击打后的右手不要离开身体过远。左手保护下颌。

教学指导:击打时抡臂与转腰同时,拳与肘接近水平,即边出拳边起肘;抬肘不要过高,免得动作僵直缓慢;拳头边出边内旋,击中后就停,用脆劲。

(3)左掼拳击上体

动作讲解:重心右移,两膝微屈,重心下降。同时身体及腰部向右突转带动左手臂(左臂微屈)将拳成横向朝对方上体击出。右手保护头部。

教学指导:边出拳边抬肘,碾脚、蹬地,转体带臂。

3. 抄拳

(1)左抄拳击头

动作讲解:从基本搏斗姿势开始,重心移向左脚,体位微下沉,腰部和左腿瞬间挺直,借挺展力量带动手臂,将拳由下往上抄起。击打刹那间,拳心朝内。

教学指导:注意动作的标准性。

(2)右抄拳击头部

动作讲解:从基本搏斗姿势开始,重心微降,右脚前脚掌蹬地,重心移至左脚。上体略向击打方向伸直,腰微左转、前送,借转体力量带臂(臂屈约$45°\sim80°$,将拳自下而上,用挺展力量击出。击打刹那间拳心向内。

教学指导:脚跟朝外转动,以加大打击力量;右脚蹬地与转脚跟要协调一致。

(3)左抄拳击上体

动作讲解:左抄拳击上体的动作方法与左抄拳击头基本相同,不同之处在于左抄拳击上体的身体弯曲度加大。

教学指导:可以直接击打对手上体,也可以在防住对手右腿踢后,用左抄拳击其上体;还可以先用右手做假动作,重心移至左脚,微屈膝,上体微左转,重心下降,左膝蹬直,左抄拳击对方上体。根据对手特点有针对性的选择。

(4)右抄拳击上体

动作讲解:从基本搏斗姿势开始,重心移至右脚,体位略下沉。右脚猛蹬地,使腰部突然微左转挺展带动手臂将拳由下向上抄起,击打对方腹部,同时重心移至左脚。一般随出拳向前跨一步。

教学指导:与右抄拳击头部的基本相同,尤其注意动作的协调性要强。

4. 鞭拳

(1)左鞭拳击头

动作讲解:从基本搏斗姿势开始,重心前移,上身前探,左臂旋臂前伸,随之以肘为轴,猛甩腕翻拳,用拳背击打对方头部。

教学指导:发劲要快要有力,使臂部有鞭击动作;臂部放松,勿发僵劲;再次,肘微屈,不要有意抬肘;转身鞭拳应注意插步转体要快。

(2)右鞭拳击头

动作讲解:从基本搏斗姿势开始,重心前移,上身前探,右臂旋臂前伸,随之以肘为轴,猛甩腕翻拳,用拳背击打对方头部。

教学指导:发动要快而有力,使臂部有鞭击动作;臂部放松,勿发僵劲,肘微屈不要有意抬肘;转身鞭拳,注意插步转体带臂要快。

(三)基本腿法

1. 正蹬腿

动作讲解:支撑腿微屈,另一腿蹬地屈膝上抬,脚尖微勾起,展髋向正前方猛蹬冲。同时上体微后倾,髋前送,右脚触及目标瞬间全身肌肉绷紧,力达足跟,再次发力用前脚掌点踏。

教学指导:支撑腿微屈,蹬出腿屈膝尽力向上顶;猛送髋,大腿发力带动小腿,脚沿直线向前蹬伸;脚跟与前脚掌先后依次发力,先蹬再点踏。

2. 边腿

动作讲解:前脚向前滑动一步,前移约 10～20 厘米,带动后脚前移,支撑身体重量。几乎在落步同时,屈膝向斜前抬大腿,带小腿,随之用力拧腰转髋,猛挺膝,横向由外向内用力踢出,力达足背。

教学指导:起腿时,支撑腿微屈,上体向支撑腿一侧倾斜,以维持身体平衡,起腿越高,倒体越大;用鞭击方式发力,踢击后立即收回。

3. 侧踹腿

动作讲解:支撑腿脚尖微外转,腿微屈,侧对对方;另一腿屈膝高抬,脚尖自然勾起,脚外沿朝向对方,腿部猛然伸直,用脚掌沿直线蹬踹目标。发力瞬间转髋,加大旋转劲,以助腿部鞭打效果。踹腿时上体自然向相反方向倒体,踹腿越高倒体越大。

教学指导:要以转髋助蹬踹;起腿要突然,注意在不断移动中调整距离。

4. 小边腿

动作讲解:重心略后移,支撑腿微屈;另一腿抬起,快速向斜下侧弹出。

上体自然朝踢击方向微转。

教学指导:起腿离地不要过高;弹腿要快而有力,发劲时重心随之下降;弹击后回复原来姿势。

三、散打基本技法教学

(一)基本快摔法

1. 接腿搂颈摔

动作讲解:己方右脚在前,对方起右脚蹬己方上体时,己方用左臂由外向内抓其小腿,右手搂其颈部并外旋。左手猛力上抬对方右腿,右手继续向右后下方边搂边抓压,形成力偶,同时用右脚截其支撑腿使其倒地。

教学指导:转体带臂,一抬一压,造成旋转动势而摔倒对手。

2. 抓臂按颈别腿摔

动作讲解:对方用右贯拳或右直拳向己方头部击来,己方迅速向左微转体,用左前臂向左上架格挡住,左手下滑抓其腕部,随身体左转上右脚,用右腿别住对方右腿,右臂向左挟拧对方颈部时身体再向左拧转,左手用力向左后拉对方右臂,右臂向左下猛挟拧对方颈部,继续用力使对方倒地。

教学指导:挟颈要紧,转体要快。

3. 抱腿压摔

动作讲解:对方用左边腿击己方上体,己方迅速靠近对方,用右手从上抓握其左脚踝,并屈左臂用肘窝夹住其左膝窝。右脚向右后撤一步,上体随之右后转并屈膝降重心。左臂夹紧其膝部,右手先向左后拽拉,后向上扳其小腿。左肩前靠,形成力偶,使对方向后倒地。

教学指导:向右后转体时,右手向上扳与左肩朝下压腿动作要一致。

4. 闪躲穿裆靠摔

动作讲解:对方左脚在前,用左冲拳或贯拳向己方头部击来。己方迅速屈膝下潜,使对方击打落空。下潜的刹那,上右脚落于对方左脚后。同时用左手抓按对方的左膝,右臂沿对方左腿内侧伸进裆内,别住其右膝窝处,用头顶住对方胸部,上体用力向后猛靠使对方倒地。

教学指导:按膝、穿裆同时上步;上体向后靠时,向右后转体。

5. 抱腿别摔

动作讲解:对方用左边腿击己方上体,己方迅速靠近对方,用右手从上抓其左脚腕,并屈左臂用肘窝夹住其左膝窝。随即躬身用左手由裆下穿,用左手掌扣住其右膝窝,右手往右后扳拉其左脚腕。身体右后转,同时下降重心,右手继续向右后扳拉,形成力偶,迫使对方瞬间失去重心而倒地。

教学指导:左别右搬,协调一致,转体与两臂用力一致。

6. 格挡搂推摔

动作讲解:对方左脚在前,用左冲拳或贯拳向己方头部击来。己方用右手臂上架来拳,并屈臂顺势向右后经由对方左臂外侧由上往下滑动,用力卡住其左臂。上左腿,右手下滑至对方左大腿时,向回按扒,同时用左手猛推对方左胸部,使其失去重心倒地。

教学指导:一拉一推的动作要同步。

(二)基本防守法

1. 拍压

动作讲解:拍压主要用于防守对方以直线手法或腿法向己方中、下盘进攻,如下冲拳和蹬、踹腿等。左(右)拳变掌,以掌心或掌根为力点,由上向前下拍压。

教学指导:拍压时臂弯曲,手腕和掌指要紧张用力,臂内旋,虎口、指尖均朝内。否则就难以取得较为理想的防守效果。

2. 拍挡

动作讲解:拍挡主要用于防守对方以直线拳法或横向腿法向己方上盘进攻。左架实战势开始(以下同),左(右)手以手腕为力点,向里横向拍挡。

教学指导:前臂尽量垂直,拍挡幅度小,用力短促。

3. 挂挡

动作讲解:挂挡主要用于防守对方以横向的手法或腿法向己方中、上盘进攻,如右(左)贯拳或左(右)横踢腿等。即用左(右)手屈臂向同侧头部挂挡。

教学指导:上臂与前臂相叠,贴于头侧,垂肘,上体含蓄,防守面要大。

4. 里挂

动作讲解:里挂主要是指结合左闪步防守对方向己方正面或偏右以腿法攻击我方中盘部位。实战势开始,以左手里挂为例。左臂内旋,左拳由上向下→右后斜下挂防,拳眼朝内,拳心朝后。

在运用里挂时,要注意两个方面:首先,臂尽量内旋,略屈肘以桡骨侧为力点划挂;其次,幅度要小,同时上体应略向右转。只有把握好这两点,才有可能取得较为理想的防守效果。

5. 外挂

动作讲解：外挂是指结合左、右闪步，挂防对方蹬、踹腿或横踹腿攻击己方中盘以下部位。实战势开始，以左手外挂为例。左拳由上向下→后左斜挂，拳心朝里，肘尖朝后，臂微屈。

教学指导：左臂肘关节微屈，肘尖里收朝后，左臂向左后斜下挂防。

6. 提膝闪躲

动作讲解：提膝闪躲主要用于防守对方从正面或横向以腿法攻击己方下盘部位，如低踹腿、弹腿、低横踢腿和勾踢腿等。实战势开始，前腿（左前右后）屈膝提起离地。

教学指导：重心后移，含胸收腹，提腿迅速，根据对方腿法进攻的路线和方位，膝盖分别有里合、外摆或垂直向上的变化。

7. 掩肘阻格

动作讲解：防守对方以由下至上的手法攻击己方中、下盘部位，如抄拳等。实战势开始，以左掩肘为例。左臂弯曲，前臂外旋，腰微右转，向内→腹下滚掩，以前臂尺骨下端为防守力点，低头、含胸、收腹。

教学指导：上体含缩，两手紧护胸腹，以腰带臂，滚掩如关门闭户。

第七章　民族传统体育之养生气功教学指导

养生气功是以形体活动、呼吸吐纳、心理调节相结合为主要运动形式的民族传统体育项目，它的主要作用在于健身与养生，因此深受广大群众尤其是中老年人的喜爱。本章重点对五禽戏、六字诀、八段锦、易筋经以及十二段锦这五大养生功法进行阐述与实践指导，以指导人们科学参与养生气功运动。

第一节　五禽戏教学

一、五禽戏概述

(一)五禽戏的起源与发展

五禽戏这一传统养生项目在我国十分流行，其发展历史十分悠久。五禽戏的形成主要是模拟五种动物的形态和姿势。华佗编创的五禽戏是有关五禽戏的最早记载。

对五禽戏的具体动作进行具体描述的文献资料是南北朝陶弘景所著的《养性延命录》。此后，《夷门广牍·赤凤髓》(明代周履靖)、《万寿仙书·导引篇》(清代曹无极)等著作中都有关于五禽戏的习练方法，而且配有相关的图片。尽管目前对于五禽戏起源和发展还没有形成统一的观点，但这些文献资料为后人对五禽戏的研究提供了非常重要的依据。

不同时期所流传的五禽戏其特点都有差异，因此五禽戏的发展也具有多变的特色，而且也形成了不同的风格。但是有一条是不变的，那就是以"五禽"的动作为主要创编依据进行动作的创编，而且在创编中还结合了创编者自身练功的体验，这样创造出来的五禽戏对养生具有很大的功效。

（二）五禽戏的特点

1. 安全可靠

五禽戏的动作十分简单，速度不快也不慢，属于一种有氧运动。练习时可以单独练习某一戏。五禽戏的运动量较为适中，几乎所有不同的人群都可以练习。运动中的动作强度与负荷根据练习者自身因素进行灵活调节，安全可靠。

2. 形松意充

练习五禽戏时，练习者要尽量使自身各部分肌肉处于放松状态，在舒适自然的感觉下完成练习，动作不要太僵硬，但也不能软弱无力。只有自然放松身体，才能做到以意引气，气贯全身；以气养神，气血通畅，达到养生的效果。

二、五禽戏的手型与步型教学

（一）基本手型

1. 虎爪

张开五指，虎口撑圆，弯曲第一、二指关节并内扣。

2. 熊掌

拇指在食指指端上压着，并拢并弯曲其余四指，虎口撑圆。

3. 猿钩

五指指腹捏拢，手腕弯曲。

4. 鹿角

伸直并向外张开拇指，伸直食指、小指，弯曲并内扣中指与无名指。

5. 鸟翅

伸直五指，向上翘起拇指、食指、小指，并拢无名指、中指并朝下。

6. 握固

拇指抵掐在无名指根节内侧，屈拢其余四指。

（二）基本步型

1. 弓步

两腿前后分开一大步，横向之间保持一定宽度，右（左）腿膝盖弯曲并向前弓,大腿斜向地面,膝与脚尖上下相对,脚尖稍微内扣;自然伸直左(右)腿,脚跟与地面相触,稍内扣脚尖,全脚掌置于地面。

2. 虚步

以右脚虚步为例,向前迈出右脚,脚跟触地;向上翘脚尖,膝部稍微弯曲,左腿膝盖弯曲并向下蹲,全脚掌置于地面,脚尖斜向前方,臀部与脚跟上下相对。左腿支撑身体重心。

3. 丁步

两脚左右分开 10～20 厘米站立,膝部弯曲并向下蹲,提起左(右)脚脚跟,脚尖与地面接触,虚点地面,放在右(左)脚脚弓处,右(左)腿全脚掌置于地面。

三、五禽戏功法套路教学

(一)虎戏

(1)自然站立,身体向前俯,两手与地接触,身躯用力前耸同时配合吸气。身躯耸至极后时停止,然后向后缩动身躯并呼气,练习做 3 次。

(2)然后向前挪动两手,先左手后右手,同时向后移动两脚,以最大力对腰身进行拉伸。

(3)接着抬头向上看,再低头平视前方。

(4)最后,再像虎行一般用四肢向前爬七步,向后退七步。

(二)鹿戏

(1)四肢与地接触,吸气,向左转头颈,眼睛注视右侧后方,头颈向左转到不能再继续转动后停止,呼气,向回转头颈,恢复初始位置后再吸气,继续以同样的方式向右转。左转 3 次,右转两次,最后还原初始姿势。

(2)然后,左腿抬起并向后挺伸,保持一会后左腿下落触地,以同样的方法抬右腿。左腿向后伸 3 次,右腿向后伸两次。

(三)熊戏

(1)仰卧地面,两腿膝部弯曲拱起,两脚与床面分离,两手在膝下合抱,用力向上抬头颈,肩背与床面分类,稍停一会,先向侧方向移动左肩使之触床面,左肩与床面接触瞬间头颈立即用力向上,肩再次与床面分离,略停后再右肩以相同方式做此动作。左右肩交替各做 7 次。

（2）然后起身，在床面上做蹲式姿势，两手分别置于同侧脚旁。

（3）接着像熊行走一样，左脚和右手掌抬起。左脚、右手掌回落后右脚和左手掌随即抬起。左右交替进行，随手臂移动向左右方向摆动身躯，片刻停止。

（四）猿戏

（1）选择一根牢固的横竿，横竿高于自身身高，站立，用手指触及横竿，像猿攀物一样用双手将横竿抓握，两脚离地，作引体向上 7 次。

（2）接着先用左脚背将横竿勾住，两手放下，然后头身向下倒悬，保持一会后用右脚做相同动作，左右交替各做 7 次。

（五）鸟戏

（1）自然站立。左腿在吸气时跷起，两臂向侧方向平举，眉毛扬起，把气力鼓足，像鸟展翅一样做即将起飞的姿势。

（2）呼气时，左腿触地，两臂置于腿的两侧，然后跷起右腿做相同动作。左右腿交替各做 7 次，然后坐下。

（3）右腿弯曲，两手在膝下合抱，将膝部拉到接近胸前的位置，稍停后用左腿做相同动作，左右腿交替 7 次。

（4）最后，两臂像鸟展翅一样各伸缩 7 次。

第二节　六字诀教学

一、六字诀概述

（一）六字诀的起源与发展

南北朝时梁代陶弘景所著的《养性延命录》最早记载了六字诀。这些记载就是六字诀的起源。

陶弘景《养生延命录》记载六字诀后，历代都有对六字诀的记述，这些记述是对之前六字诀的补充。例如，唐代胡愔在《黄庭内景五脏六腑补泻图》中改变了六字与五脏的配合方式，改肺"嘘"为肺"呬"，改心"呼"为心"呵"，改肝"呵"为肝"嘘",改脾"唏"为脾"呼",改肾"呬"为肾"吹",另增胆"嘻"之法①。对六字诀理论与方法作最详细论述的是宋代邹朴庵的《太上玉轴六字仁诀》,这一著作对呼吸和读音手法有了具体的要求。明朝之后,肢体动作在六字诀中开始出现。

目前,六字诀已经形成了比较完整的体系,其对养生与保健具有重要的作用及价值。

(二)六字诀的特点

1. 舒缓柔和

六字诀的动作十分缓慢,而且很柔和,动作之间衔接紧密,自然大方,像行云流水一样,表现出鲜明的阴柔美。此外,六字诀动作十分讲究动静结合。

2. 简单易练

"嘘、呵、呼、呬、吹、嘻"六字的每个字诀都有简单的导引动作,结合起势、收势和预备势后一共有九个动作,这些动作非常简单,而且记起来比较容易,学练起来也不会有难度,适合广大人群习练。

二、六字诀功法套路教学

(一)预备势

两脚平行站立,距离同肩宽,微屈两膝;头颈正直,微收下颌,竖脊含胸;两臂置于体侧,周身中正;唇齿合拢,舌尖放平,与上腭轻贴;眼看前下方。

(二)起势

(1)弯曲肘部,双手手掌十指相对,掌心朝上,慢慢上托直到胸前,与胸部保持水平高度。

(2)双手手掌向内翻,掌心朝下,将手掌慢慢向下按,置于肚脐前。

(3)稍微弯曲膝部并向下蹲,身体向后坐;双手手掌内旋外翻,慢慢向前拨出,直到两臂成圆。

(4)双手手掌外旋内翻,掌心朝内。起身,慢慢收拢双手手掌并置于肚脐前,虎口交叉相握与肚脐轻贴;停止片刻,自然呼吸;眼看前下方。

———————————

① 周庆海. 传统养生功法[M]. 北京:化学工业出版社,2011.

（三）嘘字诀

（1）松开两手，掌心朝上，小指与腰际轻贴，向后置于腰间。

（2）两脚保持静止不动，大约向左转动身体 90°；右掌从腰间向左侧穿出，与肩保持水平高度，并配合口吐"嘘"字音；两目慢慢地圆睁，眼看右掌。

（3）右掌沿着原路移到腰间位置；同时将身体转正；眼看前下方。

（4）身体转向右侧 90°；同时，左掌从腰间慢慢向右侧方向穿出，与肩保持水平高度，并口吐"嘘"字音；双眼渐渐圆睁，眼看左掌。

（5）左掌移到腰间位置，同时，身体转正；眼看前下方。

（6）左右穿掌各 3 次。

本式共吐 6 次"嘘"字音。

（四）呵字诀

（1）吸气，双手小指与腰际轻贴，指尖朝斜下方。眼看前下方。膝部弯曲并向下蹲，同时，双手手掌向前下大约 45°方向插出，稍微弯曲两臂；眼看两掌。

（2）肘部弯曲，臂部收回，双手小指一侧相靠，掌心朝上，成"捧掌"，与肚脐保持水平高度；眼看两掌心。

（3）将两膝慢慢伸直；同时弯曲肘部，两掌放在胸前位置，掌心朝内，两中指与下颌保持水平高度；眼看前下方。

（4）向外伸展两臂肘部，与肩保持水平高度；两掌内翻，掌指朝下，掌背相靠。然后，两掌下插；眼看前下方。从插掌开始，吐"呵"字音。

（5）双手手掌向下插到肚脐前时，膝部弯曲并向下蹲；同时，两掌内旋外翻，掌心朝外，向前慢慢拨出，到两臂成圆；眼看前下方。

（6）双手手掌外旋内翻，掌心向上，于腹前成"捧掌"；眼看两掌心。

（7）两膝逐渐伸直；同时弯曲肘部，两掌捧到胸前位置，掌心向内，两中指与下颌保持同一水平高度，眼看前下方。

（8）向外伸展两臂肘部，与肩保持水平高度；同时，两掌内翻，掌指朝下，掌背相靠；然后双手手掌慢慢向下插，眼看前下方。从插掌开始，口吐"呵"字音。

重复动作（5）～（8）4 次。本式共吐"呵"字音 6 次。

（五）呼字诀

（1）当上式最后一动双手手掌向前拨出后，外旋内翻，转动掌心向内与肚脐相对，指尖斜相对，自然张开五指。双手手掌心间距与掌心到肚脐的距离相等;眼看前下方。

(2)两膝慢慢伸直;同时,双手手掌逐渐向肚脐方向合拢,距离肚脐 10厘米左右。

(3)膝部弯曲并向下蹲;同时,双手手掌向外展开至两掌心间距与掌心到肚脐的距离相等,两臂成圆形,口吐"呼"字音;眼看前下方。

(4)逐渐将两膝伸直;同时,双手手掌向肚脐方向合拢。

重复动作(3)5 次。本式共吐 6 次"呼"字音。

(六)呬字诀

(1)双手手掌自然下落,掌心朝上,十指保持相对;眼看前下方。

(2)将两膝逐渐伸直;同时,将双手手掌慢慢向上托到胸前,约与胸部保持同一水平高度;眼看前下方。

(3)两臂肘部下落,夹肋,两手顺势立掌于肩前,掌心保持相对,指尖朝上。两肩胛骨靠向脊柱,肩部外展胸部扩张,藏头缩项;眼看前斜上方。

(4)膝部弯曲并向下蹲;同时,肩部放松颈部伸展,两掌慢慢向前平推逐渐转成掌心向前亮掌,同时口吐"呬"字音;眼看前方。

(5)双手手掌外旋腕,转到掌心向内,指间保持相对,双掌之间的距离与肩宽相同。

(6)两膝慢慢伸直;同时弯曲双臂肘部,双手手掌收拢到胸前大约相距10 厘米,指间保持相对;眼看前下方。

(7)两肘下落,夹肋,两手顺势立掌于肩前,掌心保持相对,指尖朝上。两肩胛骨向脊柱靠拢,肩部外展胸部扩张,藏头缩颈;眼看斜前上方。

(8)膝部弯曲并向下蹲;同时,肩部放松颈部伸展,两掌向前平推逐渐转成掌心向前,并口吐"呬"字音;眼看前方。

(七)吹字诀

(1)双手手掌向前推,随后腕部放松手掌前伸,指尖保持向前,掌心朝下。

(2)两臂向左右方向分开成侧平举,掌心朝后,指尖保持向外。

(3)两臂内旋,双手手掌向后划弧至腰部,掌心轻贴腰际,指尖朝下;眼看前下方。

(4)膝部稍微弯曲并向下蹲;两掌沿腰骶、两大腿外侧向下滑动,然而肘部弯曲手臂提起在腹前环抱,掌心朝内,指尖相对,约与肚脐保持水平高度;眼看前下方。

(5)两掌从腰部向下滑时,口吐"吹"字音。两膝慢慢伸直;同时,两掌慢慢收回,轻轻抚摸腹部,指尖朝下,虎口相对;眼看前下方。

(6)双手手掌向后摩运,直至后腰部,掌心轻贴腰际,指尖朝下;眼看前下方。

(7)膝部稍微弯曲并向下蹲;同时,两掌朝下沿腰骶、两大腿外侧下滑,然后肘部弯曲手臂提起在腹前环抱,掌心朝内,指尖相对,与脐保持同一水平高度;眼看前下方。

重复动作(5)～(7)4 次。本式共吐 6 次"吹"字音。

(八)嘻字诀

(1)双手手掌环抱,自然下落到体前;眼看前下方。两掌内旋外翻,掌背保持相对,指间朝下;眼看两掌方向。

(2)两膝逐渐伸直;同时提肘带手,经体前向上提到胸部位置。随后,两手继续上提到脸部前,分掌、外开、上举,两臂成弧形,掌心斜向上;眼看前上方。

(3)肘部弯曲,两手经面部前向胸前回收,约与肩保持水平高度,指尖保持相对,掌心朝下;眼看前下方。然后稍微弯曲膝部并向下蹲;同时,双手手掌慢慢下按到肚脐前。

(4)双手手掌继续向下。向左右外分至左右髋旁约 15 厘米,掌心朝外,指尖朝下;眼看前下方。

(5)从上动两掌下按开始配合口吐"嘻"字音。双手手掌背相对合于小腹前,掌心朝外,指间朝下;眼看两掌。

(6)将两膝慢慢伸直;同时,提肘带手,经体前向上提到胸部前。随后,两手继续向上提到脸部前,分掌、外开、上举,两臂成弧形,掌心斜向上;眼看前上方。

(7)肘部弯曲,两手经面部前回收到胸前,约与肩保持水平高度,指尖相对,掌心朝下;眼看前下方。然后稍微弯曲膝部并向下蹲;同时两掌下按到肚脐前,眼看前下方。

(8)双手手掌顺势外开到髋旁约 15 厘米,掌心向外,指尖朝下;眼看前下方。从上动两掌下按开始配合口吐"嘻"字音。

重复动作(5)～(7)4 次。本式共吐 6 次"嘻"字音。

(九)收势

(1)双手外旋内翻,掌心转动保持向内,在腹前慢慢合抱,虎口交叉并相握,轻轻置于肚脐处;同时慢慢伸直两膝;眼看前下方;稍作静养。

(2)双手手掌以肚脐为中心轻揉腹部,顺时针、逆时针各揉 6 圈。双手手掌松开,两臂在身体两侧自然下垂;眼看前下方。

第三节　八段锦教学

一、八段锦概述

(一)八段锦的起源与发展

至今八段锦的创始人和时间并没有得到肯定的论证。在湖南长沙马王堆三号墓出土的《导引图》中,我们可以看到,其中至少有 4 幅图势与八段锦图势中的"调理脾胃须单举""双手攀足固肾腰""左右开弓似射雕""背后七颠百病消"相似。而最早出现"八段锦"的是在南宋洪迈所著的《夷坚志》中:"政和七年,李似矩为起居郎……尝以夜半时起坐,嘘吸按摩,行所谓八段锦者。"这也说明八段锦在北宋已流传于世,并有坐势和立势之分。

在南宋曾慥著《道枢·众妙篇》中,最早出现了有关于立势八段锦的描述,"仰掌上举以治三焦者也;左肝右肺如射雕焉;东西独托,所以安其脾胃矣;返复而顾,所以理其伤劳矣;大小朝天,所以通其五脏矣;咽津补气,左右挑其手;摆鳝之尾,所以祛心之疾矣;左右手以攀其足,所以治其腰矣。"而这时还未对八段锦进行定名。真正定名"八段锦"的是南宋陈元靓所编的《事林广记·修真秘旨》,书中将八段锦定名为"吕真人安乐法",其文已歌诀化,文献中有记载可考证:"昂首仰托顺三焦,左肝右肺如射雕;东脾单托兼西胃,五劳回顾七伤调;鳝鱼摆尾通心气,两手搬脚定于腰;大小朝天安五脏,漱津咽纳指双挑。"

直到清末的《新出保身图说·八段锦》中,首次以"八段锦"为名,并绘有图像,形成了较完整的动作套路。其歌诀为:"两手托天理三焦,左右开弓似射雕;调理脾胃须单举,五劳七伤往后瞧;摇头摆尾去心火,背后七颠百病消;攒拳怒目增气力,两手攀足固肾腰。"从此,传统八段锦动作被固定下来,并在民间广为流传。

在新中国成立后,由于民族传统体育受到了党和政府的高度重视。在20 世纪 50 年代后期,由唐豪、马凤阁等人编著的《八段锦》在人民体育出版社出版,并随后组织学者对传统八段锦进行了深层次的挖掘和整理。由于政府的重视,习练八段锦的群众逐年增多。到 20 世纪 70 年代末 20 世纪80 年代初,八段锦作为民族传统体育项目开始进入我国大专院校课程,这些有效的措施和积极的政策都极大地促进了八段锦的发展。而今随着大众健身的热潮不断升温,八段锦作为一项非常适宜的大众健身项目,得到了广大健身爱好者的喜爱。

(二)八段锦的特点

1. 松紧结合

松紧结合中的"松"不仅是指肌肉、关节要放松,而且中枢神经系统、内脏器官也要适当放松。"紧"是指练习时要注意适当地用力,但要缓慢进行。

2. 缓慢柔和

柔和缓慢中"缓慢"是指练习八段锦时身体重心要保持平稳,虚实分明。"柔和"是指八段锦的动作轻松自如。

3. 动静结合

动静相兼中的"动"是指动作活泼自然,紧密衔接。"静"指的是动作沉稳,特别是需要缓慢用力的部位,在外观上看像是停顿了,但内劲却没有停,继续使肌肉用力,保持牵引动作。

二、八段锦手型与步型教学

(一)基本手型

1. 拳

大拇指抵掐无名指根结内侧,并拢弯曲其余四指。

2. 掌

(1)掌一

稍微弯曲五指,稍稍分开,掌心微含。

(2)掌二

拇指与食指竖直分开成八字状,稍稍屈收其余三指第一、二指节,掌心微含。

3. 爪

并拢五指,屈收扣紧大拇指第一指节和其余四指第一、二指节,伸直手腕。

(二)基本步型

八段锦的基本步行是马步。

双脚分开站立,两脚间的距离大约和本人脚长的 2～3 倍相同,膝部弯曲并向下半蹲,大腿略高于水平。

三、八段锦功法套路教学

(一)预备式

身体直立,两臂下垂,全身放松,舌抵上腭,目光平视(图 7-1)。

教学要点:头向上顶,下颏微收,舌抵上腭,嘴唇轻闭,沉肩坠肘,腋下虚掩;胸部宽舒,腹部松沉;收髋敛臀,上体中正。

图 7-1

(二)两手托天理三焦

(1)随着吸气,两臂从体侧缓缓上举到头顶,掌心朝上;两手指交叉,内旋翻掌向上撑起,伸直肘关节,如托天状;同时两脚跟尽量上提,抬头,眼看手背。

(2)随着呼气,两臂经体侧缓缓下落;脚跟轻轻着地,还原成预备式(图 7-2)。

教学要点:两手上托时掌根用力上顶,腰背充分伸展。脚跟上提时,两膝用力伸直内夹。反复练习数次。

图 7-2

（三）左右开弓似射雕

（1）左脚向左横开一步，屈膝下蹲成马步，同时两管屈肘抬起，右外左内在胸前交叉（图7-3）。

（2）左手拇指和食指撑开成八字，其余三指扣住，缓缓用力向左侧平推；同时右拳松握屈肘向右平拉，似拉弓状，眼看左手，此为"左开弓"（图7-4）。

（3）两臂下落，经腹前向上抬起，在胸前交叉，右手在内，左手握拳在外（图7-5）。

（4）"右开弓"动作与"左开弓"相同，方向相反（图7-6）。

教学要点：模仿拉弓射箭的动作，开弓时要缓缓用力，回收时慢慢放松。开弓时呼气，收回时吸气。如此反复练习。

图7-3　　　　　　　图7-4

图7-5　　　　　　　图7-6

（四）调整脾胃须单举

（1）并步直立，两臂屈肘上抬至胸前，掌心向下（图7-7）。

（2）左手内旋上举至头顶，同时右手下按至右胯旁，此为"左举"（图7-8）。

（3）左手向下，右手向上至胸前；除左右相反外，"右举"动作与"左举"相同（图7-9）。

教学要点：以吸气配合上举下按，以呼气配合过渡性动作。上举时须有托、撑的意思。反复练习。

图 7-7　　　　图 7-8　　　　图 7-9

（五）五劳七伤往后瞧

（1）两脚并步，头缓缓向左、向后转，眼看后方（图 7-10）。

（2）上动稍停片刻，头慢慢转回原位。

（3）头缓缓向右、向后转，眼看后方（图 7-11）。

教学要点：转头时，身体保持正直，以呼气配合转头后看动作，以吸气配合转头复原动作。反复练习。

图 7-10　　　　图 7-11

（六）摇头摆尾去心火

（1）左脚向左横跨一步成马步，两手扶按在膝上，虎口朝里（图 7-12）。

（2）随着吸气，头向左下摆，臀部向右上摆，上体左倾（图 7-13）。

（3）随着呼气，头向右下摆，臀部向左上摆，上体右倾（图 7-14）。

（4）上体前俯，头和躯干向左、向后、向右、向前绕环一周（图 7-15）。

（5）同上一动作，方向相反。

教学要点：上体摇摆时，坐要稳，不要上下起伏。左右摆动数遍后，再左右绕环数遍。呼吸与头、臀摇摆协调一致。

图 7-12　　　　　　　　图 7-13

图 7-14　　　　　　　　图 7-15

（七）双手攀足固肾腰

（1）两脚并步，上体后仰，两手由体侧移至身后（图 7-16）。

（2）上体缓缓前俯深屈，两膝挺直，两臂随屈体向前、向下，用手攀握脚尖，（或手触地）保持片刻（图 7-17）。

教学要点：身体放松，动作缓慢，上体后仰吸气，前屈攀足呼气，反复练习。

图 7-16　　　　　　　　图 7-17

（八）攒拳怒目增力气

（1）左脚向左平跨一步成马步，两手握拳抱于腰间，眼看前方(图7-18)。

(2)左拳向前用劲缓缓冲出,小臂内旋拳心向下(图7-20)。

(3)左拳变掌,再抓握成拳收抱腰间(图7-19)。

(4)右拳向前用劲缓缓冲出,小臂内旋拳心向下(同图7-20,唯左右相反)。

(5)左侧冲拳,方法同左前冲拳,推向左侧冲出(图7-20)。

(6)右侧冲拳同左侧冲拳,唯左右相反。

教学要点:冲拳时呼气并瞪眼,收拳时吸气。身要正,步要稳,冲拳要运劲。

图 7-18　　　　　图 7-19　　　　　图 7-20

(九)背后七颠百病消

(1)两手左里右外交叠于身后;脚跟尽量上提,头上顶,同时吸气(图7-21)。

(2)足跟轻轻落下,接近地面,但不着地,同时呼气(图7-22)。

教学要点:呼吸与提脚配合,如此连续起落颠动,使全身放松。最后脚跟落地直立垂臂收功。

图 7-21　　　　图 7-22

第四节　易筋经教学

一、易筋经概述

(一)易筋经的起源与发展

"易",就是改变,往往被理解为改善、增强;"筋"就是筋骨、筋脉、肌肉;"经"则是指规则、指南、方法。"易筋经",就是活动筋骨肌肉的权威性方法。易筋经是我国古代流传下来的一套强健肌肉骨骼、增进健康、延年益寿的健身方法。易筋经是从我国古代的一种传统体育形式发源而来的,融合健身养生于一体,较为广泛地影响着现代中国传统功法和民族体育的发展。关于易筋经的起源,学术界有很多说法,其中,较为主要的有以下几种。

第一种说法:易筋经是从达摩那里传来的。达摩本是南天竺国(南印度)人,公元526年到达我国嵩山少林寺,人们把他称作是中国禅宗的始祖。据《指月录》记载:"越九年,欲返天竺,命门人曰:'时将至矣,汝等盍演所得乎?'有道副对曰'如我所见,不持文字,不离文字,而为道用。'祖曰'汝得吾皮。'尼总持曰'我今所解,如庆喜见阿閦佛国,一见更不再见。'祖曰'汝得吾肉。'道育曰'四大本空,五阴非有。而我见处,无一法可得。'祖曰'汝得吾髓。'"其中"髓"即指"洗髓经",也就是易筋经,故易筋经也称达摩易筋经、达摩洗髓经。

第二种说法:六朝有小说《汉武帝内传》记载有东方朔"三千年一伐毛,三千年一洗髓"等神话,认为易筋经的初祖是东方朔,但《汉武帝内传》为六朝人伪托,因此该说法的支持者较少。

第三种说法:易筋经起源于劳动人民的劳动实践,古人在各种务农实践(春谷、载运、进仓、收囤等)中,由各种劳动姿势逐渐演变出了易筋经,例如古本十二式中的"韦驮献杵"就被认为是来自大杵(木槌)春米的原始动作。但一切文化活动都可以追溯劳动起源上,因此该说法不被广泛认同。

第四种说法:易筋经起源于五禽戏和八段锦,因三者之间在修炼本源和指导思想上极为相似,时间上也比较符合演化规律,该说法认为易筋经一词大约是在清代中晚期正式确立的。

第五种说法:易筋经起源与我国秦汉时期的导引术,由原始社会的"巫术"发展而来,到春秋战国时期为各养生家所练,唐宋年间,这种导引术被一位僧侣改编,至明代开始流传于社会。从目前的文献资料来看,这种说法的说服力是比较高的。

关于易筋经的最早文字记载见于明代天启四年(1624年)的手抄本,道光年间有了刻印本。在易筋经的发展与传播中,少林寺的僧众起到非常重要的作用。在几百年的发展过程中,易筋经由最初始的十二式演变为二十二式,后来又发展到现在通行的二十四式。

(二)易筋经的特点

易筋经的显著特点主要从以下几个方面得到体现。

1. 简单易学,效果明显

易筋经动作简单易学,刚柔并济,适用人群广,对练习场地的要求也相对较低,只要双脚可平稳站立、利于活动即可,开展的广泛程度较高。经常进行易筋经的锻炼,能够达到强身健体、祛除疾病的目的,对于体弱多病和中老年人来说是非常适合的。

2. 伸筋拔骨,动作舒展

易筋经要求练习者在练习中通过"拔骨"来"伸筋",以牵拉人体各部位的大小肌群,筋膜,大小关节的肌腱、韧带、关节囊等结缔组织,对软组织的血液循环起到积极的促进作用,使软组织的营养代谢过程得到改善,使软组织的活动功能得到提高。

除此之外,易筋经还要求练习者在练习过程中把身体的每一个部分都进行一定的伸展,在进行上肢、下肢或者躯干动作时要充分屈伸、收展、扭转。要使人体的关节、肌肉、骨骼在传统定势动作的基础上,尽可能地多方位和广角度活动。

3. 活动脊柱,动作美观

作为人体生存活动的支柱,脊柱支持着体重、运动、保护脊髓及其神经根,对各个器官系统的活动起到重要的控制与协调作用。从现代生理学的角度上来说,屈伸与旋转脊柱有利于对脊髓和神经根造成刺激,从而有利于充分发挥与增强脊髓与神经的控制和调节功能。以腰为轴旋转与屈伸脊柱使易筋经的主要运动形式。

除此之外,易筋经也表现出了一定的武术特点,对动作力度的柔和匀称和各个动作之间的协调和美观较为重视,讲究上下肢与躯干之间、肢体与肢体之间以及肢体左右的对称与非对称,要求每势动作的变化过程清晰、柔和;功法的动作速度匀速、缓慢;练习过程中用力圆柔、轻盈、刚柔相济。

二、易筋经手型和步型教学

(一)基本手型

1. 握固

大拇指抵掐无名指根节,弯曲并拢其余四指。

2. 柳叶掌

伸直且并拢五指。

3. 荷叶掌

伸直并张开五指。

4. 虎爪

分开五指,虎口撑圆,弯曲第一、二指关节并内扣。

5. 龙爪

伸直并分开五指,除中指外,其余四指头内收。

(二)基本步型

1. 马步

双脚分开站立,两脚间的距离大约和本人脚长的2～3倍相同,膝部弯曲并向下半蹲,大腿略高于水平。

2. 丁步

两脚左右分开10～20厘米站立,膝部弯曲并向下蹲,提起左(右)脚脚跟,脚尖与地面接触,虚点地面,放在右(左)脚脚弓处,右(左)腿全脚掌置于地面。

3. 弓步

两腿前后分开一大步,横向之间保持一定的宽度,前腿膝部稍微弯曲并向前弓,大腿斜向地面,膝与脚尖上下相对,脚尖稍微内扣;自然伸直后腿,脚跟触地,脚尖稍稍内扣,全脚掌与地面接触。

三、易筋经功法套路教学

(一)预备势

并拢双脚垂直站立,两手在身体两侧自然下垂。稍微向内收下颏,嘴唇与牙齿要合拢,自然地将舌贴住上腭。眼睛直视前方。

(二)韦驮献杵第一势

(1)左脚向左方向移动半步,两脚间的距离与肩宽相同,稍微弯曲两膝,两膝之间保持开立姿势。两手在身体两侧自然下垂。

(2)从身体两侧向前抬两臂,直至两臂平行;两手掌心相对,指尖朝向前方。

(3)稍微弯曲两臂肘,自然向内收肘部,手指大约朝向斜前上方 30°,两掌收到胸前,掌间保持一拳左右的距离,掌根与膻中穴持平,虚腋;眼睛向前下方直视。

(三)韦驮献杵第二势

(1)抬起两肘,把两掌伸到平直状态,两手的手指相对,掌心朝下方,掌臂与肩大约在一个高度。

(2)向前伸展两掌,掌心朝向下方,指尖对准前方。

(3)向两侧平平地举起两臂,掌心朝向下方,指尖向外。

(4)并拢五指,坐腕立掌。眼睛对准前下方。

(四)韦驮献杵第三势

(1)放松手腕,向前平平地举起两臂,把两臂向内收。收到胸前位置后平屈,掌心朝向下方,掌与胸之间的距离大约为一拳。眼睛对准前下方。

(2)向内旋动两掌,再向外翻转手掌,直至手掌在耳垂下位置时,掌心向上,虎口相对,向外展开两肘大约与肩同高。

(3)向前移动重心,前脚掌支撑身体重心,提踵。向上托起两掌直到头顶,掌心向上,向外展肩部,伸展肘部、向内收下颏,舌头抵住上腭,牙关要咬紧。

(4)做好上述动作后,保持片刻。

（五）摘星换斗势

1. 左摘星换斗势

（1）慢慢地使两脚跟落地，两手成拳状，拳心向外，向两侧上举两臂。然后慢慢伸开两拳成掌状，掌心对着斜下方，放松身体。眼睛直视前下方。

（2）向左转动身体，膝盖弯曲。向上举起右臂经过身体前方后向下摆动，摆到左髋关节外侧时做"摘星"姿势，自然张开右掌；左臂经过身体侧面向下摆动，摆到身体后方后，左手背与命门轻贴。眼睛直视右掌。

（3）膝盖伸直，转动身体保持正站立姿势。右手经过身体前方向额头方向上摆，摆到头顶右上方位置时，手腕放松，稍微弯曲肘部，掌心与下方相对，手指指向左方，中指尖与肩井穴保持垂直；左手背与命门轻贴。眼睛随着手的变化而转动，身体姿势保持不变之后眼睛对准掌心。

（4）做好上述姿势后，保持片刻，然后自然伸展两臂，在体侧自然落下。

2. 右摘星换斗势

与左摘星换斗势动作相同，唯方向相反。

（六）倒拽九牛尾势

1. 右倒拽九牛尾势

（1）稍微弯曲两膝，向右移动身体重心，向左侧后方撤左脚；右脚跟转向内侧，右腿膝盖弯曲保持右弓步姿势。向内旋动左手，从上到前、下画弧后伸直左手，依次收回五指成拳状，拳心对准上方；右手向前上方画弧，直到与肩保持相同高度时，依次收回五指成拳状，拳心对上方相对，比肩稍高。眼睛注视右拳。

（2）先向后方移动身体重心，稍微弯曲左膝。向右转动腰部，用腰部带动肩部，用肩部带动臂部。向外旋动右臂，向内旋动左臂，肘部弯曲向内收回。眼睛直视右拳。然后，向前移动身体重心，膝部弯曲保持弓步姿势。稍微向左转动腰部，用腰部带动肩部，用肩部带动臂部，向前后伸展两臂。眼睛直视右拳。

（3）重复（2）三遍。

（4）右脚支撑身体重心，收回左脚，转动右脚尖保持正方向，两脚成开立姿势。两臂在身体两侧自然下落。眼睛注视前下方。

2. 左倒拽九牛尾势

与右倒拽九牛尾势动作相同，唯方向相反。

(七)出爪亮翅势

(1)左脚支撑身体重心,收回右脚,与左脚保持开立姿势。向外旋动右臂,向内旋动左臂,摆动左右臂使之保持侧平举姿势,两掌的掌心向前,在身体前方环抱两臂,然后向内收两臂,两手成柳叶掌姿势立在云门穴前,掌心保持相对,指尖指向上方。眼睛看前上方。

(2)展开肩膀,扩胸,肩膀放松,慢慢向前伸展两臂,并慢慢转到掌心向前,成荷叶掌姿势,指尖指向上方。眼睛直视前方。腕部放松,肘部弯曲,臂部收回,立柳叶掌于云门穴。眼睛直视前下方。

(3)重复(2)三至七遍。

(八)九鬼拔马刀势

1. 右九鬼拔马刀势

(1)向右转动躯干。向外旋动右手,掌心保持向上;向内旋动左手,掌心保持向下。然后从胸前向内收回右手,使右手经过右腋下向后伸展,掌心保持向外。左手从胸前伸到前上方的方向,掌心保持向外。向左转动躯干。右手经过身体右侧向前上摆动,直到摆至头前上方后弯曲肘部,从后到左绕头转动半圈,掌心做掩耳姿势;左手身体左侧向下摆动,直到摆至头部的左后方,弯曲肘部,手背与脊柱轻贴,掌心保持向后,指尖指向上方。向右转动头部,用右手的中指按压耳廓,用手掌扶按玉枕。眼睛随着右手的转动而移动,最后眼睛对准左后方。

(2)向右转动身体,展臂扩胸。眼睛视线对准右上方,保持这个动作片刻。膝盖弯曲,向左转动上体,向内收右臂,含胸;左手尽量沿着脊柱向上推动。视线对准右脚跟。

(3)重复(2)三遍。

(4)膝盖伸直,转动身体朝向正方。右手向上经过头顶上方向下移动直到保持侧平举姿势;左手经过身体左侧向上转动直到保持侧平举姿势,两掌的掌心朝下。眼睛与前下方对准。

2. 左九鬼拔马刀势

与右九鬼拔马刀势动作相同,唯方向相反。

(九)三盘落地势

(1)左脚左迈步,脚间离同宽肩,脚尖朝前方向。眼睛视线直视前下方。膝盖弯曲向下蹲。肩部与肘部同时向下沉,用力向下按两掌直到大约与环跳穴保持同样的高度,稍微弯曲肘部,掌心保持向下,指尖朝向外。眼睛注视前下方,同时发出"嗨"声,声音发出之后舌尖轻轻地抵在上牙齿与下牙齿之间,使声音不再发出。

(2)翻转手掌,掌心保持向上,稍微弯曲肘部,向上托起直到成侧平举姿势。慢慢直立身体。眼睛注视前方。

(3)重复(1)~(2)三遍。

(十)青龙探爪势

1. 左青龙探爪势

(1)收回左脚,两脚保持并立姿势,两脚间的距离与肩宽相同。两手握固,弯曲两臂肘部并向内收回到腰间位置,拳轮与章门穴轻贴,拳心保持向上。眼睛看前下方。右拳手指伸展变掌,伸直右臂并经下向右方向外展,直到保持比肩稍低的位置,掌心保持向上。眼睛随着手转动。

(2)弯曲右臂的肘部与腕部,右掌五指弯曲成"龙爪",指尖朝向左方,经过下颏向身体左方向平直伸出龙爪,视线随着手转动。躯干向左转动 90°。眼睛视线与右掌指所指方向保持一致。

(3)"右爪"五指伸直变掌,向左前方弯曲身体,掌心向下按到左脚的外侧。眼睛看下方。躯干从左前开始向右前方向转动,手臂向外旋动,掌心保持向前。视线随手移动。

(4)上体保持直立。右拳随着上体抬起收回到章门穴位置,拳心保持向上。眼睛看前下方。

2. 右青龙探爪势

动作与左青龙探爪势相同,方向相反。

(十一)卧虎扑食势

1. 左卧虎扑食势

(1)右脚尖 45°内扣,收回左脚到右脚内侧,保持丁步姿势。向左转动身体大约 90°,两手握固在腰间章门穴位置。眼睛随身体转动。

(2)左脚前迈成左弓步,两拳提至肩部云门穴,并内旋变"虎爪",向前扑按,肘稍屈。目视前方。

(3)从腰到胸慢慢屈伸躯干,适当地移动身体重心。两手在躯干屈伸的过程中向下、后、上、前绕环一周。然后向下俯上体,两手下按直到十指接触地面。后腿的膝部弯曲,脚趾与地面接触;稍微抬起前脚跟。塌腰、挺胸、抬头、瞪目。眼睛注视向上方。

(4)身体直立,两手收到腰间章门穴位置。向后移动身体重心,左脚尖保持135°内扣,向左移动身体重心,身体向右旋转180°,收回右脚到左脚内侧,保持丁步姿势。

2.右卧虎扑食势

与左卧虎扑食势动作相同,惟方向相反。

(十二)打躬势

(1)直起身体保持正方向,向后移动身体重心。向内扣右脚尖,脚尖保持向前,收回左脚与右脚保持开立姿势。两手随身体向左转动保持放松,向外旋动两手,掌心保持向前,外展两手到侧平举后,两臂肘部弯曲,两掌做掩耳状,十指扶按枕部,指尖保持相对,用两手的食指弹拨中指击打枕部7次。眼睛看前下方。

(2)向前俯身,两腿保持伸直,从头部开始经颈椎—胸椎—腰椎—骶椎逐节缓缓牵引向前弯曲,眼睛一直看脚尖。

(3)由骶椎至腰椎—胸椎—颈椎—头依次逐节缓缓伸直,身体直立,两掌掩耳,十指扶按枕部,指尖相对。目视前下方。

(4)重复动作(2)~(3)三遍,身体向前弯曲的幅度不断加大,每次动作重复之间稍停片刻。

(十三)掉尾势

(1)保持身体直立,快速拨动两手使之离开双耳。向前方自然伸展手臂,交叉十指成拳状,掌心保持向内。肘部弯曲,翻掌向前伸直,掌心保持向外。再次弯曲肘部,掌心保持向下,向内收肘部直至胸前位置。向前弯曲身体,塌腰、抬头,交叉两手慢慢向下按。眼看前方。

(2)头向左后转,臀向左前扭动。目视尾闾。两手交叉,稍停,还原至体前屈。

(3)向右后方向转动头部,向右前房扭动臀部。眼睛看尾闾。两手保持交叉,停一会后,继续保持体前屈的姿势。

(4)重复动作(2)~(3)三遍。

(十四)收势

(1)松开两手,向外炫动两臂,慢慢使上体保持直立。两臂侧平举,掌心朝上方,向上举起两臂,稍微弯曲肘部,掌心保持向下。眼看前下方。

(2)肩膀放松,肘部弯曲屈,向内收两臂,两掌经过头、面、胸前向下移动到腹部位置,掌心保持向下。视线对准前下方。

(3)重复动作(1)~(2)三遍。

(4)放松两臂,在体侧自然下垂。收回左脚,两脚并拢垂直站立。舌抵上腭,眼睛看前方。

第五节　十二段锦教学

一、十二段锦概述

(一)十二段锦的起源与发展

十二段锦属于古代导引术,其共有十二段动作。之所以用"锦"来命名,是因为十二段动作是一套完整的导引健身功法,就像一幅画卷,连绵不断、雍容华贵。

据考证,清代乾隆年间,《寿世传真》(徐文弼编辑)一书中最早出现十二段锦之名,"钟离八段锦法"是十二段锦名称的主要来源。

明代,很多养生文集都将"钟离八段锦法"收入其中,尽管在内容与歌诀方面和之前保持一致,但名称却有了变化,具体如下。

八段锦在《类修要诀》(胡文焕)中被称为"钟离祖师八段锦导引法"。

八段锦在《活人心书》(朱权)中被称为"八段锦导引法"。

八段锦在《保生心鉴》(铁峰居士)中被称为"活人八法""导引八图"。

八段锦在《遵生八笺》(高濂)被称为"八段锦导引法图"。

此外,八段锦还被收在《摄生总要》《修龄要旨》《夷门广牍》等书中。由此可见,养生家十分重视八段锦这套养生功法。

明代嘉靖年间,《摄生要义》(作者署名为河滨丈人)一书中出现"导引约法十六势",它是在吸收"钟离八段锦法"的基础上经过对其他导引法的参考而编成的,之后《修龄要旨》(冷谦撰)一书用"十六段锦"来替代"导引约法十六势"。"十六段锦"得以编写的主要基础就在于坐势八段锦,并且对唐代胡情脏腑导引法和其他导引法进行了借鉴与应用。

乾隆年间,徐文弼把"钟离八段锦法"的八张图谱拓展成到十二张,并改动了每张图谱的歌诀和阐释,然后有了"十二段锦",并在《寿世传真》中将其收入其中;"钟离八段锦法"的原貌在十二段锦中基本上没有改变。

清代咸丰年间,潘霨以徐文弼的"十二段锦"为主体,通过参阅医经各集,进一步完善了"十二段锦"的功法内容,并在其编撰的《卫生要术》中将此功法收入其中,完善后的十二段锦在图谱与歌诀上与徐文弼几乎没有差别。

公元 1881 年,王祖源对潘霨的书重新进行刊印,并改名为《内功图说》,内容与之前相同,没有变化。《内功图说》出版后,引起广泛的关注,此后民间开始大范围的流传十二段锦。

养身气功十二段锦是在对"钟离八段锦法"与"十二段锦"进行挖掘与整理的基础上创编而成的,不仅在古代受到人们的欢迎,而且它与现代社会中人们的身心发展特征相符,也同样受到现代人的喜爱。十二段锦蕴藏着中华民族优秀传统文化的精神,定会代代相传。

(二)十二段锦的特点

1. 动静结合

十二段锦有两种锻炼形式,即动功和静功,可见十二段锦的功法套路动作有机结合了动与静,包含的相关哲理有静中有动、动中有静、动静相生。动功与静功应该同时练习,不能偏重任一方,这是历代养生家都提倡的要点。

2. 动息结合

动息结合就是在练习十二段锦的功法套路过程中,练习者的呼吸与动作要相互协调,互相配合,而且动作要服务于呼吸,也就是说,动作要与内气的运行相符。动作匀速柔和、缓慢连贯对细、匀、深、长的呼吸较为有利。

3. 意形相随

意形相随指的是,在练习十二段锦功法套路时,形体的动作是在意识的引动下完成的,意与形是充分结合的。

其中,"意"指的是练习功法套路时的练习者的思想活动,也就是高级神经的活动。意识与潜意识都会参与任何身体的动作。练习十二段锦功法套路时,练习者意守的内容应该与套路动作的特点和要求紧密结合,这样才能在练习的过程中使身心得到高度的放松,情绪才能安定下来,杂念才能被有效排除。达到这样的思想境界后,人体气机会在意的带动下运行,相关的神经脉络保持畅通,疾病就自然得到防治了,而且也提高了脏腑功能。

十二段锦要求意念的变化要遵循形体动作的变化,也就是说,动作的规格、要领和重点是意念要集中的地方所在。同时,十二段锦的健身功法还要求练习者的意念要有所侧重,具体要以动作变化为准。

4. 形神共养

形神共养中,"形"指的是身,"神"指的是心。二者相互依存,互根互用。在我国传统养生理论中,对"形神共养"及"内外兼修"非常重视。一方面主张"以静养神、静则少费";另一方面主张"以动养形、动勿过极",从而对精神进行调养,使经脉畅通。[①]

5. 注重按摩

注重按摩的意思是在练习十二段锦套路动作时,要将按摩身体特定部位重视起来。按摩能够对经络与穴位进行刺激,促进阴阳平衡。

6. 注重伸展

强调伸展指的是在练习十二段锦功法的过程中,要与意念、呼吸相结合,引导身体进行充分伸展。十二段锦的套路动作主要有俯仰、屈伸、折叠、绕转等,这些动作都是以脊柱为核心的,这些动作能够对身体的肌肉、骨骼、韧带、关节进行梳理,能够使肢体的灵活性提高,使肢体更加协调,体魄更加强壮。

二、十二段锦手型与身型教学

(一)基本手型

1. 自然掌

自然将五指伸直,并稍微分开,掌心微含。

2. 通天指

自然伸直并张开五指,稍微向内屈中指,意在中指的指尖。

3. 握固拳

拇指抵掐在无名指根节的内侧,握住其余四指成拳状,放松劳宫穴。

4. 卷心拳

并拢并卷握四指,拇指在食指和中指的第二指节处靠拢,拳面要平。

(二)基本身型

1. 静态

以功法中自然盘坐势的"温煦脐轮"一式为例。

端正身体坐立,百会上领,稍微收下颌,两眼垂帘,轻轻闭住嘴唇,舌头

① 国家体育总局健身气功管理中心. 健身气功·十二段锦[M]. 北京:人民体育出版社,2009.

抵住上颚,舒展眉宇,放松嘴角。腰背直立,腰部伸展,含胸收腹,沉肩虚腋,肘部香河叠掌,轻抚脐轮。沉髋,膝部伸展,宣踝翻足,平放大腿。①

2. 动态

头正悬顶,立项竖脊,含胸拔背,展肩扩胸,松腹沉髋,沉肩坠肘,松腕舒指。以腰为轴,节节贯穿,行于趾指,眼随手动,精神内敛,意形相随,动息祥和。②

三、十二段锦功法套路教学

(一)预备势

(1)双脚并紧自然站立,两臂在身体侧面自然下垂,身体中正,眼平视前方。

(2)稍微弯曲右膝,向后撤左脚,前脚掌点地,眼看前面。

(3)膝部弯曲向下蹲,双手五指与地相触,稍微弯曲双肘,稍向前倾斜上体,眼看前下方。

(4)右脚插到左小腿左下,脚外侧触地,眼看前下方。

(5)上动不停,向左移动身体重心,正身盘坐,双手扶在两膝的内侧,双眼平视前方。

(二)第一式——冥心握固

(1)接上面的动作,双手手掌在提前分别向前伸展45°,然后向外旋动双臂并举到斜上方,稍微弯曲肘关节,同时抬头,眼看前上方。

(2)向内收下颏,内旋两臂,双手手掌落下并向前平举,距离同肩宽,掌心朝下,眼看前方。

(三)第二式——叩齿鸣鼓

(1)接上面的动作,双手由拳变掌经腰间,向内旋动双臂并平举到体侧,与肩部高度相同,外旋双臂,掌心朝前,眼看前方。

(2)双臂肘部弯曲,双手手掌变通天指,中指把耳孔掩住,随之叩齿36次,眼看前下方。

---

① 国家体育总局健身气功管理中心.健身气功·十二段锦[M].北京:人民体育出版社,2009.

② 同上.

（3）中指离开耳孔，眼看前下方。

（4）两手手心将耳孔按住，十指将后脑轻轻扶住，中指指腹置于枕骨粗隆处，然后双手的食指分别放在中指上，用食指对后脑进行弹击24次，眼看前下方。

（5）双手离开耳朵，然后双手向前伸展按在腹部前方，掌心向下，眼看前方。

（四）第三式——微撼天柱

（1）接着上面的动作，向左转动上体大约45°，同时，向内旋动双臂成侧平举姿势，掌心朝后，眼看左手手掌。

（2）向右转动上体，保持正坐姿势，两臂外旋成前平举，双手手掌在体上下相对，左掌在上面，眼看前方。

（3）向下按左掌，双手手掌在腹前相合，眼看前方。

（4）向左转动头部，双手手掌向右移到大腿内侧，眼看左侧方向。

（5）向下沉左肩，左掌根将右掌向下压，同时，向上抬头，稍微停顿一会，眼看左上方。

（6）内收下颏，然后向右转动身体大约45°，双臂内旋成侧平举，掌心朝后，眼看右掌方向。

（7）～（10）与（2）～（5）相同，方向左右相反。

本式一左一右为一遍，共做三遍，第三遍最后一动时，内收下颏，头转正，同时，稍微向右移动两章，弯曲两臂肘部置于腰侧，虎口保持向上，眼看前方。

（五）第四式——掌抱昆仑

（1）向后舒展两肩，然后向前伸展双掌，手臂伸直上举，掌心相对，眼看前方。

（2）两臂肘部弯曲，十指在脑后交叉合抱，眼看前方。

（3）向左45°转动上体，眼看左前方。

（4）双掌将头抱住保持不动，向右倾斜上体对左胁肋部进行抻拉，眼看左上方。

（5）上体直立，眼看左前方。

（6）向右将身体转正，眼看前方

（7）～（10）与（3）～（6）相同，左右方向相反。

（11）向上抬起头，眼看前上方。

（12）肘部向前相合，然后向内收下颏，双手将头抱住向下按，眼看腹部。

（13）双掌分开分别与两颊紧贴向下移动，掌根与下颌紧贴，抬头看前方。

（14）抬头，同时双掌将下颌向上托，眼看上方。

（15）内收下颏，竖直颈部，双手手掌向下按直到腹部，外旋手臂使指尖向前并收放在腰间，眼看前方。

本式共做三遍，第三遍最后一动时，双手手掌按到腹前后握拳抱在腰间，眼看前方。

（六）第五式——摇转辘轳

（1）向后移动两拳直到腰后肾俞穴处，拳心朝后，眼看前方。

（2）向左转动上体45°，同时左拳腕部弯曲提到左肩前，眼看左拳方向。

（3）向右转动上体，然后向左侧倾斜，向上翘左腕并向左前方伸展大约45度，弯曲肘关节，眼看左拳。

（4）向左转动上体并立起，回收左拳拉到腰间，腕部弯曲，拳心朝后，眼看左拳。

动作（5）～（7）同（2）～（4），左右方向相反。第六遍结束时，向左转动上体，将右拳收到腰后肾俞穴处，掌心朝后，眼看前方。

（8）舒展肩部扩胸，肩膀向上提，再向前合肩含胸，肩膀下沉，眼看前下方，如此共向前绕肩六次，第六次结束后，上体直立端坐。

（9）反方向将双肩向后绕动六次，第六次结束后，上体直立端坐。

（10）双手由拳变掌，指尖朝下，虎口与肋相贴并提到肩上，肩部下沉肘部下坠，眼看前方。

（11）双手不动，向左转动上体，以肩为轴，向前摆动右臂，向后摆动左臂，眼看前下方。

（12）向右转正上体，双臂继续向上摆，肘尖朝上，眼看前下方。

（13）向右转动上体，向前摆动左臂，向后摆动右臂，眼看前下方。

（14）向左转正上体，双臂下落，肘尖朝下，眼看前下方。

（11）～（14）前后连续交叉绕肩六次。

（15）～（18）同（11）～（14），前后连续交叉绕肩六次。左右方向相反。

（七）第六式——托天按顶

（1）上提双肘与肩膀同高，眼看前方。

（2）双手虎口与肋下相贴插到髋关节，眼看前下方。

（3）外旋上臂，双掌掌心与大腿外侧紧贴并移到膝关节将膝部向上托，眼看前下方。

(4)向前伸展右腿,脚尖朝上,稍微弯曲膝关节,眼看右脚。

(5)向前伸右脚,甚至双腿,脚尖朝上,上手扶在膝关节,眼看脚尖。

(6)外旋双臂,双手手掌收到腹部前,指尖保持相对,掌心朝上,十指交叉,眼看前下方。

(7)双手向上拖到胸部,然后向内旋动手臂,翻掌直臂上托,同时伸直膝关节,脚面保持水平,眼看前下方。

(8)肩膀下沉,肘部弯曲,两手掌心翻转向下落到头顶,两手稍微用力向下压,同时向上勾脚尖,眼看前下方。

(9)内旋双臂,两手掌心翻转向上,直臂上托,伸直膝关节,脚面保持水平,眼看前下方。

两章上托下按为一遍,共做九遍,第九遍最后一动的动作与(8)相同。

(八)第七式——俯身攀足

(1)双手分开,臂部伸直向上举,掌心相对,放松踝关节,脚尖朝上,眼看前方。

(2)向前俯身小于45°,同时,向前伸双手将脚掌抓握,拇指压在脚面上,眼看脚尖。

(3)上手回搬,勾紧脚尖,膝部挺起,塌腰并抬头,稍停一会,眼看上方。

(4)双腿与腰脊保持抻拉姿势,内收下颏,将脖颈抻拉,稍停一会,眼看膝关节处。

(5)上体直立,竖直颈部,松开双手,手心朝下,沿着腿部肘部弯曲并回收,经过腰间时臂部伸直向后伸展,掌心朝后,眼看前方。

(6)向前俯身小于45°,外旋双臂,双手手掌弧形前摆将脚掌抓握,拇指压在脚面上,眼看脚尖。

(7)～(8)与(3)～(4)相同。

重复动作(5)～(8)四次,共做六遍,第六遍结束后,直立端坐,双手松开扶在膝关节上,眼看前下方

(9)外旋左臂,掌心朝上,向右平行划弧线,右掌掌心朝下,从左臂上方向左平行划弧,双臂在腹前相合,眼看右掌。

(10)内旋左臂,左掌在左大腿根部按住,向前俯身,内旋右臂,右掌向前伸展反手将左脚掌搬握住,眼看左脚。

(11)上体直立,稍稍弯曲右膝关节,同时弯曲左膝,右手将左脚搬至右大腿下方,眼看下方。

(12)向外旋右臂,右掌心朝上向左方向划弧,左掌从右臂上方向右平行划弧,两臂在胸前相合,眼看左掌。

(13)接着上面的动作,向内旋右臂,右掌在右大腿根部按住,向前俯上体,向内旋转左臂,左掌向前伸展反手将右脚掌搬握住,眼看右脚。

(14)上体直立,稍微上抬左膝,右腿膝部弯曲,左手将右脚搬握住经过左膝外侧放在左大腿下方,眼看左下方。

(15)直立端坐,在左大腿根部将左掌收回,眼看前下方。

(九)第八式——背摩精门

(1)向前俯身,双掌向后伸展,掌心朝上,眼看前下方。

(2)双手手掌向身体两侧平行摆动,掌心朝上,眼睛看前下方。

(3)上体直立,外旋双臂,双手手掌以弧形向前摆动成前平举的姿势,掌心朝下,眼看前方。

(4)双臂肘部弯曲在胸前合掌,指尖朝上,眼看前下方。

(5)双掌紧紧相合,拧翻落在腹前,左手在上,眼看前下方。

(6)双掌紧紧相合,稍微向上抬起,继续拧翻落在腹部前,右手在上,眼看前下方。

动作(5)(6)左右手上下拧转翻落再做七次,共九次,第九次左手在上。

(7)外旋左臂,内旋右臂,两手在腹部两侧紧贴并向后摩运到后腰,转手指朝下,眼看前下方。

(8)两掌在后腰紧贴,做上下摩擦,眼看前下方。此处一下一上为一遍,共做24遍。

(十)第九式——前抚脘腹

(1)稍微向上提双手手掌,掌指转向前方,贴至肋前摩擦到胸下,指尖相对,眼看前下方。

(2)转指尖朝下顺着腹部向下摩运,眼看前下方。

(3)双手手掌向两侧摩运,转指尖斜相对,眼看前下方。

(4)双手手掌转指尖斜向下沿着胁肋部向上摩运,指尖相对放在胸部下方,眼看前下方。

本式一上一下为一遍,共做六遍,第六遍最后一动时,两手手掌沿着腹前继续向下摩运,转指尖朝下,眼看前下方。接着再从下到上做反方向的摩运,共做六遍,第六遍最后一动时,双手手掌放在胁肋部,指尖相对。

(十一)第十式——温煦脐轮

(1)双手手掌在肚脐处相叠,左手手掌在里,双眼垂帘,连续2～5分钟意守肚脐。

(2)睁开双眼,双手手掌顺时针摩腹3圈,接着再做逆时针摩腹,同样做3圈,眼看前下方。

(十二)第十一式——摇身晃海

(1)双手手掌分开向前伸展扶在膝盖上,眼看前方。

(2)双眼垂帘,向左倾斜上体顺时针绕转6圈,最后一圈结束后继续绕到体前,直立端坐。

(3)向右倾斜上体逆时针绕转6圈,最后一圈结束后继续绕到体前,直立端坐。睁开双眼,眼看前方。

(十三)第十二式——鼓漱吞津

(1)内旋双臂,双手手掌回收从腰间向两侧划弧,掌心朝后,眼看前下方。

(2)外旋双臂,双手手掌合抱于腹前,指尖相对,与肚脐高度相同,眼看前下方。

(3)肘部弯曲双手手掌回收到与肚脐接近时握固,在大腿根部落下,拳眼朝上,眼看前下方。

(4)轻闭唇口,在口腔内舌尖从右向上、左、下绕转一圈,然后移出牙齿外,与牙龈贴住从右向上、左、下绕转一圈,一内一外为一遍,共做六遍。

(5)与上述动作相同,舌尖向相反方向绕转,一内一外为一遍,共做六遍。

(6)两腮做鼓漱36次,眼看前下方。

(7)外旋双臂,两手由拳变掌向上举到胸部前,眼看前下方。

(8)内旋双臂并伸直向上举,掌心朝外,眼看前方。

(9)外旋两臂,双手握固,拳心相对,眼看前下方。

(10)向下拉两拳放在大腿根部,拳眼朝上,在向下拉两拳时,将口腔中三分之一的津液吞咽,用意念送到丹田,眼看前下方。

(7)~(10)共做三次,每次将口腔中三分之一的津液吞咽,三次后吞完。

第八章 民间民俗体育运动项目教学指导

在我国众多的民间民俗体育运动项目当中,有很多优秀的体育运动项目经过长时间的发展与完善逐渐成为人们进行健身娱乐的重要方式之一。本章主要对舞龙舞狮、毽绳运动、放风筝以及其他一些具有代表性的民间民俗项目的教学方法进行分析。

第一节 舞龙、舞狮教学

一、舞龙

(一)舞龙概述

舞龙是指舞龙者在龙珠的引导下手持龙具,随着鼓乐或者音乐的节奏通过人体运动与姿势的变化完成龙的游、穿、腾、跃、翻、滚、戏、缠、组图造型等动作和套式。

1. 舞龙的起源与发展

舞龙展示出伟大的中华民族精神,它广泛流传于祖国辽阔疆域的东西南北。龙是我国古代传说中的一种神异动物,自古以来龙就与人们的日常生活结下了良好的缘分。"舞龙"是中华民族民间传统文化的重要组成部分,它从产生至今已经走过了漫长的岁月。

关于舞龙运动的起源说法众多,人们普遍认为舞龙运动起源于原始的求雨祭祀活动。中国人认为龙象征着水,因此逢旱之时人们就会联想到"龙"的威力,借助于"龙"的祭祀活动就成为祈求雨水的一种形式。之所以用舞龙来求雨是由于舞龙含有地上的龙与天上的龙相感召、相会合的意思,地上的龙一舞动,天上的龙就会普降大雨,润泽四方。

在殷商时期,甲骨文记载中便有向龙卜雨的甲片,当时作为求雨的祭祀舞蹈是非常普遍的。在古人的思维当中,龙总是与风雨同在,龙的出现必然会伴有风雨的"迎送",这便是求雨离不开龙的根据。汉代产生了"舞龙"运动,汉代有"鱼龙漫衍"之戏,它是舞龙运动的前身,舞龙运动受到这种游戏的启发而逐渐兴起。在汉代,一开始用"土龙"祈雨,经过多年演变逐渐扎制龙形而舞,便有舞龙的产生。随着社会的发展,人类文明的进步,"舞龙"这一种形式也逐步地从祭祀活动中走出来,并且种类也多样化了,制作工艺更加精细。本为祈雨的龙舞,经过多年的发展演变,也逐渐形成了以消灾免难求得吉祥平安娱乐而进行的表演活动。到了唐代,舞龙活动也进入了鼎盛时期。这一时期的"舞龙",已经基本上摆脱了原始祭祀的宗教活动,与民间传统节日的庆典活动密切地结合起来,成为中华民族节日文化的重要组成部分。到了宋代。舞龙运动已经基本定型了,宋人吴自牧所写的《梦梁录》一书有对舞龙详细的记述。这一时期舞龙的定型不仅体现在龙的形态的基本固定,还体现在其他因素的趋于完备。从宋开始,到元、明、清,龙的形态几乎没有什么变化,主要特点是蜿蜒多姿,通体华美。这一时期,舞龙运动的其他因素也趋于完备,例如,鼓乐的伴奏,云团、雷电、龙珠的伴舞。舞龙的动作与锣鼓声交织一片,在震耳欲聋的锣鼓声中表演者那激越豪放的情绪以及变化多端的龙姿造型,真可谓声情并茂、力挽狂澜,大有排山倒海、所向披靡的气势。从宋元至明清,舞龙运动不断改进、完善,有了很大的发展。随着舞龙活动年复一年的传演,舞龙的作用逐渐发生变化,迷信色彩逐渐淡去,娱乐健身、表演欣赏的作用愈发明显。一代又一代的人通过对舞龙的欣赏,潜移默化地接受了舞龙艺术的审美效应,渐渐地,人们几乎要忘却舞龙原来创作的目的,只想在欢乐的节日中制造出丰富多彩、热闹非凡的气氛。近年来,我国各地民间舞龙的兴趣逐年增长,活动规模也日益宏大。除了大型的舞龙比赛以外,舞龙越来越多的用于节日的庆贺。每到新年、春节或喜庆节日,人们常常舞动各式各样的巨龙,特别是舞龙运动与现在技术相结合,更加增添了舞龙运动的艺术魅力。

舞龙对于舞龙者有很高的要求,引龙人应该充分发挥手、眼、身、法、步的灵活运用,将彩色龙珠或左或右、或上或下,逗引长龙俯仰翻转,一招一式不仅要优美洒脱,还要灵活自如。龙头的任务最重,它需要紧随龙珠灵活地腾、跃、翻、滚,而且要时时兼顾龙身、龙尾,做到快而不滞、活而不僵。龙身、龙尾则要明察秋毫、紧密配合、灵活机动,确保整条龙的协调统一。为了实现这种效果,舞龙者用尽了武术功法,遵循武术要求的"腰胯能运转,上下自协调"、"身如游龙、腰似蛇行"等技巧。由此可见,舞龙是整体配合的武术展示,舞龙运动那翻江倒海的非凡气势没有武术的功底是演练不出来的。

2. 舞龙的分类

中国地域辽阔,不同民族独特的舞龙方式造成了舞龙种类繁多、形式多样的特征。根据不同的划分依据可以将舞龙划分为不同的种类。

(1)依据龙具制作材料的不同可以划分为布龙、纸龙、板凳龙、纱龙、百叶龙、香火龙、草龙、冬瓜龙、绳索龙、空心龙、人龙等。

(2)依据舞龙的不同目的可以划分为宗教形式的舞龙、表演形式的舞龙、竞技形式的舞龙等。

(3)依据龙的不同颜色可以划分为黄龙、白龙、花龙等。

(4)依据舞龙的人数与龙数的不同可以划分为单人舞龙和多人舞龙,以及舞单龙、舞双龙和舞多龙等等。

3. 舞龙的特征及价值

舞龙的主要特征具体表现为:种类繁多,形式多样;具有鲜明的民族特色;与节日娱乐联系紧密;需要音乐的伴奏;强调集体的配合。

舞龙所具有的价值并非是一成不变的,它会随着时代的发展而发生变化。舞龙有原始价值与现代价值之分,舞龙的原始价值主要包括祈雨求丰收、去灾降福、旺丁兴族、节日庆贺,舞龙的现代价值主要包括传承文化、健身娱乐、教化大众、凝聚民族、提高审美价值。

(二)舞龙教学指导

根据舞龙动作难易程度的不同可以将其划分为 A、B、C 三个难度级别。依据舞龙运动的技术动作进行分类,可划分为游龙动作、"8"字舞龙动作、穿腾动作、翻滚动作、组图造型动作。

1. 游龙动作

游龙动作主要是舞龙者在快速奔跑游走过程中通过龙体运动的高低、左右、快慢的起伏行进,充分展现龙体的婉转回旋、左右盘翻、屈伸绵延等龙的形体特征。游龙动作主要包括直线行进、曲线行进、走圆场、起伏行进、快速跑斜圆场、快速矮步跑圆场越障碍、站肩平盘起伏、行进中越过障碍等。

在快速奔跑游走过程中,龙体应该遵循圆、弧、曲线的运动规律,人体姿态应该协调地随着龙体的起伏游动行进,从而构成一幅幅精彩纷呈的活动画面。

2. "8"字舞龙动作

"8"字舞龙动作过程是舞龙者将龙体在人体左右两侧交替做"8"字环绕的舞龙动作,包括原地"8"字舞龙和行进间"8"字舞龙,舞龙动作可结合伴奏锣鼓的节奏做到可快可慢、可行进、可定位。同时,也可以充分利用舞龙者的身体姿势变化,如在单跪、靠背、抱腰、跳步、绕身等身体姿势下,做各种不同的"8"字舞。8 字舞龙类动作主要有原地 8 字舞龙、抱腰舞龙、挂腰舞龙、单跪舞龙、K 式舞龙、绕身舞龙、跳龙接一蹲一躺快舞龙等。

在做"8"字舞龙动作时,舞龙者经常会出现动作不圆顺,队员的速度不一致,龙体运动与人体不协调,因而容易导致人龙脱节,舞动速度太慢,龙体触地等错误动作,因此需要舞龙者在进行"8"字舞龙时注意前后队员的要保持适中的距离,人体造型姿态要优美,龙体运动轨迹要圆顺,人体的各种造型姿势要优美,快舞龙要突出幅度、速度与力度,给人以力量美的感受。

3. 穿腾动作

舞龙运动的穿腾动作主要有穿越与腾越两种方式。龙体动作线路表现为交叉形式,龙珠、龙头、龙节依次在龙身下穿过,称"穿越";龙珠、龙头、龙身各节依次从龙身上越过称为"腾越"。穿腾动作主要包括穿龙尾、龙脱衣、龙戏尾、穿八五节、越龙尾、快速连续穿越行进、卧龙飞腾、连续穿越腾越行进等。在做穿腾动作时,龙体运动线路呈纵横交叉的形式行进,表现其腾云驾雾,翻江倒海的磅礴气势。

舞龙者在做穿腾类动作时应该注意保持龙形的饱满,速度要均匀,轻松利索,不拖地,穿腾动作流畅不停顿,避免碰踩龙身。

4. 翻滚动作

舞龙运动翻滚动作过程是舞龙者使龙体做立圆(或斜圆)状的连续运动,当龙身运动到舞龙者的脚下时,龙体同时或依次做 360°的翻转,舞龙者利用手翻、滚翻等方法越过龙身,即"翻滚动作";舞龙者利用跨越、跳跃迅速依次跳过龙身,即"跳龙动作"。翻滚类动作主要包括龙翻身、速连续螺旋跳龙、大立圆螺旋行进、连续游龙跳龙、快速逆(顺)向跳龙行进、快速连续螺旋跳龙磨转等。

需要注意的是,舞龙者在不影响龙身运动的速度、幅度、美感的前提下应该及时完成龙体的翻滚动作,同时还要求舞龙者能够准确规范地运用翻滚技巧动作,所做出的滚翻动作要干净利索、规范准确,并保持龙身运动轨迹流畅圆顺,龙形的圆顺饱满。

5. 组图造型动作

舞龙运动的组图造型动作过程是龙体在运动中组成活动的图案和相对静止的龙体造型。组图造型类动作主要包括龙门造型、龙出宫造型、龙尾高翘、塔盘造型、龙出宫造型、上肩高塔造型、蝴蝶盘花造型、大横"8"字花慢行进等动作。

组图造型舞龙动作要求活动图案画面清晰,静止造型形象逼真,以形传神,以形传意,与龙珠的配合协调和统一,组图造型连接与解脱应该紧凑、利索。

二、舞狮

(一)舞狮概述

舞狮是指:由狮头、狮尾组成的单狮,运用各种步形步法,模仿狮子的摔、跌、扒、跃等动态,通过腾、挪、闪、扑、回旋、飞跃等高难动作演绎狮子喜、怒、哀、乐、动、静、惊、疑八态,表现狮子的威猛与刚劲以及惟妙惟肖的憨态可掬的神态。在表演过程中,其舒缓婉转之处,令人忍俊不禁,拍手称绝;其飞腾、跳跃之时,让人胆颤心惊而又昂扬振奋。[①] 舞狮也叫"狮子舞"和"玩狮子",是我国优秀的民间艺术,同时也是一种流行很广、具有独特民族风格和特色的传统体育活动。每逢春节等节日,都有舞狮的精彩表演,舞狮运动,代代相传,这种隆重的喜庆仪式,预示着国泰民安、吉祥如意。

1. 舞狮的起源与发展

中国本来没有狮子,公元 87 年与我国相邻的西域大月氏和安息等国为了结好汉室,不远万里将代表吉祥、威武的狮子作为礼物送到我国,狮子便很快受到了人们的喜爱。

舞狮子的最早起源已不可考。从史料记载来看,三国时魏人孟康在对《汉书·礼乐志》关于"象人"作注时说:"若今戏鱼虾狮子者。"由此可知,在三国时期,已经有戏狮的活动。而且,从其注释的内容来看,所戏之狮并非真狮,而是狮子的形象。由此可见,舞狮至少在三国时期就已经出现了。

到了唐朝,舞狮在民间、军队和宫廷都非常流行并且有了很大的发展。《旧唐书·音乐志》与《新唐书·礼乐志》上都有类似记载。在宫廷中有一种名为"五方狮子舞"的演出,参演人数达 100 多人,其中有 10 人扮演成 5 头颜色各不相同的狮子,由 10 人手持红拂逗引狮子,另外还有 140 人的伴唱队伍,可见其规模之庞大。自唐代以后,舞狮一直盛行不衰,从历代文献典籍和绘画上都可以得到证明。宋代孟元老的《东京梦华录》和吴自牧的《梦粱录》中,都有关于"狮子会"的记述;在南宋苏汉臣所绘的《百子嬉春图》中,则有小儿舞狮子的内容;在《续文献通考》中,有"明孝宗弘治三年秋,召各番使入内看戏狮子"的记述,反映了明代宫廷中仍有舞狮子的演出……至清

---

① 赵源伟. 龙狮和龙舟[M]. 北京:中国社会出版社,2006.

代,舞狮活动仍十分热闹,而且表现形式更为丰富。清代《走会》图中的舞狮,场面热烈,表现了一对大狮子各带一只小狮子,由两个狮子郎逗引戏耍的情景。清人有一首《成都竹枝词》,词中写道:"巧制狻猊不用灯,布围高挂任纵横。十番锣鼓真热闹,看到更深更有情。"生动地描写了舞狮的热闹场景。

发展到现在,民间舞狮已经成为一种隆重的喜庆仪式。近几年来,舞狮逐渐演变为一种体育运动。在国家体育总局的领导下,通过挖掘整理和试办各种舞狮比赛,传统的民间舞狮表演发展成为集舞狮、武术技巧、艺术等为一体的寓身体锻炼于精彩表演之中的群众性体育活动,并且有了自己的竞赛规则。随着舞狮运动不断的发展,舞狮运动日益规范化、科学化、国际化。

2. 舞狮的分类

由于我国各地的风俗习惯不同,舞狮融合各地不同的地方色彩与风格形成了不同的艺术造型与表演形式。舞狮运动具有各种不同的风格与流派,按表演动作,又可分为"文狮"和"武狮",按地域大体上可分"南狮"和"北狮"两个大类。

3. 舞狮的价值

(1)舞狮运动具有很好的健身娱乐价值。作为一种综合性的体育运动,舞狮集合了包括武术、舞蹈、音乐在内的诸多因素。舞狮通过鼓乐将武术和舞蹈有机地结合起来,在变化多端的节奏中完成各种造型和表演动作,这对表演者来说,是一种极好的身体和精神的双重锻炼,对于观赏者也不失为一种健康休闲、调节身心的方式。舞狮比赛和表演,精彩激烈,气势不凡,充满吉祥欢乐,为节日平添几分喜庆,给生活增添几分情趣。因此,舞狮具有很强的健身、娱乐性。

(2)舞狮运动具有很高的教育价值。作为民族传统体育中的一项内容,舞狮运动的产生与发展是与中华民族的传统文化一脉相承的,它是社会风俗的典型体现。其文化内涵,既与民族思维方式有关,又与特定的文化氛围有直接的联系。因此,从事舞狮活动,不仅是动作技能和身体素质、意志力等方面的教育和锻炼,而且是一种民族传统文化的学习和教育,它能增进对本民族文化更加直观和深入的了解,能激发起民族的自强和自豪感。

(3)舞狮运动具有非常高的表演价值。舞狮在长时间以来都是以表演形式存在,舞狮以其鲜明的表演性而为人们所珍视。舞狮通过利用人体多种姿态,在动态行进和静态造型中将力度、幅度、速度、耐力等揉合了舞狮技巧,完成各种高难动作的。总之,舞狮运动动作复杂多变,含义丰富深刻,有着宽广的表演空间,对艺人们的表演技巧有着相当高的要求,具有非常高的表演价值。

(4)舞狮运动具有非常高的竞赛价值。随着舞狮运动近代以来逐渐向竞赛运动的演变,其竞赛价值日益凸显。舞狮的竞技性和表演性分不开的。舞狮的发展也离不开比赛,比赛加速了各具地方特色的流派的形成,同时也促进了各项技艺的提高。

(二)舞狮教学指导

1. 南狮运动教学

南狮表演通常是以"文狮"为主,以神似为基础,结合武术动作,摆脱具体形态的局限,从而塑造出一个夸张、浪漫的狮子为艺术形象。

南狮的表演更加注重表情,动作柔和稳重、细腻婉转,着意刻画狮子温和可爱的神态,以及表现狮子善于嬉戏、活泼好动的性格。下面对南狮运动的实践技术进行阐述。

(1)狮头的基本握法

①双阳手

手背朝下,两手握于狮舌两侧头角处部位。

②双阴手

手背朝上,两手握于狮舌两侧头角处部位。

③单阴手

用大拇指托狮舌,其余四指在狮舌上方,手背朝上。握狮舌中间或一侧部位,另一手握在根耳的引动绳,两手小臂托顶着两条横木。

④单阳手

握法与单阴手相反,其余与单阴手相同。

(2)狮尾的基本握法

①单手握法

一手大拇指插入舞狮头者腰侧的腰带,部位成虎口握腰带,其余四指轻抓舞狮头者的腰带部位,另一手可做开摆尾、摆背等动作。

②双手握法

双手同时用单手握法与狮头配合,做各种动作时紧握必须要用力。

③摆尾

随着狮意与动态,可用臀部挪动或用手摆动。

(3)基本步型与步法

①两移步

开始时呈基本站立姿势,上体不动,左右脚交替前移约一脚掌。

②行礼步

开始时呈基本站立姿势,以左为例。两脚用力蹬地,向上跃起,在中线落地,重心在右脚,成左虚步。右虚步与左虚步相同,唯方向相反。

③扑步(铲步)

左腿大小腿弯曲全蹲,重心在左腿,右腿向右侧前伸,大小腿成一直线,脚掌内扣。左右动作相同,唯方向相反。

④麒麟步

开始时呈基本站立姿势,重心移至左脚,有脚经左腿前向左移步,左右腿交叉,弯曲双腿,重心落在双腿中间,左右动作相同,唯方向相反。

⑤虚步

左腿弯曲,重心在左腿,右脚大小腿微屈,脚尖前点,左与右动作相同,唯方向相反。

⑥弓步

右腿大小腿弯曲,大腿成水平,上体正对前方,成前弓后绷型。

⑦大四平步

两脚左右开立宽于肩,弯曲双腿,两大腿呈水平姿势,上体正直,收腹挺胸。

⑧开合步

开始时呈基本站立姿势,两脚蹬地,两腿朝左右分开并略宽于肩;两脚蹬地,并拢双腿,完成动作的过程时,上体保持基本姿势。

⑨跪步

开始时呈基本站立姿势,左大腿与小腿的弯曲约90°角,右大腿与小腿的弯曲要小于90°角,右膝关节和右脚指着地,上体稍前倾,重心在右脚。左、右动作相同,唯方向相反。

(4)桩上实践技术

①钳腰

狮头下蹲,两脚用力蹬桩面,向上跃起,狮尾在狮头跃起的同时,狮尾两手把狮头举起后移至体前,尾呈半蹲姿势,狮头大腿紧夹狮尾的腰部,左右脚相扣。

需要注意的是,舞狮时狮尾后移狮头同时,狮头两腿迅速夹于狮尾的腰部。狮尾者紧抓狮头者的腰部稍向上提,身体的重心落在两脚中间。

②上双腿

两人在桩上呈基本姿势,狮头下蹲,用力蹬桩面,向上跃起,狮尾在狮头跃起的同时将狮头举起,狮尾呈半蹲姿势,狮头两脚站立在狮尾的左右大腿上。

舞狮时应注意狮头站立时,双脚内扣于狮尾者的大腿内侧。狮头狮尾者双手紧贴狮头者大腿两侧。

③上单腿

狮头下蹲,用力蹬桩面,向上跃起,狮尾在狮头跃起的同时,把狮头举起,狮尾成半蹲,狮头右腿站立在狮尾右大腿上,左大腿提起成水平,小腿自然下垂。

舞狮时应注意狮头左脚站于狮尾右大腿上时,脚尖应向外展。狮尾举起狮头与狮头站腿协调配合,达到准、快、稳的目的。

④180°回头跳

狮头单桩下蹲,两脚蹬桩面,向上跃起,狮尾在狮头跃起的同时,左脚前移至狮头右脚桩位,以左脚为轴转体的同时,右脚外摆至狮头的左脚桩位,狮头及时落至为原狮尾左右桩位。

舞狮时应注意狮尾者与举狮头者在换位时要做到准、快、稳。

⑤两桩柱180°转体换位上单腿

狮头单桩下蹲,两脚蹬桩面,向上跃起,狮尾在狮头跃起的同时,把狮头举起左转,左脚前移至狮头桩位,以左脚为轴转体的同时,右脚外摆至原桩位成马步或弓步,狮头右脚站在狮尾右大腿上,左大腿提起成水平,小腿自然下垂。

舞狮时应注意狮尾者做180°的换位时要准、快、稳。狮头者出单腿要稳、轻。狮头者和狮尾者的上体不可左右晃动。

⑥坐头

狮头下蹲,两脚用力蹬桩面,向上跃起,狮尾在狮头跃起的同时,狮尾把狮头举起轻放于头上,狮头右大腿弯曲,脚尖绷直,左大腿提膝弯曲,脚尖绷直。

舞狮时,狮头者头要正、下额微收。上头要做到准、快、轻、稳。

⑦腾起

预备姿势,狮头与狮尾呈基本站位。狮头下蹲,向上跃起,狮尾在狮头跃起的同时,把狮头举起,落地还原。

舞狮过程中狮头被狮尾举起时,双脚屈膝于胸前,并贴紧,上体圆背,微前倾。狮尾双手上举时,肩向上垂直上顶,上体应保持正直。

2. 北狮运动教学

北狮又称"北狮""瑞狮",其表演主要以"武狮"为主。北狮以写实为基础,它在结构、造型、色彩、装饰和表演方面都以模仿狮子为主。北狮全身覆盖着金黄色的狮被,舞狮是由大狮(太狮)、小狮(或称幼狮)和引狮人三者共同组成。北狮的表演注重武功,具有很高的技巧性,动作矫健且威武勇猛。

(1)狮头和狮尾的基本握法

①狮头握法

舞狮头者两手紧握头圈嘴巴下摆的关节处,从而方便控制嘴巴的张合。

②狮尾握法

A. 单手扶位

舞狮尾者单手扶拉舞狮头队员腰带,另一手扶拉狮被。

B. 双手扶位

舞狮尾双手虎口朝上,大拇指插入狮头腰带,四指并拢握住扶拉舞狮头队员腰带。

C. 脱手扶位

舞狮尾双手松开舞狮头队员腰带,扶拉狮被两侧下摆。

(2)狮头基本手法

①点

点是狮头表演的基本动作。舞狮头者双手扶头圈,身体向右侧回旋,与地面形成 45°角,左右手的运动路线为上下交替运动,左、右侧动作相同,唯方向相反。

②叼

舞狮头者一手扶头圈,另一手用小臂托头圈,手伸至狮嘴中央位置取绣球。

③摇

舞狮头者首先要双手扶头圈,然后双手交替向前、向上、向后、向下做回旋动作。手的运动路线成立圆。

④摆

舞狮头者双手扶头圈,上左步时狮头摆至左侧,重心位于左腿上;行走时右侧动作与左侧动作相同,唯方向相反。

⑤错

舞狮头者双手扶头圈,之后双手拉至狮头向右侧做预摆动作,右手与右腰侧同时腰、臂齐发力,摆至于身体左侧,呈半马步姿势,重心落在右腿上。右侧动作与左侧动作相同,唯方向相反。

(3)舞狮基本步法

①颠步

舞狮头、狮尾的队员按顺(或逆)时针方向跳步行进,舞狮头队员迈左脚时,舞狮尾队员迈右脚,步法应该做到协调一致。舞狮时还应该注意狮头与狮尾的协调配合。

②盖步

舞狮头队员向右盖步,左脚经右脚前先向右跳扣步,同时右脚向右跳半步亮相,舞狮头队员与舞狮尾队员的动作相同;向左盖步,动作相同唯方向相反。舞狮时应该注意狮头与狮尾起跳动作要协调一致,同时到位。

③碎步

狮头、舞狮尾队员同时向左(或右)小步平移,节奏快速、一致。舞狮时应注意移步步幅要小、密、节奏快,狮头与狮尾应该协调配合。

④错步

舞狮头队员与舞狮尾队员同时向身后 45°斜后方向先左脚后右脚同时退步。舞狮时应该注意转体与转头动作要与退步动作保持协调一致。

⑤行步

舞狮头队员和舞狮尾队员应保持重心微蹲,迈步时舞狮头队员先迈左脚,舞狮尾队员同时迈右脚,节奏一致。舞狮时应该注意重心要保持平稳的状态,不可上下起伏。

⑥跑步

跑步要求与行步相同,节奏要迅速。

第二节　毽绳运动教学

一、毽球

(一)毽球概述

1. 毽球运动的起源

毽球运动是以踢毽子作为基础逐步发展起来的,就踢毽子这项运动而言,它在我国具有非常悠久的历史。但对于毽子是如何产生的,对于具体的发明人,发明时间、地点等信息并没有准确的历史记载。对于毽球运动的起源,更多的是在历史文献中进行考证的。根据一些名物考据专家考证,毽子运动来源于蹴鞠,如宋人高承在《事物纪原》中将踢毽子称为"蹴鞠之遗事也"。可见,蹴鞠这项古老的运动是毽球运动的起源。

2. 毽球运动的发展

(1)古代踢毽子历史的发展

根据相关历史文献记载,踢毽子最早起源于我国的汉代,在六朝和隋唐时期非常盛行。唐《高僧传》二集卷十九《佛陀禅师传》记述:"沙门慧光年立十二,在天街井栏上,反踢蹀,一连五百,众人喧竞异而观之。"这句话的意思是说北魏时期有个和尚佛陀禅师,在路过洛阳天街时看到一个12岁的少年慧光在井栏上踢毽子,一连踢了500次,观众连连称赞。在我国汉砖画像艺术中,踢毽子有着非常优美的造型,这足以表明踢毽子有着悠久的历史。踢毽子在我国唐宋时期就已经盛行于民间,技巧也已趋于完善。据宋代高承著《事物纪源》记载:"今时小儿以铅锡为钱,装以鸡羽,呼为毽子,三日成群走踢,有里外廉、拖抢、耸膝、突肚、佛项珠、剪刀、拐子等各色。"由此可知,踢毽子在当时有边跑边踢之法,除了用脚踢外,还有用头、腹、膝来耍弄毽子。这说明毽球运动的一些基本技术在古代就已经有了基础。

发展到宋代,随着踢毽子在民间越来越盛行,社会上便出现了一些以卖毽子为生的小商业,在当时这些小商业所经营的各种玩具就有毽子、象棋和风筝等。而在南宋的都城临安(今杭州),踢毽子更曾风靡一时。在《武林旧事》一书中有记载:"以经营毽子为食者,则有数十家之多。"可见当时踢毽子是何等普及。由于我国地大,方言又多,当时对毽子的称呼也不一样,北方称箭子、杭州称毽子、广东称毯子、温州称鞬子(毯和鞬这是毽子最古的名称)。

明清时代,踢毽子在社会上更加普及,踢毽子的技艺也大为长进,踢毽子得到了进一步发展,关于踢毽子的记载也就更多了。我国历史上有名的散文学家刘侗(明代进士)在《帝京景物略》中写道:"杨柳儿青,放空钟;杨柳儿死,踢毽子。"这一首童谣在明代流传非常广,既能反映出儿童们开展这项健身运动的史实,同时也反映出开展踢毽运动的季节性。在当时,另外一首童谣:"一个毽儿,踢两半儿,打花鼓儿,绕花钱儿,里踢外拐,八仙过海,九十九,一百。"从这一首民谣中能够反映出踢毽子在当时已经达到了相当高的普及程度。清朝时期,在踢毽子运动中,人们已经具备了非常高的技艺,清代阮葵生著《茶余客话》一书中这样记载:"它千态万状,高下远近旋转承接,不差铢黍,其套数家门几百十种。"翟景《通俗篇》一节这样记载:"北京一带民间艺人表演毽子。不论项、额、口、鼻、肩、腹、胸、头都可代足,一人可应数敌,自弄到毽子终日绕身不堕。"在《帝京岁时纪胜》一书中记述了北京民间有专门踢毽子活动:"它手舞脚踏、不少停息,差首差面,团转相帮,随其高下。动合机宜,不致堕落,亦搏戏中之绝技矣。"清代岭南三大家之一屈大均著《广东新语》中记载:"每年正月十五日,广州有踢毽子会,男女老少云集五仙观进行比赛,毽子有大小,大者市井人,踢小毽者豪贵子。"小踢又称为"小式""文式和盘踢技巧",在难度方面的要求相对较低,适合老年人和少女;大踢又称为"大式""武式和交踢",在踢法方面有着很多花样,并且不能前后调换或漏一种,规格要求较为严格。

由于踢毽子非常赏心悦目,这种运动也就逐渐成为民间艺术家的创作题材,至今我们仍然能够见到匠工们在花瓶上绘制的踢毽图。这些说明踢毽子这项活动在我国古代上自都门,下至民间平民百姓中皆有开展,而且技艺绝妙,功夫尤深。

(2)近代踢毽子历史的发展概况

在 20 世纪 30 年代,我国就出现了一批非常有名的踢毽能手,如北京的谭俊川、金幼申、溥子衡、林少庵,上海的周柱国、陈鸿泰,河北的杨介人,浙江的谢叔安,河南的路锦城等等。谭俊川,被人们美誉为"毽子谭",从小就非常喜爱踢毽子,到了入迷的程度,后来练就了一套绝技,在他 78 岁时,还能一口气平踢 6 000 多次。他能踢出串蔓儿、三条腿钓鱼、飞葫芦、跳铁门坎等 23 套动作,并能用头项,用脚底踢、正踢、反踢、后踢,把各种踢法交织起来,编成一套套动作,真是毽飞人舞,矫健多姿。北京曾有一个叫宋惠玲的踢毽能手,她可以将 3 个毽子全踢到头上顶着的 1 个小碟子里。天津还有一位踢毽子高手周占元,他的拿手一招是把 4 个毽子分别踢到头顶上的 4 个小盘子里,技巧难度之高,令人咋舌。在踢毽子逐步普及的基础上,踢毽子技术也得到了相应的发展和提高,出现了有着形式多样的踢法,并不断涌现出各种高难度动作,不同踢法风格争奇斗艳,这些都使得我国传统的踢毽运动得到不断发展,并逐渐趋于完美。

在陈忠著的《文华书院的体育活动》中,对我国近代的踢毽子进行了记载,在此文中对武汉文化书院 1899—1900 年间的学生体育活动进行了报道:"晚饭后,学生们有一个小时的自由活动时间,操场里呈现着生气蓬勃的景象。这儿一组学生在玩中国毽子,他们用脚把毽于踢到空中,或者用手甚至用脸来接毽子……"又据《建国前武汉体育大事年表》中记载:"1913 年恽代英(我党早期革命领袖)进入武昌中华大学文学系。创体育专栏,提出体育与德育并列,并积极参加体操、美术、乒乓球、毽子、爬山、棋类等项目的活动实践。"

3. 毽球运动的特点与分类

(1)毽球运动的特点

①运动量的可控性

毽球运动可以随意控制运动量,毽球运动者可以根据自身体能来确定合理的运动量。

②简便易行

毽球运动不受场地的限制,占地小,器具简单,投资少,基本上所有类型的运动者都可参加。

③寓游戏于运动之中

毽球运动融入了足球的脚法、羽毛球的场地和排球的战术。开展踢毽运动,还对其他体育项目运动技术的提高有促进作用。毽球寓游戏于运动之中,运动参与者只要合理掌握运动量便能够达到强身之目的,同时还能享受运动的乐趣。

(2)毽球运动的分类

毽球运动的踢法有很多,主要包括单人踢、双人踢、多人踢、正踢、反踢、交叉踢等几百种。

(二)毽球教学指导

1. 一般踢法

一般踢法是毽球运动者需要掌握的一项基本功,学习毽球运动只有按照一般踢法进行练习才能够达到良好的效果。毽球运动的一般踢法具体如下。

(1)用线系住毽球踢固定毽球

手握线的一端置于身前,使毽球悬于两脚中间地方,用脚内侧把毽球轻轻踢起,等它下落时再继续踢。

(2)脚背屈踢毽、脚背直踢毽以及正脚背停毽

①脚背直踢毽

左腿支撑,右膝伸直,右手将毽向前上方抛起,右脚脚面向上踢,等毽下落至膝盖前上方时,再以同样的踢法连续向上踢毽(图8-1)。

图 8-1　　　　　图 8-2

②脚背屈踢毽

两脚自然分开,右手将毽向前上方抛起,左腿支撑,右腿屈膝,毽下落到膝部时,用右脚背向上踢毽,反复如此。注意:踢时,上体微前倾,脚背与地面平行,垂直向上发力踢,两眼注视毽球的起落(图8-2)。

③正脚背停毽

上体略向前倾,两腿平行自然开立,等毽落至膝部时,举起右脚背(屈膝),与地面平行,将毽球停稳。注意:在脚背接触毽球一刹那间,脚背要随毽球下落的惯性做缓冲动作才容易接稳毽球(图8-3)。

图8-3　　　　　图8-4

(3)脚内侧踢毽和停毽

将毽垂直向上抛起,等它下落至膝部时脚内侧向上踢毽,如此反复进行。每踢一次,踢毽脚着地一次,以保持平衡。对于初学者而言,踢毽的高度以胸平为宜,熟练之后可向上踢高于头部(图8-4)。

脚内侧停毽则是毽球下落到膝内侧部时,腿屈膝小腿举向内侧,用脚内侧将毽球接住,然后将毽球轻轻挑起再接住,如此反复进行,锻炼平衡能力和准确性。

(4)脚外侧踢毽和停毽

上体略向右(左)转,右臂(左臂)外张,大小臂成直角。等毽球落到膝部外侧20厘米处时,随即腿向外屈膝,小腿向外侧举,用脚外侧将毽球踢起,反复进行。

眼睛在踢毽的过程中应该注意毽球的起落,一脚支撑身体重心,一脚每踢完一次,应立即着地,以保持平衡。

脚外侧停毽的身体姿势与外侧踢毽一样,待毽球下落至外侧膝部时,腿外侧屈膝,用脚外侧部接住毽球。在接毽球的一刹那间,注意迎毽的缓冲动作。

(5)脚内侧踢毽,肩、肘停毽

用脚内侧踢毽,当毽球落到适当高度时,用右肩将毽球接住,之后右肩向上一耸,将毽球颠起,等毽球落下后再踢起再停在肩上,如此反复进行,即为肩部停毽。以同样踢法,在毽球踢起后,右臂屈肘斜平举,同时将毽球接住,颠起,再踢,再接,即为肘部停毽。

(6)膝击毽与膝停毽

右手将毽向上抛起,左腿支撑,右腿屈膝向上抬起(与地面平行即可)触及毽球。注意由上向下落至膝部近 20 厘米时,再用大腿向上发力触及毽球,如此反复。如果空膝踢使踢毽脚始终不着地,重心落在另一脚上。

膝停毽则是右手向上轻轻抛毽,待毽下落到腹部高度时,右腿屈膝抬大腿与地面平行,接住毽球。注意,在大腿接触毽球时,缓冲毽球落下的力量。

(7)膝踢毽脚尖停毽

先做“膝踢毽”动作,等毽球由空中落至一定高度时,用脚尖将毽球接住,然后将毽球轻轻挑起,再做膝踢,脚尖停毽的动作,如此反复进行。注意动作的连贯、节奏与停毽的动作的缓冲。

(8)内旋正脚背与外旋正脚背停毽

右手将毽轻轻向上抛起,等毽球下落到膝部时,右小腿立即围绕毽球内旋一周,脚正背与地面平行,拇指微上翘,将毽球停在脚正背上。随即右脚落地,保持身体平衡。外旋正脚背停毽则是小腿围绕下落的毽球(外膝部)外旋一圈,脚正背与地平行,拇趾微上翘,将毽球停在脚正背上。

(9)交叉踢

右手持毽球于身体左侧,两腿前后站立。右手将毽向左侧上方抛起,待毽下落至膝部时,左腿向右前方稍提起,随即落地,然后右腿蹬地,用脚内侧向上方踢毽,随即落地。踢毽时,左腿在前,右腿在后成交叉状。等毽落至左膝部时,再用同样动作连续踢毽。

(10)头顶停毽

用右脚将毽往上后方(往后不超过头,往上不低于头部)挑毽,等毽球下落至头顶上方 20 厘米处,头随毽下落的惯性做缓冲动作,使毽球停在头顶部(图 8-5)。

图 8-5

2. 花样踢法

一般来讲,花样踢法应该在掌握一般踢法的基础上才能够进行练习。这种踢法较一般踢法难度更大,动作技术要求更高,因此更加具有观赏性。花样踢法的种类主要包括以下几种。

(1)单脚跳起脚背踢

将毽球抛起,落到适当高度时,随即起跳,右腿前举,用脚的正脚背将毽球踢起。等毽球再落下时,用同样的动作跳踢。

(2)单脚跳起外侧踢

将毽球抛起,落到适当高度时,随即右脚蹬地跳起,用脚外侧将毽球踢起,等毽球落到适当高度时,再用同样的方法跳踢。

(3)两腿交叉跳踢

当毽球落到适当高度时,举起右腿,右脚蹬跳起,同时左脚落地,右脚屈膝在左腿的后面举起,用脚内侧踢毽,如此反复进行。

(4)绕毽悬空脚尖踢

当毽球落到适当高度时,举起左腿,用小腿由内向外绕过毽球,接着右脚跳起,用脚尖将毽球踢起,然后恢复原来的姿势,等毽球落下时,再用同样的动作跳踢。

(5)举腿两脚交叉跳踢

右腿先举、屈膝,小腿下垂与大腿成直角,在左脚还未落地时,右腿蹬地跳起,在左脚后面屈膝举起,用脚内侧踢毽。在这一动作熟练后,可尽量使左腿屈膝做跳踢的动作。

(6)单脚跳起膝踢

将毽球轻轻抛起,等落到膝部时,随即起跳,右腿屈膝前举,用膝盖将毽球踢起,等毽球再从空中落下时用同样的动作继续跳踢。

(7)跨毽悬空两腿交叉踢

将毽球挑起,当下落至一定高度时,举起右腿,用小腿由外向内跨过毽球。在左脚还未落地的同时,右脚蹬地跳起,屈膝内侧举,交叉在左腿的后面,用脚内侧将毽球踢起。如此反复进行。

(8)两腿交叉悬空脚尖踢

两腿自然分开,将毽球抛起,待毽球落到膝部时,随即左腿前举,右脚跳起,右腿交叉在左腿下面,同时用脚尖将毽球踢起,如此反复进行。

二、跳绳

(一)跳绳概述

1. 跳绳的起源与发展

跳绳活动具有非常悠久的历史。早在唐朝时期,民间就有跳绳这一娱乐活动,当时称跳绳为"透索",明代称"跳百索"或"跳白索",宋代称"跳索",清代则称"绳飞"。明代的《帝京景物略》:"童子引索略地,如白光轮,一童跳白光中,曰跳白索。"清朝的《有益游戏图说》:"用六尺许麻绳,手执两端,使由头上回转于足下,且转且跃,以为游戏,是谓绳飞。"自民国以后,这些以绳索为运动器材的娱乐活动才正式称为跳绳。

跳绳运动发展到近代有了比较迅速的发展,这首先表现在绳子的制作上,绳子的制作材料更加轻便,已经取代了原来跳绳用的绳子都是草绳或者麻绳,而且在短绳的两端加上手柄,更有利于摇绳。绳子的色彩更加鲜艳和明朗,更增添了跳绳运动的趣味性和人性化。近些年来,跳绳运动受到了越来越多人的喜爱。为了更好地对这个项目进行组织和推广,世界跳绳联盟、欧洲跳绳总会、中国跳绳网、中国香港跳绳总会、美国跳绳网等国内外键球运动组织和网站先后成立。这些组织和网站会定期举行一些比赛。

2. 跳绳运动的分类与特点

(1)跳绳运动的分类

一般来讲,跳绳运动可以分为短绳和长绳两种,短绳又分为单人跳和双人跳,长绳则为集体跳,跳法多种多样。

(2)跳绳运动的特点

①简单而易于操作

跳绳活动只需一根绳索,在门庭、院子或街心花园,只要有一块空地就能够进行跳绳活动,非常简便易行,同时也不受季节、场地等因素的限制。

②无年龄限制

无论是儿童、成年人还是老年人,都可以因地制宜地开展跳绳活动,因此跳绳活动在人们群众以及各类学校中得到了普遍的开展。

(二)跳绳教学指导

1. 单摇跳

单摇跳是跳绳运动中一种最基本、最简单的技术。单摇跳即摇绳一回环、跳跃一次。具体来讲,单摇跳主要包括前摇跳与后摇跳两种。

(1)单摇双脚跳

两手握绳,两臂自然弯曲,将跳绳放在体后,两手腕同时用力从体后向体前做顺时针摇动,当绳摇转到体前下落触地时,双脚立即起跳让绳通过脚下,然后两脚同时落地,两腿屈膝缓冲,并准备再次起跳。后单摇双脚跳时,将绳放在体前,双手由体前向体后做逆时针摇动,当绳摇转到体后下落触地时双脚同时跳起让绳从体后向前通过。

(2)单摇交叉脚跳

在进行单摇交叉脚跳时,应做前摇绳或后摇绳,双脚同时跳起,落地时两脚左右交叉着地,也可前后交叉落地。如果交叉幅度大,摇绳回环速度可放慢。

(3)单摇双脚交换跳

由体后向体前摇绳一回环,双脚交替跳,即原地跑步跳绳。后摇双脚交换跳时,则从体前向体后摇绳做双脚交换跳。原地双脚交换跳时,要求屈膝上抬,小腿不要后摆,双脚依次蹬地并交替放松休息。

2. 双摇跳

双摇跳是跳绳运动中的一种动作比较复杂的技术方法。双摇跳又可以分为前双摇跳与后双摇跳。

(1)双摇双脚跳

在做双摇双脚跳时,运动者应该先做几个前单摇跳,使向前摇绳回环有了初速度,再突然加快摇绳,双脚同时高跳,每跳跃一次向前摇绳两回环。前双摇跳技术的关键是摇绳与跳的配合,高速快摇有利于完成动作。

在初次练习双摇跳时,运动者可以多做收腹、屈腿,增加腾空时间,使跳绳顺利通过脚下两次,掌握技术之后可以连续做双摇跳练习。后双摇双脚跳,是由前向后摇绳两回环跳,练习时可将跳绳放长一些,两臂稍外展,快速摇绳使绳有打地声,这样便于控制起跳时机和节奏。

(2)双摇单脚跳

在跳绳运动中,双摇单脚跳与双摇双脚跳的方法基本相同,只是用单脚跳起通过摇绳两回环。在掌握了双摇双脚跳以后既可做单脚跳练习,也可以做后双摇单脚跳。

(3)双摇双脚交替跳

跳绳者在进行双摇双脚交替跳时,应先从单摇一回环单脚跳或两脚交替跳开始,然后加快摇绳速度,两回环跳一次,左右脚交替做双摇跳。两脚交替双摇跳较单脚双摇跳难学,但比单脚双摇跳持续的时间长、跳的次数多。练习时先做单脚双摇跳,再向左右脚交替跳过渡,熟练掌握后再练习后摇双回环两脚交替跳。

第三节　放风筝运动教学

一、放风筝运动概述

(一)放风筝的起源和发展

风筝已经有 2 500 多年的历史。古代,南方称风筝为"鹞",北方称风筝为"鸢",相传风筝是由我国春秋时鲁国人公输般(即鲁班)发明的。鲁班从空中盘旋的鹞鸢得到启发,"削竹为鹊,成而飞之,三日不下",制作出最早的风筝。《韩非子》记载哲学家墨翟"为木鸢,三年而成,飞一日而败。"汉朝韩信剖篾扎架,糊纸引线,乘风飞空,所以风筝又有"纸鸢"之称。

到了隋唐时期,放风筝已经成为人民群众非常喜爱的一项娱乐活动,唐代社会安定以及文化经济的繁荣带来了我国传统节日的盛行。五代时期风筝正式得名,亳州刺史李邺在纸鸢上装制竹哨,风入竹哨,声如筝鸣,纸鸢由此得名风筝。宋代是我国风筝的发展阶段,风筝的普及使社会上出现了一种专门放风筝的艺人。明代以前,我国民间放风筝的习俗主要流传在南方广大地区。明、清时放风筝的风俗更盛,特别是到了清末时期,我国传统风筝在内容与题材上都有了很大的发展,风筝不仅制作精良,而且品种多样。

新中国成立之后,人民群众每当清明前后就会竞相到郊外将自己得意的风筝送上天空,时而牵线奔跑,时而昂首远视,不仅很好锻炼了身体,同时还丰富了生活,增添了很多民族和睦的喜悦气氛。

发展到现在,风筝作为中国的一项传统民俗体育文化已经风靡全球,国外多以"飞唐""飞龙"誉之。风筝成了友谊的使者,中国风筝代表团几年来多次应邀到国外参加风筝表演,举办风筝展览。我国《风筝竞赛规则》、《风筝竞赛裁判法》的制定也一定程度上推动了我国风筝运动的发展。

(二)风筝的分类

1. 根据风筝的大小分类

(1)微型风筝:指一切最小的风筝,如我国的小沙燕"掌上仙";日本的只比邮票稍大一点的小型江户风筝。

(2)中型风筝:以风筝的最大宽度区分尺寸不同的风筝。

（3）巨型风筝：指一切大型风筝。如我国的"板门鹞"；日本 1936 年制作的 8.5 吨的大风筝等。

2．根据风筝的构造分类

（1）软翅风筝：翅状升力片由一根骨架（主翅条）构成；翅的下端无翅条支撑，下边沿为柔软状。

（2）硬翅风筝：翅状升力片上下两边分别由一根骨架构成；翅尖向后倾，两侧边缘高中间凹。

（3）软风筝：无骨架或只有很少纵向骨架，靠风的压力起飞。

（4）拍子风筝：类似平板形，如脸谱风筝、双鱼风筝、钟、鼎风筝等。

（5）平挑风筝：横向并行排列，如双燕、双鸽等风筝。

（6）桶形风筝：由一个、多个或其他形状的筒组成的风筝，如宫灯风筝。

（7）直串风筝：由一个或多个形状组成的串形风筝，如蜈蚣、串雁等。

3．根据风筝的功能分类

（1）实用风筝：可以完成一定的工作任务，如空中摄影、通讯、救生、气象探测或作为无线电天线牵引车、船等。

（2）玩具风筝：作为一般玩具的风筝，这类风筝简单、便宜、易于普及。

（3）特技风筝：注重特技性能，如能进行空战、上下翻飞、空中变色等。

（4）观赏风筝：这类风筝艺术价值较高，图案、色彩和造型精美。

4．根据风筝的艺术风格分类

（1）流传的民间风筝：由民间艺人为出售而制作的廉价风筝，也有一般平民自己制作的风筝。这类风筝的结构与画面较为简练，色彩图案明快、粗犷，生活气息浓厚。

（2）发展了的民间风筝：风筝艺术家们在继承我国风筝传统的基础上，结合现代科学技术和自己的研究成果研制的风筝新品种。这些风筝既保持了民间色彩，又在性能、结构等方面比传统的风筝有一定程度的提高与发展。

（3）传统的宫廷风筝：纸风筝普及之前，风筝多用丝织品制作，价格昂贵，只有宫廷显贵会不惜高价买来玩。这类风筝工细、华丽，如"曹氏风筝"。

5．根据风筝的形象分类

（1）人物风筝：如飞天、老寿星等神话故事人物等。

（2）字形风筝：如福、寿字风筝等。

（3）器皿风筝：如花篮、扇子、宫灯、钟等。

（4）鸟形风筝：如鹰、鸽、鹤、海鸥、鹦鹉、凤凰等。

（5）虫形风筝：如甲虫、蜻蜓、蝴蝶等。

(6)水族风筝:如鲶鱼、金鱼、蛙蟹等。

(7)其他图案或图形的风筝:如瓦片、八卦等。

二、放风筝运动教学指导

这里以硬翅风筝为例对放风筝的基本技术进行分析。

(一)风筝提线

传统的硬翅风筝通常有三根提线,大型风筝应该相应增加提线的数量,这里只介绍中小型风筝。

风筝的提线位置由其结构决定,按风筝的制作要求在相应位置绑上提线即可。一般情况下,膀翅宽度在 800 毫米以内的风筝推荐采用二根提线,上提线与水平方向的夹角在 10°左右为宜。

(二)起飞方法

(1)大型的风筝体积大,放飞时需要帮手在旁进行辅助。可一个人拿住放飞线,另一人在十几米或几十米以外,迎风站立,提线人在来风之际发出信号,拿风筝的人随即将风筝上举并松手,提线人顺势收线,风筝就能够迎风而起。

(2)中小型风筝可以一手持线轮,一手握提线,来风之际乘势将风筝放出,且边抖边放,克服风的扰流影响。

(三)上升与操纵

1. 跑进中放风筝

跑的过程中一手持线,一手持轮。侧身跑,随时观察风筝的情况。风筝上升快,线的拉力大时要放慢脚步;风筝上升慢,线的拉力小时应增加跑速;风筝要跌下来时要立即松线、停跑。

2. 原地放风筝法

原地放风筝是我国民间常用的一种方法,风筝是分阶段上升的,成为"采提之术"或者"提带之法"。我国民间把放风筝的经验总结为口诀:"风筝下沉,则轻提之。风筝倾侧,则徐带之。风筝右偏,则右掖之。风筝左偏,则左掖之。"

第四节　其他民间民俗项目教学

一、秋千

（一）秋千概述

1.秋千运动的发展

秋千运动主要流行于我国的北方地区以及西南少数民族区域,其中我国朝鲜族、满族、蒙古族、白族、壮族、苗族、阿昌族、哈尼族、维吾尔族等少数民族地区的秋千活动已经成为固定的节日或者节日当中固定的活动项目。目前,常见的秋千运动形式主要包括两种,即以朝鲜族秋千为代表的单一踏板秋千与南方少数民族地区常见的圆形多个踏板秋千。

秋千运动从第 3 届全国少数民族传统体育运动会开始被列为正式比赛项目,这也标志着秋千运动由此进入了一个新的发展阶段。国家民委和国家体育总局组织了专家、民族体育干部和少数民族运动员代表对秋千比赛的项目设置、场地器材和比赛规则进行了调整和修订,增加了秋千比赛项目设置和奖牌数;从保证运动员的安全和有利于运动员创造成绩的角度出发,对比赛场地和器材做出了明确的规定;本着"公平、公正、准确"的原则,充分考虑到比赛中可能出现的各种情况,对比赛规则进行了修订,提高比赛的正规化、评判的公正性和裁判工作的科学性。

秋千运动对于运动场地并没有严格的要求,设备简单,人们在庭院中、小区公共设施、公园或者幼儿园、小学中都可以放置下一个简易的秋千架,非常简单方便,因此受到了人们广泛的欢迎。

2.荡秋千的种类与功能

（1）荡秋千的种类

不同民族的秋千活动样式也存在一定的差别,活动参与的人数也包括单人、双人和多人三种;按照秋千动作的不同形式,可以分为立荡、坐荡两种;按照类型的不同,秋千可以分为磨秋、轮子秋、风车秋等;按照动作的难易程度,秋千可以分为难度一般的摆荡与高难度的秋千翻筋斗等。不同民族的荡秋千表现出各自不同的特点,主要包括以下几个方面。

①朝鲜族的荡秋千最富特色且难度较高,在高 10～12 米的秋千架上做

出各种高难度的荡秋运动。

②土族的轮秋运动难度也很高,是在直径 3 米的旋转轮秋架上进行多种高难度的动作,有单人、双人与多人多种形式。

③云南有国内最多的秋千种类,不仅有双绳荡秋、磨秋和轮秋,还有独绳荡秋。

④大理的白族有每年一度的秋千会,形式包括一人打、双人打、男女混合打,同时还有一人平躺于秋绳上打的。

(2)荡秋千的功能

作为一项特色的民俗体育项目,荡秋千具有很多方面的功能,具体包括以下几个方面。

①荡秋千不仅可以增强人的手臂和腿的力量,还可以锻炼人的胆量,提高人的意志品质。

②经常荡秋千,有助于人体的神经、呼吸器官、心血管系统、骨骼、肌肉等方面的保健。

③荡秋千的人必须要不断适应高度与位置的变化,从而使人的平衡能力和适应环境的能力有效提高。

④荡秋千同时还有助于缓解疲劳,具有娱乐休闲、消除烦恼、调节情感等作用。

(二)秋千教学指导

通常来讲,荡秋千的技术主要包括握法与站位、起荡、前摆、后摆、触铃、停摆等六个部分,具体如下。

1. 握法与站位

荡秋千的握法主要包括绑系安全带方法、脚站位以及手握绳高度三个部分。

(1)绑系安全带方法:每条安全带应能承受 100 千克的拉力,安全带由一条宽幅的长布两头打结后连成环状,两头分别套在秋千绳和运动员的手腕上。

(2)脚站位:系好安全带后,练习者单腿站立,前脚踏在脚踏板上,后脚提踵用前脚掌支撑在起荡台上,脚、背、颈部自然放松,两臂、两膝微屈,调整好呼吸,向裁判员示意准备起荡。

(3)手握绳高度:双手用拇指压住食指和中指,牢牢地握住秋千绳。套上安全带后,手抓握秋千绳的高度一般在胸至髋关节处之间。

2. 起荡技术

当听到出发令后,运动者做吸气动作,双手用力向后向上拉绳,后脚迅速用力蹬离起荡台,同时前脚向后上吸提,拉板进行"吸板"动作,使身体的重心尽可能上升,提高起荡瞬间的身体重心高度。后脚蹬离起荡台后,积极上抬与前脚并拢,放置在脚踏板上,人体在脚踏板上尽量后留在脚踏板后,屈腿成半蹲姿势。之后两腿用力向前向下蹬,推出脚踏板,同时双手推绳,使身体向下方运动,以获得较大初速度,开始第一次前摆。

3. 前摆技术

在后脚蹬离起荡台之后,两脚踏在秋板上或后摆至最高点时,屈膝、双手向后拉绳、两肩充分拉伸、身体后移、身体重心下降成半蹲姿势,下坠秋千绳;随着秋千绳的摆荡,双腿积极快速地向前下方蹬踏脚踏板,加快秋千的前摆速度,身体的重心同时也随着双腿的蹬伸而继续下坠秋千绳,完成前摆时的第一次蹬伸。接着在秋千绳靠近垂直面之前,双手用力拉绳,腰腹用力,两腿屈膝,使身体重心前移第二次成半蹲姿势;当秋千绳靠近垂直面时,双手用力上拉使双手和秋千绳靠近体侧,双脚的前脚掌向下向后用力蹬板,与此同时,腰腹用力,向前挺膝、送髋、挺腹、挺胸、抬头屈肘,身体完成挺身起的波浪式动作,当秋千绳前摆至最高点时,要充分伸展身体,完成前摆时的第二次蹬伸。在身体将要接近最高点时,两臂用力向体侧打开,完成"分绳"动作,身体积极前移至秋千绳前方,空中形成两臂侧下举直立姿势。

预摆中,当后摆至最高点后,屈膝、双手向后拉绳、身体下降成半蹲下坠秋千绳,开始完成前摆技术动作,动作要点同第一次前摆的要求。

4. 后摆技术

当身体摆至前摆的最高点后,身体随秋千的回摆,双手紧握秋千绳,两臂由分绳的打开回收至腰侧,双腿屈腿半蹲成空中半蹲姿势。然后,两臂向前上推秋千绳,双腿同时向前上蹬脚踏板,完成伸肘、含胸,屈腹、屈髋、伸膝、臀部下坐、躯干成弓形,下坠秋千绳,使身体重心尽量下降,形成空中的悬垂举腿姿势。下坠秋千绳主要有两个目的:一是减少了阻力,二是对秋千绳产生向下、向后的拉力,因此身体重心的投影点应尽量低于脚踏板和远离秋千绳;随秋千绳后摆,将要靠近秋千架时,双手用力拉绳,屈膝、两前脚掌向下、向后压板、小腿向后回收完成双腿向后的"吸板"动作,成空中上体稍后仰的屈膝半蹲姿势,接着,在接近垂直面时,双手用力向后、向上拉绳,双腿向后蹬踏脚踏板,腰腹同时用力,身体在空中完成挺身起动作;当人体接近后摆最高点时,两臂用力外展,完成"分绳"动作,身体在脚踏板上,秋千绳后的两臂侧下举直立姿势。

5. 触铃技术

单人触铃技术主要包括手触铃和脚(脚踏板)触铃两种动作。

6. 停摆动作

高度比赛中,触铃成功后或者触铃比赛中听到"时间到"的敲锣声时双手抓稳秋千绳,站立或者坐在秋板上随秋千绳自然摆荡,当秋千绳的摆动幅角小于30°角时,可以随秋千的摆动惯性跳下秋千跑出场地或等待秋千自动停止后跳下。

二、拔河

(一)拔河概述

拔河运动具有非常悠久的历史,相传拔河始于春秋战国时期楚越两国水军交战时,鲁国的工匠设计了一种称"钩强"的兵器用来阻挡和钩住敌船,而在阻和钩时需要战士具有强大的力量,因此当时把钩强对拉作为军事训练的重要内容。

随着社会的发展,拔河逐渐由军体运动演变成为一项民间的体育娱乐活动,在一些地区还形成了一种特殊的习俗,每逢佳节就用"牵强"之戏来进行庆贺。到了唐代才确定为拔河这一名称,那时用的是四五十米长的粗大麻绳,绳索两头分别系有数百根小绳,每一根小绳由一人牵拉。当时,这项运动在唐代宫廷和民间都很流行,据《全唐诗话》中记载:"唐中宗李显于景龙四年三月一日清明,幸梨园,命侍臣为拔河之戏。"《资治通鉴》中记载:"景云元年春,上御梨园球场,命文武三品以上抛球及分朋拔河。"表明帝王公卿、达官显贵均以拔河取乐。开元年间,在宫中曾多次举行拔河比赛,唐玄宗为此做诗助兴。在薛胜《拔河赋》中称"皇帝大夸胡人,以八方平泰,百戏繁会,令壮士千人,分为二队,名拔河",详尽地描绘了拔河比赛的壮观场面。

拔河不仅成为宫廷中的主要娱乐活动,而且在民间也非常流行。民间将拔河称为"俗戏",这种游戏自古就有双重意义,一是用来训练军士的体力和意志,二是用来祈求丰收。春季是一年农事的开始,人们常在这个季节举行不同形式的拔河游戏以祈求农业丰收,据《隋书·地理志》记载:"钩初发动,皆有鼓节,群噪歌谣,震惊远近。俗云以此庆胜,用致丰穰。其事亦传于他郡。"反映出民间举行拔河时的热闹欢腾、欣欣向荣的景象,正是由于拔河具有增强体质、培养意志的功能和庆祝、祈求丰收的含义,因此受到人们的喜爱。

拔河的形式有很多种,既可以两人对抗,又可以多人对抗;既可以徒手对抗,又可以利用器械进行对抗等。现在,我们通常所说的拔河是指多人平均分成两队进行的徒手对抗。比赛时,参赛两队的人数必须相等,按事先确定的方位分别站于绳的两端,并握好绳,此时,绳的标志带应垂直于中线。待裁判员鸣哨后,两方各自一起向自己的方向用力拉绳,以一方把标志带拉过自己一侧的河界为胜方。

拔河运动具有健身性、娱乐性等功能,它不仅能锻炼身体、陶冶情操,同时还不受时间、季节、场地、器械等影响,因此非常方便开展。参与此项活动既能增强力量、耐力、灵敏、灵巧等身体素质,同时还有利于培养顽强拼搏的意志品质。

(二)拔河教学指导

一般来讲,拔河的技术可以划分为站位、握绳、身体姿势、用力四个方面,具体如下。

1. 站位

两腿前后开立,前腿蹬直,脚掌内扣,后退屈膝,上体后倾,与地面成60°角,两手紧握绳,目视前方。

(1)"八"字步站位

两脚稍分,前后站立(哪个腋下夹绳,哪只胳膊弯曲在后,同侧的腿就稍站在后),两脚跟相距一拳,两脚尖分开成"八字",脚掌抓地,脚跟和脚的外侧用力。两腿微屈,以便起动时向后用力。

(2)"丁"字步站位

两脚前后成"丁"字站立,前脚跟与后脚弓相距约一拳,前腿稍屈膝,用力方法和"八"字脚相同。

2. 握绳

前臂伸直远握,后臂屈肘,用腋部夹住绳近握,身体紧靠绳。一般有两种握法:一种是手心朝上,另一种是两手相对。不论怎样握,都必须握紧,能用上劲。两手握绳后,两臂弯曲,向内收紧,靠绳一侧的腋窝夹住绳子,上体靠向绳子,使力量集中一处,从头到腰保持一直线。两膝稍屈,身体下蹲。

运动者不能握在绳子中心线标记与第二标记之间的部分。在每次比赛开始时,排在首位的选手应该抓在尽量靠近第二标记的地方。选手不得在绳子上打结或系圈,也不得将绳子系在任何一名选手身上的任何部分。每次比赛开始时,应将绳子拉紧,并且绳子上的中心标记应正好在地面中心线的正上方。

3. 身体姿势

每名参与拔河的运动者应该以正常的姿势赤手握绳,手心向上。绳子应从身体和上臂之间穿过,其他任何妨碍绳子自由移动的行为均称为"锁绳",将被视为犯规。脚的位置应该伸在膝盖之前,运动者应该在比赛中自始至终保持这一拔河姿势。

在比赛开始之后,运动者应该蹬腿、挺腰、仰头、全身向后用力,形成45°左右的斜线,同时使握绳、夹绳、蹬脚的地方和身体用力的方向与拔河绳基本保持一个垂直面。

4. 用力

运动者应该听从指挥员的指挥,全队尽可能做到同时发力。用力时,应该先以前腿用力向前下方蹬地,同时两手紧握绳,上体后倾。

三、龙舟

(一)龙舟概述

1. 龙舟的起源与发展

在《穆天子传》中有关于龙舟的最早记载。相传周穆王时(公元前1001—前947年)就已经出现了龙舟,比屈原投江的时间早600多年。对于赛龙舟的说法不一,在赛龙舟的众多起源说法之中,最主要的有以下两种。

(1)图腾崇拜说

古时候,龙被人们认为是作雨兴云的神灵,对于农耕民族来说,气象对农耕生活具有很大的影响。为了得到神灵的保佑,人们在图腾祭的日子(端午)就会进行赛龙舟,同时举办祭龙仪式。祭龙时,人们一方面将粽子投进水里给龙吃(古人认为龙居住于水中),另一方面,各比赛队要摆香案,设美酒犒劳下江祭龙者(比赛队员)。竞渡者还会纹身,从而使自己像龙子,以此来求得龙神的保护,避免船翻人亡的危险,讨好神灵,向龙神祈祷无病无灾、风调雨顺。

(2)纪念屈原说

从汉代发展到现在,为纪念屈原而举行赛龙舟的说法流传最广。由于屈原的忌日与汨罗人祭龙日(端午)正好是同一天。从此每到端午,人们便会边划龙舟边唱哀歌,以这种形式来纪念屈原。正如唐代刘禹锡的《竞渡曲》中所说:"灵均何年歌已矣,哀谣振楫从此起。曲终人散空悉暮,招屈亭前水东泣。"

文献记载,最初为纪念屈原所举行的赛龙舟活动只是在汨罗土人中间流行,至魏晋南北朝时期逐渐发展到南郡、襄阳一些地区。到唐宋时期,赛龙舟的活动已经非常盛行。宋代,赛龙舟开始由民间传入宫廷,皇帝会亲自观看龙舟比赛。等到北宋末年,由于国势的衰微,赛龙舟成为统治者宣扬忠君爱国思想的工具,同时也想借此祈求国泰民安。赛龙舟在清代有了更大的发展,每到端午,各族人民都会进行赛龙舟的活动。闻一多的《端午考》中说:"端午节本是吴越民族举行图腾祭祀的节日,而赛龙舟便是祭仪中半宗教、半娱乐性节目。"

赛龙舟活动在新中国建立之后得到了进一步的发展。1953年11月,赛龙舟作为第1届全国民族形式体育表演及竞赛大会的表演项目进行展示,并得到了人们的接受与喜爱。1991年,赛龙舟在第4届全国少数民族运动会上被正式列为比赛项目。目前,世界上已经有很多的国家与地区开展了赛龙舟运动,参与到龙舟竞渡中的人数越来越多,赛龙舟也逐渐成为一项国际性的比赛项目。

2. 龙舟的种类

(1)以龙舟造型为依据分类

①马头龙舟

目前,我国发现最早的龙舟图是于河南辉县赵固的战国墓葬出土的"燕乐射猎图案刻纹"。铜鉴上刻有一艘船,船头为马首的形状,头部较平且有短角,头的下颌无须;船身刻着鳞状花纹,船尾是鱼尾形状。这是到目前为止,我国发现最早的龙舟图。

马是我国早期农耕文明中主要的动物之一,鱼也是一种重要的猎物,因此早期的龙舟表现出马首鱼尾的外部形态。闻一多在《伏羲考》一文里说道,龙由马头、鬣尾、鹿角、狗爪、鱼鳞和须构成。因此古时候会有马首龙舟,龙舟也被称为"水马"。

②鸟头龙舟

西晋太康二年,在今河南汲县发现的一座战国时期魏国墓葬中出土了《穆天子传》,该书中记述有周穆王乘龙舟的故事:"天子乘鸟舟浮于大沼。"这里的"鸟舟"指的就是龙舟鸟头的形态。《淮南子·本经训》里记载:"龙舟鹢首,浮吹以娱"。这里的"鹢"指的是古代的一种水鸟。《古诗为焦仲卿妻作》里有"青雀白鹄舫,四角龙子幡"的诗句。从青雀舟、白鸽舟可以看出,古代鸟形龙舟的样式有很多种,鸟舟在古代的龙舟中也是非常多见。如《淮南子·本经训》中就有"龙舟鹢首悦河伯,浮吹枞鼓娱雷神"之说。清代初期的龙舟出现有禽鸟的形状,史料中有记载,清代乾隆年间,端午于福海竞舟,"画船萧鼓,飞龙益鸟首。"

③兽形龙舟

兽形龙舟最早出现于两晋时期。《晋书·王浚传》中记载:"浚乃作大船,画鹢首怪兽于船首,以惧江神。"《东京梦华录》中记载:"所谓小龙船,列于水殿前,东西相向。虎头、飞鱼等船,布在其后。如两阵之势。……又见旗招之,则两行舟鸣鼓并进,捷者得标。则山呼拜舞。并虎头船之类,各三次争标而以止。"可见,虎头船早在北宋时期就成为一种赛龙舟的形式。

(2)以龙舟大小为依据分类

①巨型龙舟

巨型龙舟最早出现于北宋时期。《东京梦华录》中记载:"大龙船约长三四十丈。阔三四丈……"。当时的四十丈约有 126 米长,宽也有十余米,船上还有层楼、台观、槛曲以及皇帝的御座。这种巨型龙舟用以指挥龙舟比赛。

到了明代,"龙船高大如海舶,具鱼龙百戏",龙舟的竞渡变得更加的热闹激烈。

②小龙舟

《东京梦华录》中记载:"有小龙船二十只,上有绯衣军士各五十余人,各设旗鼓铜锣……"明代邝露所著的《赤雅》中记载:"桂林竞渡舟长十余丈。"《广东新录》记载清初"番禺大洲,有宣和龙舟遗制,船长十余丈……"这里所说的"宣和遗制"指的是清代龙舟模仿的宋代形制。

在考古中发现的铜鼓花纹上,春秋到汉代的龙船多为 3 到 10 人划船。而更小的龙舟则见于今河南汲县战国墓出土的"燕乐射猎图案纹"铜鉴上,只有两人划龙舟,人的头上还插着羽毛,像是在进行祭祀水神的活动。明代广州地区赛龙舟时,被称为"游龙"的小舟环绕在大舟前后,"像群螭(龙)随母,游龙万计,奇巧相先。"

(二)龙舟教学指导

一般来讲,龙舟的龙舟队是由划手、鼓手、锣手、舵手组成,不同的组成人员会有不同的姿势。划手的姿势包括坐姿划、立姿划、单腿跪姿划,鼓手的姿势有站立打鼓、坐着打鼓、单腿跪姿打鼓,锣手的姿势有站立打锣、坐着打锣,舵手的姿势分为站立把固定舵、站立把活动舵、坐着把活动舵。

在龙舟比赛当中,龙舟行进速度的快慢主要取决于划手的技术动作是否正确。具体来讲,划手的技术动作主要包括坐姿、握桨、划桨技术、集体配合等。

1. 坐姿

(1)右排坐姿:左脚在前,全脚掌在舟板上踏实,左腿半屈;右脚在后,位于臀部下方,前脚掌踏在舟板上,脚跟提起,大腿与臀部外侧紧贴于龙舟的内沿。

(2)左排坐姿:技术要求与右排坐姿相同,只是左右腿的动作与右排坐姿相反。

2. 握桨技术

(1)右排坐姿的握桨方式:左手握住桨把的上端,掌心要紧贴桨把,四指并拢从外向内弯曲握,拇指从内向外握;右手在桨的下端(桨叶与桨把的交界处),四指弯曲并拢从外向内握,拇指从内向外握。划行中握桨要保持放松。

(2)左排坐姿的握桨方式:技术要求与右排坐姿的握桨方式一样,只是左右手上下位置与右排坐姿的握桨相反。

3. 划桨技术

划桨时,桨入水的角度以 80°～90°最为合适。划龙舟时,身体要前倾,上手向前推,下手向后拉,成高肘动作。

桨入水的一瞬间,上手臂用力向下压桨直到拉水完毕。向上抬桨时,上手臂要保持放松,下手腕向内扣,使桨叶卸水。

4. 集体配合

赛龙舟活动非常注重集体的配合,全体队员在竞渡过程中的握桨动作、入水角度、入水深浅、用力协调都应该保持一致。在行进过程中,全体队员应该根据鼓声的节奏划行,同时还应该服从指挥。队员的呼吸要与划桨的动作协调配合,在划桨时呼气,起桨时吸气。

第九章　典型少数民族传统体育项目教学指导

我国是一个有着 56 个民族的国家,且民族分布十分广泛,在生产方式、地理环境、人文环境等多种因素的影响下,在我国不同区域也出现了各式各样带有浓郁民族特色的民族传统体育项目。本章首先对各个地区民族传统体育项目的发展概况进行阐述,然后对不同地区民族传统体育项目的教学指导进行深入详细地解析,进而促使典型少数民族传统体育项目的教学工作更加顺利的开展,并取得良好的教学效果。

第一节　东北及内蒙古地区民族传统体育项目教学

一、东北及内蒙古地区民族传统体育项目发展概况

东北及内蒙古地区主要包括蒙古族、满族、达斡尔族、鄂温克族、朝鲜族、鄂伦春族、赫哲族 7 个少数民族,是我国的渔猎文化和游牧文化的主要发源地。蒙古族主要分布在内蒙古自治区,全区共有蒙古族人口约 380 万,占蒙古族人口的 60%;满族有 70% 以上分布在东北三省,以辽宁为最多,共有人口 980 多万;达斡尔族主要分布在内蒙古自治区和黑龙江省,人口有 13 万;鄂温克族主要分布在黑龙江省和内蒙古自治区,有 3 万多人口,约占全国鄂温克族总人口的 30%;朝鲜族则主要分布在东北的吉林省,尤以延边朝鲜自治区为多;鄂伦春族和赫哲族是全国少数民族中人口最少的两个民族,人口总数不足万人,主要分布在东北的黑龙江省和内蒙古自治区。

在自然环境、生产劳动、宗教习俗、军事战争等多项因素的影响与制约下,东北及内蒙古地区经过长期的发展,逐渐形成了自身独特的民族传统体育项目。据统计,东北和内蒙古地区共有民族传统体育项目 103 项,其中有35 项是具有代表性的民族传统体育项目,主要包括搏克、打布鲁、赛骆驼、赛威呼、珍珠球、马术、赛马、骑射、赶石弹、射箭、摔跤、跳马、跳骆驼、打瓦、冰嬉、跳板、荡秋千、铁连极、拔河、顶水罐走、转瓢、打棍、打靶、斗熊、滑雪、

赛皮爬犁、叉鱼、叉草球、玩冰磨、顶杠等。

二、东北及内蒙古地区民族传统体育项目教学指导

（一）射箭

1. 射箭项目概述

成吉思汗于 13 世纪一统蒙古诸部落，射箭活动由此广泛开展起来，蒙古军队也以骑射技艺闻名于世。蒙古族的射箭活动常用牛角弓、皮筋弦、木制箭，其射程只有 20 米远。箭靶为五种不同颜色涂成的"毡片靶"，靶中心是活的，箭射到中心就会掉下来。还有不设箭靶的射箭比赛活动，是从几十米远处射击地面上堆砌起来的实物目标，目标呈塔形，射中目标为胜。蒙古族射箭比赛活动分骑射和静射两种。活动一般规定每个参赛者射击 4 箭，分 3 轮射完，以中靶次数多少评定胜负。大型的骑射比赛活动有数百人参加，比赛跑道为 4 米宽、8 米长、0.66 米深的一条沟，设 3 个靶位，靶位与靶位之间相距 25 米。第一、二靶位在射手的左侧，第三靶位在射手的右侧。比赛规定 1 马 3 箭，即每人每轮射 3 支箭，共射 9 支箭。骑射比赛开始时，背弓，将 3 支箭插入背后箭袋，骑马到骑马线签；裁判员发令后起跑，弯弓射箭。静射比赛中，裁判员下令后射手盘弓搭箭，一齐射向靶心，凡是射中的，靶心自行脱落。

2. 射箭项目教学指导

（1）站立教学指导

射手站于起射线上，左肩向着目标靶位，左手持弓，两脚开立与肩同宽，重心在双脚之间，身体微前倾。

（2）搭箭教学指导

将箭搭在箭台上，单色主羽毛向自己，箭尾槽扣在弓弦箭扣上。

（3）推弓教学指导

左臂内旋前撑，手腕伸直，桡腕撑点一线直，手触弓面积尽量小，施力集中。

（4）勾弦教学指导

三指勾弦，中指力量稍大，箭放置于食指和中指的缝间。勾弦用力在手指，小臂手腕放松平伸，自然弯曲在掌心。

（5）举弓、开弓、靠弦教学指导

三直（弓垂直于地面，持弓臂直，躯干直），一屈（勾弦臂弯曲），一靠（拉

弦时手靠下颌),紧背、胸肩平、箭平、推拉平。

(6)瞄准教学指导

正头,优势眼瞄准,眼睛通过弓弦一侧使准星和靶上的黄心相吻合,形成三点一线。在弓的平面进行瞄准。

(7)撒放教学指导

满弓后继续加力,捕捉撒放时机。撒放时深勾弦手指用滑弦方式撒开。撒放要求勾弦手和拉弓臂不动,只是弦滑离三指。

(8)暂留与收势教学指导

保留正确姿势在两秒左右,收弓成原站立姿势。在射箭过程中,首先,应花最小的力量,在最短的时间之内,完成有效的射箭动作。其次,射箭动作过程必须流畅自然,任何环节上都不可稍有迟疑。再次,要通过长期的训练来精简射箭动作程序,去掉多余动作;要合理运用身体部位,将运用部分减少到最低限度。最后,射箭的整个过程中每个环节的动作都要有固定的标准,以促使动作象机器运转一般准确无误,循环往复。

(二)摔跤

1. 摔跤项目概述

摔跤的起源最早可以追溯到原始社会。当时,人类为了争取生存,在生产力极为低下的社会条件下,除持棍棒、石块等狩猎和防卫野兽的伤害外,有时在不得已的情况下,还得徒手与野兽搏斗,这就逐渐形成了摔跤的雏形。随着社会生产力的快速发展,部落与部落之间、国家与国家之间出现了争夺或战争。人们逐渐认识到为了争得生存或者自卫就得学习各种方法,而摔跤成为重要的学习内容。后来,摔跤还成为训练奴隶的军事体育项目之一。据考证,中国在远古时代就有角抵形式的摔跤游戏。中国古代摔跤又称为"角力",宋代已有专门论述摔跤的书籍《角力记》。

2. 摔跤项目教学指导

(1)基本姿势教学指导

①站立姿势

摔跤的站立姿势有很多种,基本姿势通常是运动者呈站立姿势,一脚站于另一脚的斜前方,两脚之间的距离约为一脚宽,两膝微屈,上体略前倾,两肘贴紧肋部,前臂向前伸出,尽量使身体重心平均分配在两腿上。这个姿势能使运动者保持较大的稳定性,并且可以迅速地向任何一个方向移动。

②跪撑姿势

跪撑姿势是指运动者在比赛时从站立姿势转入跪在垫子上继续进行比

赛,运动者两膝跪在垫子上,两手撑垫,两膝间距离大约与肩同宽,足尖撑地,两手间距离略宽于肩,手与膝间的距离不得小于 20 厘米,两脚不得交叉。在摔跤比赛中,运动者在掌握了跪撑姿势后,同时还应当学会如何从跪撑姿势迅速站起来形成站立姿势或从跪撑姿势迅速摆脱对方的控制。

(2)过背摔教学指导

过背摔是指利用自己的腰部为支点将对方从背上摔过去。过背摔的特点是动作幅度大、得分分值高。利用腰作为支点,与力学中的杠杆原理一样,动力臂越长就越省力。例如,拔钉子的时候,使用垂直用力的工具非常费劲,倘若在支点的下面垫上一个小物体,用很小的力量就可以拔掉。摔跤时进腰的动作就是用力使对方的身体向前失去平衡,自己转体和对方平行贴紧,降低身体重心,用腰背作为支点作用在对方的下腹部,两手或两臂配合做动作,就可以使对方在支点的作用下向前失去平衡并大幅度滚倒,在一定范围内,支点越高越费力,支点越低越省力。其他摔法的原理大致如此,只是支点不是用腰,而是用腿、用脚、用手等方面的变换。

①夹颈和臂过背摔

过背摔,又被称为夹颈背。即夹住对手颈部,通过转身将对手背在身上并摔倒。

②握臂和躯干过背摔

握臂和躯干过背摔,俗称后把背和下把背。即将一只手臂插进对手腋下并抱住对手的腰,通过转身将对手背在身上并摔倒。

③抱肩颈过背摔

在古典式摔跤中,抱肩颈过背摔常常被运动者使用。由于古典式摔跤比赛中,双方运动员经常四臂搭扣在一起,此技术即在搭扣中转身将对手背在身上并摔倒。

④握同名臂和躯干过背摔

握同名臂和躯干过背摔是指自己左手握对方左臂,即将头伸进对手腋下用肩背翻转发力的方式将对手背在身上并摔倒。

(3)过肩摔教学指导

过肩摔是摔跤项目中常被采用的一种动作,具体是指运动者以腰为支点,将对方从肩上摔过。

①握臂过肩摔

握臂过肩摔属于过肩摔的一种,在古典式摔跤中常被运动员所使用,俗称揣。即抓握住对手单臂从肩上将对手摔出。

②抱单臂挑

抱单臂挑属于自由式摔跤动作,是指运动者抱住对手一手臂,同时用腿从外向内挑摔对手的技术。

③钻扛向侧摔

钻扛向侧摔是指运动者用头部潜入对手腋下,向一侧翻转摔倒对手。

④钻扛向后摔

钻扛向后摔是指运动者将头部潜入对手腋下,用一臂抱住对手腰部,向后摔倒对手。开始动作与钻扛向侧摔相同,区别在于一个是向侧摔,一个是向后摔。

(4)过胸摔教学指导

过胸摔是指运动者将对方搂抱住,将其从运动者的胸上摔过。一般来说过胸摔与过桥摔非常相似,区别在于过桥摔是成桥向后摔倒对方,动作幅度更大一些。摔跤中常将二者合称为过胸摔,是分值较高的技术,通常用于古典式摔跤中。

①躯干过胸(桥)摔

躯干过胸(桥)摔是古典式摔跤运动者常用的高分值动作。即用运动者用两臂勒紧对手上体并将其一臂抱住,然后主动后倒,同时两腿蹬地发力,用腹部撞击对手腹部,抬头后仰挺胸,当后脑部快要着地时,向一侧转体将对手摔倒在垫上并控制住。

②后抱腰过胸(桥)摔

后抱腰过胸(桥)摔是利用接臂转移或潜入转移技术转到对手身后抱住对手腰部使用过胸摔的技术。

③捧臂过胸摔

捧臂过胸摔是将对手一臂夹在自己腋下,用自己的另一手臂插在对手腋下并使用过胸摔的技术。

④锁双臂过胸(桥)摔

锁双臂过胸(桥)摔是利用对手抱住自己的上体时,使用的过胸摔技术。

⑤侧面抱躯干过胸摔

侧面抱躯干过胸摔是指从对手身体一侧用两手臂将对手的手臂和躯干一同抱住,使用过胸摔技术摔倒对手。

⑥抱折摔

抱折摔是指抱住对手躯干等部位后用力折倒对手的技术,抱腰折和抱单臂折属于抱折摔的两种类型。

A. 抱腰折

抱腰折具体是指运动者两臂环抱对手腰部并用力向前勒腰,头向前下方用力,将对手折成仰卧。

B. 抱单臂折

抱单臂折具体是指运动者两手握抱对手一臂,有一个来回劲,整个身体向下折对手单臂,使对手来不及调整身体重心而向后摔倒成仰卧姿势。

(5)抱绊腿摔教学指导

抱绊腿摔是自由式摔跤中常用动作之一,即握抱或勾绊对方单腿或双腿,使对方失去平衡而被摔倒。

①握颈扣同名腿摔

握颈扣同名腿摔是指握对方颈部并用另一手抠住对手的腿摔倒对手。

②握颈扣异名腿摔

握颈扣异名腿摔与握颈扣同名腿摔的动作相似,不同之处在于一个是左手扣左腿,另一个是左手扣右腿。

③抱单腿手别摔

运动者抱住对手单腿,用另一手别住对手另一腿摔的技术,即抱单腿手别摔。

④抱单腿压摔

抱单腿压摔,即通过抱住对手单腿用身体的重量压对手腿而摔倒对手,主要是用肩胸部位压。

⑤抱双腿冲顶

抱双腿冲顶属于抱绊腿摔的一种,即运动者抱住对手双腿向前冲顶的摔法。

⑥穿腿侧摔

穿腿侧摔,俗称穿腿。穿腿侧摔要求运动者用一手臂穿进对手两腿间,同时肩部和头部潜入对手腋下,身体向一侧滚动,将对手摔成仰面倒地。

⑦穿腿前摔

穿腿前摔,俗称穿腿,具体是指运动者用一手臂穿进对手两腿间,同时肩、头潜入对手腋下,身体向一侧滚动,低头将对手摔在自己身体的前方。

(6)跪撑教学指导

摔和翻是跪撑技术的两种方法。用摔的方法时,主要是让对手离开垫子,如运用桥摔、半桥摔、向侧或向后摔。用翻的方法则一般是不让对手身体全部离开垫子。在跪撑技术中,凡是没有用上肢握抱或用下肢勾绊对方腿部的动作都是古典式摔跤动作,其他只能在自由式摔跤中才被允许使用的跪撑技术。

①后抱腰滚桥翻

后抱腰滚桥翻是指从对手后面抱住对手腰部进行滚翻,要求使用者呈桥的姿势。

②杠杆握颈翻

杠杆握颈翻主要采用前臂压住对手颈部,两臂以杠杆的作用翻对手。

③侧面抱单臂翻

侧面抱单臂翻是指拉住对手一臂使用挤压的方法将对手侧翻过去。

④里肩下握颈翻

里肩下握颈翻是指运动者一手由对手左腋下穿过握住对手头颈,右臂压抱对手腰部或用右手握自己的左前臂并用右臂压在对手的肩背上,同时左臂用力撬压对手左肘关节和头颈,用上体搓挤对手身体左侧,左腿配合向对手头前移动,将对手翻转过去并控制住。

⑤外肩下握颈翻

外肩下握颈翻的具体动作是运动者身体移向对手左侧,右手从对手右腋下穿过握对手头颈,左腿跪于对手左腋下挡住其左侧身体的移动,然后右臂用力向左撬压对手右肘关节并用手下压对手头颈,并用左手协助撬压,将对手翻转过来并控制住。

⑥反抱躯干翻

反抱躯干翻要求运动者双手反抱对手腰部,然后双臂用力向上抱提对手腰部,同时用身体左侧压住对手左侧上体,蹬腿、挺腹、抬头,将对手向自己的左后方向翻转过去。

⑦前握肩颈滚翻

前握肩颈滚翻是指运动者抱压住对手头部并抱压对手的肩颈,用左臂圈直对手的右臂,右手从对手左侧颚下穿进环抱住对手肩颈,向自己身体左侧成桥滚翻,将对手滚翻过去。

⑧正抱提过胸摔

正抱提过胸摔同样属于跪撑摔的一种,具体是指运动者从对手后面抱住对手腰部,将对手整个身体提起成过胸摔将对手摔倒。

(三)狩猎

1. 狩猎项目概述

狩猎又称"捕猎""打猎",属于一项人类生活、生产劳动的技能。满语中的"狩猎"之意为"阿巴兰比",是满族人民在庆祝狩猎胜利后的娱乐活动项目之一。狩猎运动是双方捕捉野兽的体育项目,双方争将小动物模型投到对方的小篓中,多者为胜。比赛在固定的场地进行,参赛者需要通过奔跑、追逐、躲闪、传递模型等技术,力争将"兽"投入背篓中,形成了对攻、联防、掩护多层次的战略战术。狩猎运动分成两队进行,每队3人。双方队员穿不同颜色服装,背不同颜色背篓(塑料篓),分站在15米×15米的正方形场地中线的两侧。宣布比赛开始后队员可在场内任何地方站立或活动。持猎球（沙袋模型）的一方通过传递等方式，力图将猎球投入对方的背篓中，而对方则力争得到对方投出的猎球，向对方反攻。投中得 1 分，投中后由不得分的一方从背篓中取出猎球，力争将猎球投入对方篓中。每场比赛 20 分钟，中间休息 5 分钟。终场以得分多少判断胜负。

2. 狩猎项目教学指导

（1）移动教学指导

移动是狩猎比赛中运动者为了改变位置、方向、速度等所采用的各种脚步动作方法的总称。运动者的移动对掌握与运用进攻或防守技术有重要意义。进攻中运用移动技术的目的是选择有利位置、把猎球投入对方篓中；防守中运用移动技术的目的在于阻挡对手的移动，破坏对方的进攻。移动技术主要以踝、膝、髋关节为轴的多个运动动作组成，由准备姿势和身体协调用力两个环节构成，具体动作方法主要包括以下几种。

①起动

起动是指运动者在运动场上由静止变为运动状态的一种起始的动作，是获得位移初速度的方法。起动从基本站立姿势开始，起动时身体重心向跑动方向移动，以后脚（向前起动）或异侧脚（向前起动）的前掌突然有力地蹬地，同时上体迅速前倾或侧转手臂协调地摆动，充分利用蹬地的反作用力迅速向跑动方向迈出。

②跑

跑是指运动者在运动场上改变位置，发挥速度的重要方法，同时也是比赛中运用最多的一种移动技术。在教学过程中，可以指导运动者通过掌握以下几种技术，来更好地改变位置、发挥速度。

A. 侧身跑：向前跑动中为了观察球场上的情况，侧转上体，进行攻守行动的移动方法。

B. 变速跑：跑动中利用速度的变换来争取主动的一种方法。

C. 变向跑：在跑动中突然改变方向摆脱进攻或紧追对手的一种方法。

D. 后退跑：在运动场上背对前进方向的一种跑动方法，进而更好地观察场上的攻守情况。

③跨步

跨步是起步的方法之一。在教学过程中，教师应当指导运动者在做这一动作时，以一脚为中枢脚，另一脚向前或向侧跨出，进而有效衔接其他动作。

④急停

急停是运动者在跑动中突然制动的动作方法，是各种脚步动作的衔接和变化的过渡动作。在比赛过程中,教师应当指导运动者将急停动作与其他移动技术有机结合。

⑤攻击步

攻击步是运动者突然向前跨出的一种动作。这一动作的具体方法是运动者利用后脚蹬地,前脚迅速向前跨出,进而逼近对手。

⑥滑步

滑步易于保持身体平衡,可向任何方向移动。滑步可向侧、向前和问后进行滑动来阻截对方的移动。

⑦交叉步

运动者向右移动时左脚前脚掌内侧用力蹬地从右脚向右侧横跨出,同时右脚碾地,上体随之右转。

⑧后撤步

后撤步是变前脚为后脚的一种起步方法。在狩猎项目的教学过程中,倘若运动者想要保持有利位置,教师可以指导运动者将后撤步移动和滑步、跑等移动技术充分结合在一起。

(2)传猎球教学指导

传猎球是狩猎比赛中进攻队员间有目的地转移兽的方法。其是场上进攻队员相互联系和组织进攻的基础,是实现战术配合的基本手段。传猎球技术主要包括持球手法和传猎球动作。

①持球手法

持球手法主要包括单手持球方法和双手持球方法。单手持球方法要求运动者手指自然分开,把猎球紧紧抓在手中,放在身边有利的位置。双手持球方法要求运动者双手自然张开,手指稍错开,把猎球抓在手中,肘关节稍屈在胸前。

②传猎球动作

在做传猎球动作时,运动者应当下肢蹬地,全身协调用力,最后通过上肢的动作把兽传到想要传的位置。传球时应根据接猎球队员的位置和移动速度,决定传球的用力大小和用力方向。

教师可以指导运动者在传猎球时采用的具体方法有:第一,单手体侧传猎球。单手持猎球向体侧后面拉,通过蹬地、转体,带动手臂向前挥出。第二,单手胸前传猎球。单手持猎球屈肘在胸前,身体稍向持球方向转。通过蹬地、转体、肘关节的前伸、最后通过拨指把猎球传出。第三,单手头上传猎球。单手举手过头,身体向持球手侧的后方反拉成弓状,通过蹬地、转体,带来上肢向前挥出。第四,单手下手传猎球。单手持球在体侧,两膝稍下蹲,持猎球手向后面拉,然后后脚向前蹬地,身体向前送,手臂随之向下、向前摆,把猎球传出。第五,单手胯下传猎球。上身稍向前倾,单手持球把球从体前经胯向后扔出。第六,双手头上前传猎球。双手持球向后拉,然后蹬腿、收腹、上体带动上肢向前挥,最后利用摔腕的力量把"兽"抛出。第七,双手头上后传猎球。双手持球在体前,蹬腿、展腹带动上肢,从下、前、向后挥,把"兽"扔出。第八,双手胯下传猎球。双手胯下传猎球与单手胯下传兽基本相似,只是利用双手用力。第九,双手胸前传猎球。双手持球在胸前,身体重心稍向后移,然后蹬腿,重心前移,双手同时向前用力,用力拨指把球拨出。

(3)接猎球教学指导

单手接猎球和双手接猎球是接猎球的两种方式,其基本要求是运动者在接球时眼睛要注视球,同时要保证肩部和臂部呈放松状态。

在教学过程中,教师可以指导运动者采用以下方法进行接猎球:第一,单手接胸前猎球。来球的高度在胸前附近时,五指自然张开在胸前,掌心朝前,主动迎接球,抓住球后迅速回收。第二,单手接头上猎球。来球的位置较高时,接球队员踮起脚跟或者跳起,接球手尽量向上伸,主动去迎接球,用五指把球抓在手里。第三,单手接体侧猎球。一只手可以接同侧或异侧的来球。手臂伸向体侧,五指自然张开,掌心向前,主动迎接来球。第四,单手接下手球。来球较低时,双脚向下弯曲,双手自然张开,伸在胯下,掌心向前,主动应球。第五,双手接头上球。来球位置较高时,要踮起脚跟或者跳起,接球的双手尽量向上伸,双手呈球状,主动去迎接球,用双手十指把球抓在手里。第六,双手接胸前球。来球的高度在胸前附近时,五指自然张开在胸前,两手腕靠拢,掌心朝前,两手呈球状,主动迎接球,抓住球后迅速回收。第七,双手接下手球。来球较低时,双腿向下弯曲,双手手指自然张开,两手手掌的小指侧靠拢,伸在胯下,掌心向前,双手的手指呈半圆状,主动迎接球。

(4)抢猎球教学指导

抢猎球是从进攻队员手中获得猎球的基本方法和手段。运动者在抢球时,要先判断时机,在持球队员思想松懈或没有保护好而使球暴露比较明显时,迅速把球抢过来。

(5)投猎球教学指导

投猎球是进攻队员为将球投进对方队员的篓子而采用的方法技术。其是狩猎运动的主要进攻技术,同时也是得分的唯一手段。

投猎球技术可以分为以下几种。第一,单手肩上投猎球。单手持球屈肘在脸前,通过蹬腿、抬臂、伸肘、拨指把猎球投出。第二,单手下手抛投猎球。单手持球在体侧,通过蹬腿、摆臂、伸肘、手指动作把球向前抛出。第三,双手胸前投猎球。双手持球在胸前,利用蹬腿、伸肘的力量把球投出。

（6）打球教学指导

打球就是击落对方手中球的方法。

（7）断球教学指导

断球是截获对方传接球的方法,具体有横断球、纵断球和封断球等。

（四）珍珠球

1. 珍珠球项目概述

珍珠球是以模仿采集珍珠的生产劳动演变形成的运动项目。1991年第4届全国少数民族传统体育运动会上,珍珠球运动被列为正式比赛项目。同年5月,国家体育总局、国家民委在承德市召集专家、学者重新编写了珍珠球竞赛规则,由此珍珠球运动搭建了走上竞技化道路的桥梁。此后,珍珠球运动开始在全国大、中、小学陆续开展,之后便蓬勃发展起来。北京、辽宁、河北、吉林、黑龙江等省市逐渐将珍珠球列为本省市民族运动会的正式比赛项目,一些体育院校和高校的体育系也开始将珍珠球运动列为必修课和选修课。而一些满族自治县更是修建了专门为举办珍珠球比赛而用的体育馆。珍珠球比赛时,运动员可在"水区"内按照规则规范地传、投、拍或滚动"珍珠"（球）,力争让站在得分区内持抄网的本方队员采到"珍珠"得分。规定时间内得分多的队取得比赛的胜利。珍珠球比赛往往场上攻守往复,银球穿梭飞舞,4只"蛤蚌"忽张忽合,非常精彩,具有良好的趣味性和观赏性。

2. 珍珠球项目教学指导

（1）移动教学指导

珍珠球比赛中,运动者为改变位置、方向、速度和争取高度所采用的各种脚步动作方法便是移动技术。移动技术主要包括进攻中的移动技术和防守中的移动技术两个部分。进攻中的移动技术,主要是为了摆脱防守去接球、选择位置、牵制对手,或是为了合理而迅速地完成运球、传球、突破、投球等,以创造得分机会。防守中的移动技术,主要是为了抢占有利位置,防止对手摆脱或及时、果断、准确地抢球、打球、断球。

（2）运球教学指导

珍珠球运动中,持球队员用手连续按拍从地面反弹起来的球的动作就是运球技术。运球技术不仅是个人重要的进攻技术,也是全队战术实施的基础。运球技术水平程度,反映着运动者控制球和支配球的能力,而且这种能力的提高,有助于其他基本技术的掌握和提高。

（3）传接球教学指导

传接球是珍珠球比赛中队员有目的地转移球的方向，其是比赛中组织进攻和协调队员之间联系的纽带，是实现战术打法的重要途径。传接球技术影响队员各项技术的发挥和全队战术配合，传接球技术越好，球队的水平就相应地越高。

（4）持球突破教学指导

持球突破技术是持球队员运用脚步动作和运球技术超越对手的一项攻击性技术。合理地运用突破技术，是珍珠球比赛中直接得分或者创造机会发动进攻的有效手段。另外，通过这种技术的运用还能打乱对方的防守部署，造成对方犯规。

（5）投球教学指导

投球是珍珠球比赛中进攻队员为将球投向抄球网而采用的各种专门动作的总称。珍珠球的投球技术可以分为三种：原地投球技术、跑动投球技术和跳起投球技术；而从投球出手的部位来分，投球技术又可以分为五种：原地单手肩上投球、跑动单手肩上投球、向上跳起高手肩上投球、向前跳起单手肩上投球和跳起体侧投球。

（6）抄网得分教学指导

抄网得分是珍珠球比赛中手持抄网的队员将水区中队员投出的球抄入抄网的技术，这是一项促使运动者在珍珠球运动中确保得分的技术。

（7）抢球、打球、断球教学指导

抢球、打球、断球是珍珠球比赛中积极防守战术的基础，是一项攻击性很强的防守技术。

（8）封锁区防守教学指导

封锁区的防守技术是珍珠球比赛中防守队员用球拍封锁住球，不让对方将球投入抄球网的手段。封锁区的队员不仅要将球封锁好，还要在获得球后迅速、准确地发动快攻，以起到助攻的作用。

（9）防守对手教学指导

珍珠球比赛中，防守队员合理地运用各种防守动作，积极抢占有利位置，阻挠、破坏对手进攻，以争夺控制球权为目的的动作技术便是防守对手。珍珠球运动必须重视个人防守技术，较好的个人防守能力有利于促进集体防守。

（五）打布鲁

1. 打布鲁项目概述

打布鲁为蒙古语音译，是投掷布鲁的意思。布鲁能打击飞禽、野鸡、野兔和狐狸等,所以蒙古族猎人以布鲁为狩猎工具和防身武器。过去,布鲁是人们游牧的工具,俗称撒拉棒子。一根坚硬的木棍二尺有余,头部弯如镰刀,头钻孔,穿一皮绳,绳端拴心状铁器。出牧时,牧民将布鲁带在身上,遇狼、獐、兔、鹿等,驰马摇转布鲁而追,运足气力,对准猎物,然后让飞转的心状铁器狠击猎物,被击中的猎物往往会毙命。现在,打布鲁被蒙古族同胞当做一种喜庆之日的传统娱乐项目来开展。活动要求表演者 15 米外对着一个形如兔子的目标,作出如在马上飞驰的姿势,同时摇动手中布鲁对准目标投出,击中目标获胜。该项目能锻炼投掷的准确性与臂力,深受蒙古人民喜爱。打布鲁和射箭一样是"男儿三艺"之一,也是那达慕盛会上常见的传统节目。打布鲁竞赛一般以掷远为活动形式。1953 年在天津举行的全国民族体育表演大会和 1982 年在呼和浩特举行的全国第 2 届少数民族传统体育运动会上,打布鲁作为表演节目在大会上展示。1957 年,在内蒙古自治区成立 10 周年举办的全区那达慕大会上,库伦旗三家子运动员以 99.85 米的成绩获布鲁掷远第一名,并打破内蒙古全区纪录。1985 年,在哲里木盟(现通辽市)举行的全区第 1 届少数民族传统体育运动会上,库伦旗选手掷出 142.10 米的成绩,获得冠军。现在打布鲁仍然是蒙古人民生活和节日中不可或缺的运动健身项目之一。

2. 打布鲁项目教学指导

(1)原地投掷教学指导

右手持布鲁后斜下举,左脚在前右脚在后分腿立于投掷线前一步左右。然后尽力转身向后下方弯曲,右腿半屈,将重心落在右脚上,身体左侧正对掷出方向;右脚尖亦转向右方,左脚点地,右手握布鲁接近地面,左手自然侧上举;左脚提起离地,旋以左脚前踏,两脚尖为轴,急速转体向前(掷出方向),左臂用力往后,并利用腰部扭转力量拉动右臂,使布鲁从肩上向前掷出;左手往后,右手也往左腰隙带出,右脚顺势提起跟进往前踏出一步。掷出后,身体微向左转,避免冲出界线,同时左脚向后举起,保持身体的平衡。根据抛物线原理,布鲁的最佳抛射角应为 45°,才能创造最远的成绩。

(2)助跑投掷教学指导

助跑投掷分为垫步式和交叉步式两种。

①垫步式

运动者右手握布鲁后下举,助跑至最后几步,右脚落地,并迅速蹬地起身向右侧转,左侧朝掷出方向,左臂微屈上举;上体后倾,左脚前举横踩一步,右脚横步向左脚横踩位置靠近,转体尽量向右下弯;右腿半屈,重心靠右脚,身体左侧正对掷出方向,右脚尖亦转向右方;左脚点地,右手握布鲁接近地面,左手自然侧上举;左脚提起离地,旋以左脚前踏,两脚尖为轴,急速转体向前(掷出方向)倾倒,左臂用力后摆,并利用腰部扭转力量拉动右臂,使布鲁从肩上向前掷出;左手向后摆,右手也往左脚隙带出,右脚顺势提起跟进往前踏出一小步。掷出后,身体微向左转,以避免冲出投掷线,同时左脚向后举起以维持身体平衡。

②交叉步式

交叉步式的助跑方法与垫步式基本相同,两者间的区别在于开始进行交叉步时,左脚前踏一步,同时身体向右转体后倾,左侧朝掷出方向,左臂微屈上举;上体后倾倒,左臂用力后摆,右手握布鲁后下举;随即右脚在左脚前或后交叉一步,左脚再前踏一步,急速转体向前倾,并利用转体及腰部力量,拉动右臂将布鲁从肩上掷出;同时右脚再向前踏一小步,左腿后举,阻止身体前进;略微左转,以免触及投掷线。

(六)顶罐走

1. 顶罐走项目概述

我国东北地区朝鲜族妇女有一种特殊的劳动方式——顶罐走。这种技能经过长期的发展和演变,逐渐成为当地人民的一项传统体育活动。朝鲜族人民从前主要靠贩运货物换取食物生存。贩运要翻山越岭,途中攀爬悬崖时相当危险。如果用头顶货物,若失足,只要头一歪,就可以丢弃货物而保证人的安全。这是扁担负重所不具备的优势。据有关研究表明,当头上所负重量增加到体重的 2/3 时,行走所需要的体力只比不负重多 50%;而同等情况下,一个士兵所耗费的体力是平时的两倍。因而头顶搬运也被认为是借助于非凡的平衡能力和灵巧的弹性步伐,能够达到保存体力的目的。朝鲜族聚居区,妇女们多头顶瓦罐送水或用头顶搬运其他物品。插秧、锄草季节,妇女们常头顶瓦罐将饮水或米酒送至田间地头。虽然头负重物,但他们也能行走如风。

随着所顶道具发生变化,舞蹈动作也相应地与头顶罐活动融合,如顶水舞,以"挫垫步""碎步""踏波步"为基本步伐,主要动作有"甜泉舀水""玉指弹珠"等。舞蹈通过模拟头顶瓦罐行进中的各种生活动作,抒发欢乐喜悦的内心感情,舞姿轻松优美。作为比赛项目,顶罐走所顶水罐约重 5 千克,具有一定的负荷,对参赛者的腰背、颈部、腿部肌肉以及全身的平衡能力都有较高的要求,长期参与顶罐走活动,全身协调、平衡能力会得到提高。

2. 顶罐走项目教学指导

(1)不仅要保持头上的水罐在高速行走的过程中不掉,而且水也不能洒出。

（2）在指导运动者走的过程中,教师应提醒运动者身体重心的活动轨迹上下起伏不能过大,特别是左右摇摆不可过大。

（3）重心的平稳要靠踝、膝关节在行走过程中调整,两臂左右维持平衡。因而在顶罐走的民族传统体育教学中,教师应对运动者的平衡感和调节能力提出更高的要求。

（4）上身和头部要保持正直,脖子要梗住,头不能晃动,双眼平视前方。

（七）赛威呼

1. 赛威呼项目概述

赛威呼,满语意为赛船。捕鱼业是部分满族人世代相传的职业。在每年的农历七月十五这一天,按照满族风俗,人们为了纪念祖先和庆贺丰收要举行喜庆的赛船活动。比赛的船是以巨木刳制而成的,两端尖,底圆弦平。大船能够容纳约 5～6 人,小船也可容 2～3 人。一人持桨,左右划水,疾快如飞。比赛速度是关键,表演者与围观者随着舞蹈节奏和情绪变化呼喊出"哎嗨哟",以示对渔猎丰收的庆贺和对表演者的鼓励。

在清朝时期,赛威呼不但是一种游戏,还作为一种重要的军事体育项目,来锻炼军人们的身体素质和娱乐。清朝初年,满族人民每逢农历七月十五日,除了赛船和在河边有放河灯的习俗外,并有在水中赛纸船的习惯。一直到康熙年间,满族同胞遍居全国各地。据满族、蒙古族自治县志记载,光绪三十四年七月的校务运动会中就设有"陆地行舟"竞赛即"赛威呼"。放河灯、赛纸船、赛威呼这种饶有风趣的民族习俗,在清朝近 300 年的历史发展中长盛不衰,可见其魅力和价值所在。赛威呼比赛的评定主要是从两个方面,首先是灯或船在河中漂流的时间长短定优劣,然后是以船型、灯型的美观来评定高低。

陆地赛威呼是除水中赛威呼之外的另一种形式,是居住在陆地上的满族人通过模仿水上赛船的形式,经过改进而创造的"陆地行舟"竞赛。现代的赛威呼是 5 人制,5 人两侧手各共握一根竹竿,每队人员排成一路纵队,前 4 名队员面向正前方,最后一人模仿真正行船的舵手,背对站立。这项比赛适宜在广大青少年中普遍开展。通过赛威呼比赛可以增强参赛队员的腿部力量,提高速度素质、灵敏素质等,同时可以培养运动员勇敢顽强、不怕困难和团结合作的集体主义精神。

2. 赛威呼项目教学指导

赛威呼比赛竞争异常激烈,掌握和应用好运动技术和方法是取得胜利的关键。赛威呼属于短距离直道竞速项目,整个技术环节由四个环节构成,分别是起跑、起跑后的加速跑、途中跑和冲刺跑,教师可以从这四个环节对运动者进行指导。

(1)起跑和起跑后的加速跑教学指导

起跑时,教师可以指导运动者采用站立式起跑,进而使运动者的身体迅速摆脱静止状态,为起跑后的加速跑创造有利条件。当运动者听到预备的口令后,做2～3次深呼吸,轻快地来到起跑线前,两脚前后开立,注意前面4人左右脚一致,舵手的脚与同队其余4人相反,排头的前面一只脚放在前边起跑线后,紧贴起跑线的后沿,前脚跟和后脚尖相距大约为一脚长,两脚左右间隔为半脚长,重心落在前脚上,后脚用前脚掌支撑站立,腿部弯曲,上体前倾,前倾程度依据参赛队员的个人习惯与比赛的战术而定,一般是跑速越大,腿部弯曲程度也越大,上体前倾也越大。眼向前看3～5米处,身体保持稳定姿势,集中注意力听开始的枪声或哨声。当听到枪响或者哨声时,两腿用力蹬地,使身体迅速向前冲出。起跑后的加速跑是从起跑到途中跑之间的一个跑段,其任务是获得最大的初速度。

(2)途中跑教学指导

途中跑是比赛全程中距离最长的、跑速最快的一段,其任务是继续保持和发挥高速度跑。起跑后的加速跑阶段结束后,经过2～3步的惯性跑之后,即进入途中跑阶段。途中跑正确的上体姿势是正直或者稍前倾,这样可以为肌肉和内脏器官的活动创造有利的条件。在跑速加快时,适当增大身体前倾的幅度,头部自然,两眼平视前方。

(3)冲刺跑教学指导

冲刺跑是全程跑的最后一个阶段,它的主要任务就是尽力保持途中跑的高速度跑过终点。在距离终点15～20米处,前面4人尽量保持上体前倾角度,与舵手协同配合,以最快的速度前跑,在跑到距离终点线一步距离时,排头上体急速前倾,用胸部或者肩部撞线,并继续跑过终点,然后逐渐减速慢跑,不可急停,以免惯性摔倒。

第二节 西南地区民族传统体育项目教学

一、西南地区民族传统体育项目发展概况

我国的西南地区少数民族众多,主要有彝族、藏族、门巴族、珞巴族、哈尼族、佤族、拉祜族、景颇族、布朗族、阿昌族、普米族、怒族、德昂族、独龙族、

基诺族、壮族、土家族、苗族、羌族、回族、满族、傣族、傈僳族、蒙古族、白族、纳西族、布依族、水族、瑶族共 29 个。该地区环境特殊,使得该地区少数民族拥有丰富多彩的生活方式和不同于其他地区的宗教信仰,从而形成了众多特色鲜明的民族传统体育项目。

据粗略统计,我国西南地区少数民族传统体育项目数量达 470 余项,如此多的民族传统体育项目占全国民族体育项目总数的 48%。不仅如此,其中具有显著代表性的项目有 70 余项。西南地区的民族传统体育项目有部分适合于山区、半山区之中开展,有部分适合于水域中开展,部分适合于坝区、河谷地带开展,而还有一些不受地理环境限制。西南地区的每一个体育项目都是传统民族浓郁文化特征的积淀,很多都能反映出本民族的风俗习惯和宗教信仰,或者代表着生产劳动、生活行为的态势。因而可以从这些传统项目来透视西南地区少数民族的物质、生产、文化和精神特征。

二、西南地区民族传统体育项目教学指导

(一)押加

1. 押加项目概述

在藏语里,押是"拉"的意思,加是"脖子",顾名思义,"押加"就是"用脖子拔河"。押加起源于藏族的民间,发展到现在已有百余年的历史,流传于西藏、青海、甘肃、云南等藏族聚居区。押加是在西藏特殊的自然环境和独特的民族生活基础上产生的,并以独特的形式世代相传,藏族群众对其十分喜爱,其群众基础特别坚实,因此才能够保存、传承和发展到今天。逢年过节或者平日农牧闲暇时,在牧场上或者田间,人们互相把两条背带或腰带连在一起,以游戏的形式练习和比赛。既充实了人们生活,又锻炼了身体,是一项老少皆宜的体育项目。

"押加"活动需要在平地上划两道平行线作为河界,由两名男子将一条长约 10 米的绳子两头打结,从各自跨下穿过,经腹部套在脖子上,二人背对站在河界两边,对大象姿势进行模仿,两手与脚尖触地,运用脚、腿、肩、颈的力量努力向前,直到一名运动员将系在绳子中间的红布标志拉过自己的河界,比赛结束。押加运动被第 1 届至第 5 届全国民族运动会列为表演项目,在第 6 届全国民族运动会上被定为正式竞赛项目。第 8 届全国少数民族传统体育运动会上,押加比赛只设男子项目,按体重划分级别,主要设有 55 公斤级、61 公斤级、68 公斤级、76 公斤级、85 公斤级、95 公斤级以及 95 公斤级以上级等级别的比赛。

2. 押加项目教学指导

(1) 跪卧式教学指导

跪卧式是模拟大象的动作,要求运动者双方背向而立,把绳子打结套入脖子,将绳子经过胸腹部从裆下穿过,运动员两手、两膝、前脚掌着地,拉直赛绳。以绳子中间的标志物为中界。听到预备令后,运动者两膝离地,身体前倾;当开始口令发出后,运动者利用颈部、肩部、腰部、腿部及手臂的力量向前爬拉。比赛期间,运动者也可站立扯拉,直到垂直的标志物被拉过河界为止,标志物偏靠那方胜。

(2) 站立式教学指导

① 单人腰力比赛

单人腰力比赛要求运动者面对而立或背对而立,把绳环套在双方的腰部,绳中间的标志物垂直于中界,面对而立时,不可用手抓绳,背对时手的位置和下肢的动作不限。当听到比赛开始的口令后,双方用腰部和下肢的力量拉拖,直到垂直的标志物被拉过河界为止,标志物偏靠那方胜。

② 单人站立式

单人站立式要求运动者面对而立,把打好结的绳环套在双方的脖子上并将绳拉直,绳中间的标志物垂直于中界,两腿可站立。听到开始的口令后,双方用颈部和腰腹部的力量向后拉扯,直到垂直的标志物被拉过河界为止,标志物偏靠那方胜。

(二)朵加

1. 朵加项目概述

"朵加"即抱石头,是一项深受藏族人民欢迎和喜爱的体育活动,这项活动是技巧型和力量型的结合。"朵加"起源于松赞干布时期。据《贤者喜宴》记载:吐蕃赞普赤松德赞时,有一大力士能将一头牦牛举起。到了7世纪第三十四代赞普芒松芒赞时期(公元650—679年),人们都会纷纷前来聚集到一起参加声势浩大的角力大会。松赞干布时期朵加活动已经非常普遍。到了15世纪,五世达赖规定男子必须要具备"九术",朵加就是"九术"之一。闻名中外的大昭寺、桑耶寺、布达拉宫等寺庙壁画中,都记载了抱石头的传统体育活动。抱石者均为彪形大汉,威风凛凛,全身装束皆是长发梳辫,身穿长袍,下着长裤,腰间系带,足穿翘头鞋,从起抱到石头上肩,全部过程及人的神态,都描绘得栩栩如生、十分逼真。由这些壁画可见,朵加在西藏人民生活中的重要性。

新中国成立后,朵加运动得到了一定程度的普及,不管是喜庆节日还是劳动闲暇或赛马会上都会举行朵加比赛,大力士都会为了勇猛武士的荣誉,抱起几百斤重的大石头。而在藏北草原,在物资交流会上,朵加演变成了抱沙袋石,也颇有情趣。在1982年的西藏自治区第4届体育运动会上,朵加成为西藏民族传统体育表演赛项目。比赛方法基本沿袭以往,只略有革新,比赛的石头呈椭圆形,重量分为50斤、200斤、250斤和300斤四个量级,采取先抱轻、后抱重,从易到难的办法,四个量级必抱。

2. 朵加项目教学指导

(1)预备姿势教学指导

在做预备姿势时,教师可以指导运动者先让两脚贴住石头,尽量使石头的重心和身体重心在同一地面垂直线上,进而达到促使运动者省力的目的。随后教师再指导运动者眼视前下方,两腿屈膝下蹲,两臂自然伸直打开,尽可能抱住石头,五指自然分开,扣紧石头,以免石头滑落。臀部的高度要在肩和膝之间,要以伸膝、伸髋力量的大小和体型特点为依据来决定臀位的高低,有较强伸髋力量但是躯干短的人适宜采用高臀位,而躯干长、又有较强伸膝力量的人适宜采用低臀位,这能够使阻力臂缩短,使腰部的负担减轻,从而促进伸膝力量的充分发挥。

(2)抱石教学指导

在抱石前,教师要指导运动者对呼吸的节奏进行调整,先呼气,然后再吸大半口气,吸气的同时腰背部的伸脊柱肌肉要收紧,肩胛骨要固定,使抱石时两臂的牵引作用增强,也可固定脊柱,从而促进躯干支撑作用的发挥。指导学生协调配合好吸气和收缩腰背肌,在收紧腰背肌时,同时用力收缩腿部伸肌,逐渐向上抬臀部,两臂抱石随臀部的提起而升高。

(3)发力教学指导

发力是在开始抱石的基础上,引膝动作结束的瞬间进行的。运动者发力要迅速,这样才能充分发挥出肌肉的最大力量,使石头获得向上运动的最大速度以便上升到必要的高度,用力顺序是以快速蹬腿和伸髋为基础的。

(4)后抛教学指导

把石头抱举起时,要顶髋,利用腰背肌的力量同时双臂伸直后摆,迅速掷出石头,出手角度应约45°角,这样石头运行的轨迹为抛物线形,以使石头运行距离远。另外,要注意的是,在抱石后抛的过程中,要尽可能缩短抱石头的距离。因为用同样的力量,抱石头的距离越短,抱的重量就越大。

(5)呼吸教学指导

抱石头用力的动作时间不短,因而会有较大的身体负荷。人们在用力的过程中,往往会憋气,但是长时间的憋气会导致运动者在完成抱举过程中出现头晕现象,这是由于憋气前吸气太多或呼吸方法不正确引起的。因此,在预备姿势后准备抱石头时应做一至两次深呼吸,而后正常呼吸,上拉和起立过程中憋气,憋气时量在 2/3 至 3/4 间。当起立两腿接近伸直时借调整石头位置的瞬间迅速做几次短促的呼吸,以调节需氧量,然后憋气上举直至起立后再自然呼吸。

(三)抢花炮

1. 抢花炮项目概述

抢花炮流行于我国的广西壮族、侗族和仡佬族等民族中。由于其有强烈的对抗性、娱乐性和独特的民族风格,所以数百年来长盛不衰。据考证,抢花炮运动已有五百年的历史。每逢三月三或秋后是抢花炮的季节,人们穿上节日盛装涌到赛场,或参赛或呐喊。抢得花炮象征着村寨来年将会五谷丰登、人畜两旺,并可以得到主办村寨的奖品。光绪《贵县志·卷五·纪人节令》中描述壮族抢花炮情景:"城厢初二日,众会社前放花炮,大小不等,大者高丈余,小者亦尺许,周身糊以花纸,名曰花炮。有头、二、三等名目,结草环为标,识轰起时,接得者谓之得炮头。会董用鼓吹,仪仗送琉璃镜一座,至其家香花酒烛供奉堂中。次年及期,亦照样另备屏镜、大炮、金猪,鼓乐送至社前,谓之还炮。"另外,据广西三江侗族自治县志记载:"花炮会届时男女咸集,其竞赛以冲天铁炮内装铁环,若实弹燃,燃铁炮后,铁炮直飞云霄,观众闻炮声,即以铁环为目标蜂拥争取,以夺得铁环者按头,二三名依次领奖其他友族皆簇拥庆贺,欢声若雷。"这种运动在广西、湖南、广东一直延续至今并有所发展,已经成为全国少数民族传统体育运动会的正式比赛项目。

2. 抢花炮项目教学指导

(1)进攻教学指导

①握炮

握炮的技术主要分为单手握炮和双手握炮两种。

A. 单手握炮

单手握炮的正确动作是运动者五指自然张开,将花炮贴于掌心,拇指紧贴外侧,其余四指弯曲内扣握住炮的下沿。此方法的优点是握炮稳,跑动中不易掉炮;缺点是动作慢,不便于快速交手与传接炮。

B. 双手握炮

双手握炮的正确动作是运动者两手掌五指自然张开,并交叉将花炮压在两手心内。这种方法的优点相对于单手来讲握得更加牢固,不易脱落,但缺点是奔跑慢。

②传炮

传炮是抢花炮比赛中运用最多的技术动作之一。此项运动的特点决定了抢得花炮后不能暴露,否则对方就会有几个甚至十几人向你跑来争抢袭击。因此,传接时要巧妙地通过假传、接或真传、接来分散对手防守的力量,从而发动进攻。根据传炮的不同方式,分为肩上传炮、体侧传炮和低手传炮。

A. 肩上传炮

肩上传炮不但传炮有力、准确,而且动作符合人的生理结构,肩臂不易受伤,它是运动员最基本、用得最多的传球方法。传炮时,面对传炮目标,两腿前后开立,约同肩宽,膝部微屈,右手拇指从前往回扣,其余四指及掌心紧贴花炮。传炮时,后脚稍用力蹬地,借助转体带动肩、肩带动手臂加速前挥,身体重心前移,向传炮目标屈腕,扣指将炮传出,头部始终保持正直,目视目标。出手后炮的弧线不要太大,尽量控制炮的落点,以在接炮队员的胸部高度为宜。

B. 体侧传炮

当接住低于腰部的来炮时,传炮距离较近,此时可用体侧传炮。接住炮后,右手随缓冲动作持炮后引,并根据传抢方向的需要,决定伸踏的方向,重心移到屈膝的后支撑腿上,上体转动,左肩对准抢的方向,头保持正直,两眼正视目标。传炮时,后脚蹬地,重心前移,带动转腰送胯与摆臂,右臂经体侧前挥时肘应前引,前臂伸展约与地面平行,并伴以挑腕外旋将炮传出,炮在空中呈平旋飞行。由于体侧传炮横向打击时角度大,所以挑腕外旋务必对准目标,以免左右偏离太多而造成失误。

C. 低手传炮以右手为例

以右手为例,运动者右手将炮持于体前,先向后预摆,然后向接炮队员方向挥臂、拨腕、挑指将炮传出。炮的飞行弧度稍大,根据接炮队员的距离远近,炮的落点尽量控制在接炮队员的胸部高度。

③接炮

单手接炮和双手接炮是接炮技术的两种主要形式。

A. 单手接炮

运动者首先判断炮的飞行情况,确认落点,然后快速移动,面对来炮,向前上方伸出右手,以虎口迎炮,当炮接触虎口时,手指迅速向内扣握,并顺势屈臂缓冲。

B. 双手接炮

运动者首先判断落点,然后两手自然张开迅速移动至持炮队员所持炮的位置,当炮触及手掌时,两手迅速向内扣握并顺势屈臂缓冲收至腹前,同时原持炮队员松手即可。

④抱摔

通过抱摔，可阻止持炮队员进攻，从而为同伴抢炮创造时机。

A. 搂抱技术

防守队员可以从任何方向搂抱进攻队员的身体，搂抱时一手握成拳，另一手扣在握拳手的腕关节处，搂抱部位在肩以下、膝以上。

B. 摔法

根据规则规定，摔法只能采用自己先倒地的方法。因此，在使用摔法时，防守队员只能先降低重心并后移，然后用膝顶住进攻队员的膝关节，顺势后倒将进攻队员摔倒。

（2）防守教学指导

①抢断炮

抢断炮指防守队员抢断进攻队员之间的传递炮。首先判断攻方队员会向哪一位同伴传炮或炮会飞向哪个方向，以便提前移动，抢占有利位置；然后根据炮的飞行方向跳起，尽量拍打花炮或拍打攻方队员接炮的手，使攻方队员接不住花炮。

②抢夺炮

运动者在抢夺炮时，教师应指导运动者首先判断花炮在哪一位攻方队员手中，然后通知队友协同抢夺，即抱腰、拉手，将花炮硬抢夺过来。在不犯规的前提下以多防少，尽量不让进攻方将炮传出。

③拦截

拦截是指不让攻方队员进入罚炮区，破坏攻防队员的掩护或战术配合。

④抱腰

抱腰是防守技术中较难掌握的一个动作，当拦截对方进攻时，只要他持炮进攻，就可抱腰防守，为队友抢花炮创造条件。

第三节　西北地区民族传统体育项目教学

一、西北地区民族传统体育项目发展概况

我国的西北地区主要包括陕西、青海、宁夏、新疆、甘肃 5 个省区，总面积达 310 万平方公里，占全国陆地总面积的 1/3。在这个地区有很多少数民族，因此民族传统体育项目的数量也非常多。据统计，除汉族外，现在西

北地区有近二十个少数民族,这些少数民族基本上都有自己特色的传统体育项目,据统计共有 246 项,接近全国少数民族传统体育项目的 1/4。这些民族传统体育项目突现了体育文化的进取精神和创造精神,地域性和民族性特征鲜明,极大地丰富了西北地区体育文化的内涵。

受地理环境与生态环境等方面的影响,西北地区少数民族的经济主要以畜牧业生产为主。而居住在新疆地区的维吾尔族、哈萨克族、塔吉克族、乌孜别克族、柯尔克孜族、锡伯族等长期经受草原游牧文化的影响,逐渐形成了具有民族特色的草原骑射类民族体育活动,如赛马、赛牦牛、骑射、叼羊、马上角力、姑娘追、飞马拾银等。居住在甘、宁、青等地区的藏族、裕固族、土族、撒拉族、蒙古族等,他们的经济主要以农耕和畜牧为主,因此其传统体育活动趋向于体力积蓄与自然较量的文化内涵,常见项目有大象拔河、拉棍、套马、压走马、拔腰、斗智、竞速、押加等。而聚居在黄河上游或中上游流域的回族、土族、东乡族、撒拉族、保安族等,则形成了具有西北特色的水上体育项目,如牛羊皮筏竞渡、骑木划水、夹木过河、游渡黄河、人牛泅渡等。居住在沙漠地区的维吾尔族、哈萨克族、塔吉克族、回族、藏族、土族等多以骆驼作为载货和骑乘的工具,因而赛骆驼成为这些少数民族的特色项目。在西北地区有不少是以闲暇消遣、健身娱乐为主要目的的特色传统体育项目,如棋艺、托举、投掷、踢打等。还有很多是以竞技能力为主要表现形式的。如维吾尔族的顶瓜竞走,蒙古族的贵由赤,柯尔克孜族的月下赛跑,撒拉族的单把游、骑木划水、夹木过河,东乡族的牛羊皮袋泅渡,塔塔尔族的赛跑跳,满族的滑冰、冰床、双飞舞等。

整体来看,西北地区的节庆习俗几乎都与传统的体育活动有着密切的联系,节日期间各族人民不仅要进行歌舞表演,还要举行赛马、叼羊、摔跤、马上角力、达瓦孜及斗狗、斗牛、斗羊等活动。这些传统体育活动不仅具有强身健体的价值,同时为人们的日常生活也带来了极大的乐趣。

二、西北地区民族传统体育项目教学指导

(一)木球

1. 木球项目概述

关于木球的起源,说法不一,各种说法都与各个地区的风俗习惯有很大的关系。北京地方认为木球是由清朝民间盛行的"打卯球"发展而来。相传是在清朝乾隆年间传入承德地区回民居住的地方,后来为各族喜爱而开展形成。20 世纪三四十年代,隆化县卜克川和围场县的孟奎川依然存在"打

毛球"的习俗。春季牛脱毛的时候,少年儿童用小石块沾水在牛身上滚动,边滚边沾水,待滚成拳头大小,既成为一个圆形牛毛球以做游戏。

改革开放以后,我国宁南地区回族青年发起了木球活动,并与附近乡村开展交流比赛,引起广泛关注。1982年9月,内蒙古自治区第2届全国少数民族传统体育运动会上进行了木球运动表演。1983年,湖南、宁夏、北京等地经过整理、加工,试行了木球运动新的规则,并列为省市民族运动会的竞赛项目。1986年乌鲁木齐市第3届全国少数民族传统体育运动会上,宁夏木球队再次进行了表演,木球运动开始从传统游戏活动模式向现代竞技运动过渡。1989年宁夏首届全国木球邀请赛上,木球比赛在端线设门,用以打门得分的形式取代了赶球入坑的传统游戏模式,由此木球的场地设计和竞赛规则初步形成,基本完成向现代竞技运动的过渡,成为我国优秀的民族传统体育项目。在1991年的第4届全国少数民族传统体育运动会上,木球正式被列为比赛项目。发展到现在,木球运动在我国一些少数民族地区或一些小学开展得较为普遍,有些地方还将木球列入中小学体育教材。

2. 木球项目教学指导

(1)传球教学指导

传球这一技术能够对进攻进行有效的组织,促使战术的变化,对射门机会进行创造。正(反)手传球、传腾空球等是木球的几类传球技术。

(2)接球教学指导

运动者对击球板的合理部位进行运用,有目的地将运行中的球停挡在自己能够控制的范围内的技术就是所谓的接球技术。接球技术动作有正、反板接球两种。

(3)运球教学指导

运动者在跑动中,用击球板推拨球,为将球有目的地保持在自己能够控制的范围内而做的连续触球动作就是所谓的运球技术。运球技术的主要方法包括拨球运球和推球运球。

(4)射门教学指导

快速准确的射门技术和良好的射门意识,能为取得优异的成绩奠定良好的基础。在木球的教学过程中,教师应指导运动者在射门时应讲究突然与准确性,这是得分的关键。

(5)抢截球教学指导

防守队员利用合理的动作方法,抢截或破坏把对手控制的球或对方传出的球的技术动作就是所谓的抢截球技术。教师可以指导运动者采用截球抢截和勾球抢截两种方法。

(6)守门员教学指导

守门员主要任务是不让球射入本方球门,另外,守门员也要观察全局,指挥本队的进攻和防守。教师在对守门员进行指导时,需在选位、准备姿势、移动、用板挡球、半分腿挡球、双腿侧躺挡球等方面对运动者进行指导。

(二)叼羊

1. 叼羊项目概述

叼羊起源于中世纪,是深受哈萨克族牧民欢迎和喜爱的一项运动。中世纪时期,游牧部落非常痛恨草原恶狼,一旦捕获到狼,牧民便将其驮于马上奔跑,争相抢夺以庆贺。由此逐渐发展成一项活动,并将叼狼改为叼羊。在西北地区,叼羊比赛多在蒙古、哈萨克、柯尔克孜、塔吉克、乌兹别克和维吾尔等少数民族中举行。叼羊运动既是力量和勇敢的较量,又是智慧和骑术的竞争。因此,叼羊运动被誉为"彪悍者的运动"。参加叼羊比赛的一般为两组。每组先出一人,在角力过程中不断增加出场的人数,最后谁抢到羊的一方获胜。叼到羊的人把羊扔到哪家,就表示这家会幸福吉祥,而这家人当晚要宴请参加叼羊的骑手,吃到羊肉的人会有好运。在 1986 年 8 月,新疆举行的第 3 届全国民族运动会上,叼羊运动成为正式比赛项目。叼羊运动具有较强的健身性和娱乐性,受到人们的广泛欢迎。经常参加叼羊运动对培养顽强意志,提高与困难作斗争的勇气,加强身体的协调性与灵活性,培养集体主义精神等,都有积极的作用。

2. 叼羊项目教学指导

(1)速度教学指导

在叼羊运动中,冲刺抓羊、持羊返回,及追赶对手时,骑马快跑是一种非常重要的技术。骑马快跑时,骑乘者应当身体前倾,坐时臀部要略微离开马鞍,以减轻马背负重,让马跑得更快。骑马者必须使自己的身体随着马匹的前进节奏而移动。

(2)抓羊教学指导

抓羊要采取镫里藏身的技术方法。由于马跑的速度很快,往往稍有差错就会失手,所以抓羊时出手要迅速准确。在抓羊的时候,最好抓羊腿,并注意下手时机,避免抓到其他异物而划破手。

(3)持羊教学指导

①抢到羊后要把羊搭在马鞍前放稳,用身体半压住并护好羊。不仅要避免用手提羊,也要避免露出羊腿,否则容易被对手抢走。

②抢到羊后还要注意持羊的技术,可以通过各种变向、假传、虚晃来诱

骗对方,以更好地保护自己,也使对手无法抢夺。面对堵截时,摆脱对手动作要快、突然,假动作要逼真。

③在向目的地冲刺时要充分发挥控制骑乘速度和自由变换方向的能力,注意不要减慢速度,要保持一个平稳的速度。技术好的选手能以熟练的持羊技术避过对方的阻截。

④要求运动员视野开阔,眼睛要看到整个比赛场地(尤其是远端)的情况,不能只盯着羊。

(4)抢夺教学指导

叼羊运动中的抢夺技术需要运动者在瞬间判断持羊者及同伴的意图,然后大胆出手抢羊。持羊者往往会躲避抢夺,在持羊飞奔的过程中利用身体掩护羊或变换骑行方向,所以抢夺技术要求在追赶时不断调整位置,寻找合适时机。

在运用抢夺技术时,运动者需要注意以下几个问题。首先,运动者要观察持羊者的运动方向,抢占有利位置,并掌握好出手时机。其次,运动者应当抢夺羊的腿、头或脖子等部位。最后,运动者要保持好自身平衡,以便抢到羊后迅速逃脱。

(5)队友配合教学指导

叼羊比赛不仅要求运动者掌握基本的技术,同时还要求具有团体协作的意识。在冲夺羊时同伴之间要互相掩护,通过阻挡等方法为夺羊者创造出一条安全道路,以便最先接近目标。运动者在传接配合时要选好时机再进行,判断要及时,动作要果断,扔羊的线路要短,方向要准,避免对手趁机抢夺。接羊者要对准同伴抛出的方向,及时伸手接住羊。

(三)赶羊跑

1. 赶羊跑项目概述

赶羊跑由回族传统体育项目"打卯球"发展而来,深受回族人们的喜爱与青睐。赶羊跑运动的方法是赶"羊"人双手持棒赶羊上路,"羊"在木棒控制下跑动;当"羊"进入接力区,将"羊"赶进圈后即可传棒给同队队员,进行接力;依次4人跑完全程。赶羊跑运动要求在规定的接力区内传递,因而是一项比拼速度的集体项目。另外,赶羊跑运动要求运动者具备高度的灵敏性、协调性以及良好的速度能力,因此在训练时应抓住技术、速度核心,才能达到事半功倍的效果。需要指出的是,这个项目对培养队员的相互合作、协调一致有积极作用、并能使运动者的各项身体素质得到很好的发展。

2. 赶羊跑项目教学指导

赶羊跑是一项4人×50米接力跑的比赛,采用的比赛场地可选择200

米跑道(跑道宽 1.22 米)的田径场。赶羊跑技术要求赶"羊"人双手持棒赶羊上路,"羊"始终要在木棒控制下跑动。赶"羊"时,运动者要利用手中的"羊铲"灵活地控制"羊",用拨、推、贴、挑等技术将"羊"推动向前快速行进;到羊圈时,将"羊"挑赶进圈内。在运动者快速奔跑中,教师要指导运动者始终将"羊"控制在"羊铲"下,一起前进。

(四)且里西

1. 且里西项目概述

"且里西"是新疆人民喜闻乐见的一项民族传统体育活动。且里西的产生和发展既有与其他民族摔跤运动的共同之处,也有自身鲜明的民族个性。经过长期的发展,且里西已经成为我国民族传统体育文化和项目中的重要组成部分,并登上现代竞技体育的舞台。一般情况下,且里西活动多在松软的土地上进行,不分体重级别,无统一服装要求,无时间限制,推举德高望重的长者担任裁判。且里西规则简便,把人摔倒在地便取胜,胜负判别分明,易于观赏和接受。且里西比赛场面壮观、竞争激烈,而且还有浪漫诙谐、情意绵绵的表演性娱乐场景。

2. 且里西项目教学指导

且里西是一项力量与技艺完美结合的运动项目,在比赛时,运动者腰间要各自系一条带子,要求双手不得离开对方的腰带部位,运动者相互抓着这条带子用力下压,脚下腾挪使绊,让对方上体先着地者(肩胛骨、侧身、臀部)获胜,不用再与对手进行跪撑或寝技。因此,手上动作较少,主要是用脚进行内勾、外勾腿,及用自身力量把对手进行背、抱、扛、卷等技术动作。且里西项目的技术动作与国际摔跤、柔道技术在某些方面有相似之处。

第四节 中东南地区民族传统体育项目教学

一、中东南地区民族传统体育项目发展概况

中东南地区主要包括广东、浙江、广西、湖南、湖北、福建、江西、海南、安徽、台湾等,这一区域主要有壮族、土家族、苗族、布依族、瑶族、侗族、毛南族、水族、仡佬族、黎族、仫佬族、高山族、畲族以及京族等少数民族。该地区少数民族人口约 3 000 万,占全国少数民族总人口的 30% 左右。中东南地

区少数民族传统体育项目有 184 种之多,这些项目主要包括少年儿童和成年人的体育游戏、中国古代的民间体育以及现代的民间体育等。

中东南地区少数民族传统体育文化的发展与该地区的生态、气候、地理环境有密切的关系。中东南地区地处温带、亚热带气候,雨量充沛,境内有很多河流,因此该地区的传统体育文化与水有很深的关系,与水相关的传统体育项目在各民族都有,如苗族、布依族、侗族、白族的龙舟,瑶族的游泳、踩独木划水,侗族的潜水摸鱼等。另外,中东南地区的民族传统体育活动还与生产劳动有很大的关系,有相当一部分民族传统体育项目不仅是直接从生产劳动中诞生的,而且还保持着本民族生产方式上的鲜明特色。如土家族的打飞棒游戏,最早时候这是勤劳勇敢的土家族人民为了保护自己辛勤劳动的果实而创造的,随着时代的进步,这种防卫方式演变成了一项健身游戏。

中东南少数民族传统体育的产生和发展也在一定程度上受到原始宗教的影响。据传源于祖先崇拜的土家族的"摆手舞",最初是用来由巫师主持祭祀土家祖先的。随着时代的变迁,现在的摆手舞已经逐渐剔除了迷信色彩,成为民间节庆时极为热烈的一项群众性体育娱乐活动。中东南地区的文化是一个独特的民族文化圈,是由楚巫文化、苗瑶文化以及其他文化互相交融而构成的。就是在这个独特的文化圈里,孕育出了许多形式各样、与其他地域有着风格迥异的传统体育活动。这些活动以娱乐休闲为主,多在劳动之余举行。这些具有独特民族特色的传统体育项目,既达到了娱人娱己的目的,又收到了强身健体的效果。

二、中东南地区民族传统体育项目教学指导

(一)稳凳

1. 稳凳项目概述

稳凳又被称为"问凳",是流传于浙江一带畲族民间的一项传统体育项目。上古时人们处于愚昧时期,身染疾病,家受灾难,以问凳方式祈求神灵保佑,以期消灾驱邪保全安宁,因而问凳最初是一项宗教祈祷活动。其活动方法是在三脚架的一条长板凳上,两端各坐一人,上下翘动板凳,同时左右旋转,边问边答,告知除病的消灾方法,被称为"问凳"。随着社会发展进步,这项活动逐步演变为带着浓厚体育色彩的传统体育活动。1987 年,体育工作者对其进行进一步挖掘、整理、改进,更"问凳"为"稳凳"。此后多年时间里对稳凳项目继续开发、研究,使此项目更具有民族性、健身性、竞技性、观

赏性、普及性,深受广大民众的青睐。

2. 稳凳项目教学指导

稳凳主要包括抓、摆、蹬、摇、翻、挺、屈、仰、投、抛等基本技术。比赛形式主要分为"稳凳"套圈和"稳凳"插旗两种。参与"稳凳"套圈的运动者分别站在凳的一端,手持凳板扶手,上凳后,在快速转翘板凳的过程中,将地上的10个小圈逐个捡起,并套进离凳 3.5 米远处的标志杆中,最后以套中多者为胜;"稳凳"插旗要求竞赛者每人手持一彩旗,上凳后在快速转翘板凳的过程中,将旗插入离凳 0.6 米处的标杆内,先插上者为胜。

(1)上凳教学指导

上凳指运动者登上离地一定高度的稳凳凳面的方法。根据凳的高矮或运动水平的高低,其技术分为直接上凳法和跑动上凳法两种。

①直接上凳

直接上凳法适合初学者或在矮凳上使用。正确的动作是:预备时,运动者左手扶凳板,右手抓握板凳前扶手,上凳时上体侧前倾,左腿用力蹬离地面,同时右腿以髋为轴,直腿后摆,越过后扶手,分腿骑坐于凳上。

②跑动上凳

跑动上凳法要求运动者通过助跑(走)的方式登上稳凳凳面的方法。预备时,教师应指导运动者左手扶凳,右手抓握前扶手,上凳时双方运动者先按逆时针方向跑动 3～5 步后,左腿用力蹬地,右腿后摆越过后扶手分腿骑坐于凳上。

(2)凳上动作教学指导

①转翘板凳

运动者上凳后,通过双脚不停地蹬踩地面,使板凳沿逆时针方向转翘的方法。这是做好稳凳凳上动作的基础,是稳凳运动者须掌握的基本技术。运动者在上凳后,要以左脚前掌内侧和右脚外侧,依次蹬踏地面使板凳逆时针方向转、翘,转、翘的速度取决于运动者蹬地的力量,力量越大,转速越快。

②套圈动作

用右手大拇指、食指和中指握圈,无名指和小指自然卷曲附后,将圈持在胸前,与地面成水平。套圈时,通过向前伸臂、后屈腕和展指的力量将圈抛出,使圈以平面顺时针方向转动向前飞行。整个动作要求协调、柔和。

③分腿骑坐套圈

通过用力蹬地使稳凳快速转翘后,左手握前扶手,右手持圈,当板凳转、翘接近最高点时,与目标(标志杆)成约 30°角时,上体右转,通过伸臂、后屈腕和手指的柔和力量将圈抛出。

④单挂膝挺身套圈

在放圈处蹬离地面后,运动者开始左臂屈肘,左手握前扶手,上体前倾,身体侧翻下,左膝顺势挂住后扶手,当凳转至一周,正好下落在放圈处,右手及时捡圈,并开始做挺身动作,在随凳上翘时,出手点与目标成约30°角时,将圈抛出。由于运动者在身体下翻后,起抛点较低,因此在抛圈时,上体要尽量向上抬起。

⑤双扣腿后仰套圈

在放圈处蹬地后,当凳转翘至接近最高点时,开始左手换握后扶手,左右小腿交叉以脚踝扣住凳板,同时上体后仰。在凳端降至放圈处,右手捡圈,当凳转翘接近最高点与目标成约10°角时,将圈向后抛出。

⑥分腿骑坐转身插旗

持旗和插旗是分腿骑坐转身插旗的两个重要环节。

A. 持旗

运动者用右手大拇指、食指和中指的第一指节握住离旗杆下端约0.3米处,无名指及小指轻托旗杆内侧,使旗杆与地面成垂直状态。

B. 插旗

插旗时,运动者左手扶前扶手,上体右后转,在凳下降与插旗座成20°左右角时,瞄准目标,右手将旗杆稳、准地插进插旗座内。

(3)下凳教学指导

①依次下凳

当稳凳的速度逐渐减慢至将停住时,后下的运动者上体后仰、双腿微屈撑地停住稳凳;先下的运动者双手握撑扶手或左手握扶手右手扶凳板,上体稍前倾,右腿用力后摆,跨过后扶手着地(注意:用脚前掌着地做屈膝缓冲动作);这时后下的队员方可站起,一腿外摆过后扶手离凳。

②同时下凳

当稳凳的速度逐渐减慢时,由一方队员发出指令,一般是用叫口令的方法,如喊"1、2、3"的"3"时,双方队员同时做下凳动作。因转翘的惯性,稳凳仍在转动,这时双方队员均不能松开扶手;若在高凳上,应跟随稳凳转翘一两圈待凳停稳后,方可离手着地。

(二)陀螺

1. 陀螺项目概述

打陀螺又称"抽陀螺""赶老牛""打猴儿""拉拉牛"等,是我国瑶族一项极有特色的传统体育项目。打陀螺游戏流传已久。据麻国钧等所著《中华传统游戏大全》考证,其起源于北宋时期。宋人周密《武林旧事·小经纪》

载："若夫儿戏之物,名件甚多,尤不可悉数,如……千千车、轮盘儿。"清人翟灏《通俗编》称:"宋时儿戏物有千千,见《武林旧事》,……皆陀螺之类。"另外,古代宫廷妇女喜欢玩耍的"妆域"之戏,亦与陀螺颇相关联。

从以上记载中能够看出,"千千车"、"妆域"等旋转类玩具,都是陀螺的前身。到明代时就有了"杨柳活,抽陀螺"的习俗,一些古籍上也记载着陀螺的制作方法、形状、材料及游戏方法的介绍。在 10 世纪以前,中国的这种民间体育游戏就已经传到了朝鲜、日本等国,并流传至今。新中国成立后,陀螺游戏在各民族地区广泛开展,成为学校体育和群众文化娱乐活动的重要内容。

2. 陀螺项目教学指导

(1)放陀教学指导

①缠绕陀螺与持握陀螺

运动者左手握陀螺顶部,拇指在陀螺脚槽处压住鞭子尾尖部,右手持鞭向内缠绕,并用鞭压其尾端,不使其松脱。鞭子缠绕要紧密,鞭头缠在右手上,拉紧鞭绳,同时右手拇指压在陀螺顶部,食指、中指托住陀螺侧下方,无名指和小指握住鞭绳并顶在陀螺侧面。缠绕陀螺的关键在于鞭子要缠得紧密整齐;持握陀螺的关键在于拉紧鞭绳,拇指压实,防止绳子松脱或脱手。

②旋放陀螺

旋放陀螺时,教师应指导运动者将缠好的陀螺持握好,身体右侧对着旋放区。放陀前两膝随上体转动屈伸调整身体重心,左手持陀向左侧方引臂,右手持鞭随摆,重心随之移到左脚上,左膝稍屈,维持身体平衡,保证掷陀有较长的工作距离。引臂后,利用左脚蹬地和向右转体,带动左臂向前挥摆,使力量通过手臂和手指作用于陀螺,使陀螺平头朝上、锥尖朝下向旋放区飞出。右手持鞭顺势前摆,当陀螺飞到旋放区上方距地面 20 厘米左右,右脚用力蹬地向左转体,右手持鞭向左猛力回拉,使陀螺的旋转获得更大的动力,同时将向前飞旋的陀螺回拉丽平稳地落于旋放区内。

(2)攻陀教学指导

①缠绕陀螺与持握陀螺

攻陀技术与放陀技术在缠陀、持陀、持鞭的方法上一致。

②攻打陀螺

攻方瞄准守方陀螺后,利用右脚蹬地,身体左转,带动右臂向前快速挥摆,至肘关节伸直时将陀螺掷出手,使陀螺平头朝上、锥尖朝下对准守方陀螺飞出。陀螺出手后,右臂随势向左斜下摆动,腿屈膝维持身体平衡,防止踩越攻击线。这时,左手随即持鞭顺势左摆,用力拉动鞭绳,当鞭绳全部拉完后,陀螺即沿鞭绳拉力结束时的即时速度飞向守方陀螺。鞭绳拉完后迅速收回,防止鞭绳触及守方陀螺或鞭杆触及比赛场区。

(三)跳竹竿

1. 跳竹竿项目概述

跳竹竿俗称"竹竿舞",最早是用于黎族人们的祭祀活动,距今已有数百年的历史,盛行于海南五指山区。跳竹竿活动带有着浓郁的海南乡土气息,以当地盛产的毛竹、金竹做器材,并有单人表演、双人表演和集体表演等多种形式的表演,主要动作包括单腿跳、双腿齐跳、分腿跳和翻跟斗等。跳竿者做出的磨刀、筛米、穿门、鹿跳等动作均非常优美,动作敏捷大方、优美舒展、节奏分明、富有风趣、风格突出,要求跳竿者具备一定的舞蹈技巧。经常参加此项活动,有利于参与者锻炼身体,增强体质,并能增强灵敏性、协调性和耐久力等身体素质。此外,这项活动对场地、器械的要求简单,对年龄、性别均无条件限制,所以非常有利于普及和开展。发展到现在,"跳竹竿"运动已渐渐褪去祭祀的色彩,成为一种带有民族文化色彩的体育健身活动。

2. 跳竹竿项目教学指导

跳竹竿主要包括打竿和跳竿两个重要环节。

(1)打竿教学指导

比赛时 8 名击竿者分成 4 人一排,相向蹲在竹竿的外沿,两两相对,每人两手各握一竿,由队长或打竿队员之一用口令或哨子指挥,或者是锣鼓的伴奏下,相对的两人按照节拍、鼓点,不断地将手中的竹竿分分合合、一高一低地击打、滑动,发出铿锵清脆的响声,跳竿者 4~8 人随着竹竿的高低分合,有节奏地跳跃其间。

(2)跳竿教学指导

①2 拍跳法

A. 单腿跳进

左脚前跳 1 拍,右脚越竿前跳 1 拍。

B. 单腿进退

左脚前跳 1 拍,右脚越竿前跳 1 拍。左脚越竿前跳 1 拍,右脚越竿后跳 1 拍。

C. 转体 180°跳进

左脚跳进 1 拍,右脚越竿跳进同时左转 180°。右脚跳进 1 拍,左脚越竿跳进同时左转 180°。

②3 拍跳法

交换腿法(以二合一开为例):左脚跳进 1 拍,右脚原地跳 1 拍。左脚越竿跳进 1 拍,右脚越竿跳进 1 拍。左脚原地跳 1 拍,右脚越竿跳进 1 拍。

A. 单脚连跳(以一合二开为例)

左脚跳进 1 拍,右脚越竿跳进 1 拍,右脚原地再跳 1 拍。

B. 单双腿交换跳(以一合二开为例)

左脚跳进 1 拍,双脚越竿、原地各跳 1 拍,双脚原地跳 1 拍。

C. 分腿跳(以二合一开为例)

双脚跳进 1 拍,双脚分腿原地跳起 1 拍,左脚越竿跳进 1 拍。

③4 拍跳法

A. 踢腿跳

双脚跳进 1 拍,原地右踢腿跳 1 拍,双脚越竿跳进 1 拍,原地左踢腿跳 1 拍。

B. 脚跟点地跳

双脚跳进 1 拍,右脚原地跳。1 拍同时右脚跟右前点地,上身右倾。双脚越竿跳进 1 拍,左脚原地跳 1 拍同时左脚跟左前点地,上身左倾。

④7 拍跳法

以开合—合开开合为例:左脚跳进 1 拍,右脚越竿跳进 1 拍。左脚跳进 1 拍,右脚越竿后跳 1 拍。左脚原地跳 1 拍同时右脚尖越竿点地收回。右脚越竿后跳 1 拍,右脚原地跳 1 拍。

⑤集体跳法

A. 纵向排列式

队员成一路纵队排好,先由排头者跳出,然后后面的队员一个接一个地整齐跳出,出竿亮相后转身在竿外依次排回队尾。

B. 并排式

并排式是以 2 人、3 人、4 人等形式手牵手同时跳进,跳的过程中可牵手向前摆,也可举于头上左右摇摆。

参考文献

[1]周之华．中华民族传统体育文化概论[M]．北京:北京体育大学出版社,2016.

[2]佟贵锋,杨树叶．民族传统体育与文化[M]．大连:大连理工大学出版社,2015.

[3]李武绪．民族传统体育文化创新研究[M]．北京:光明日报出版社,2015.

[4]王岗,王铁新．民族传统体育发展的文化审视[M]．北京:北京体育大学出版社,2005.

[5]邱丕相,蔡仲林．传统体育养生教程[M]．北京:高等教育出版社,2011.

[6]刘少英．民族传统体育学[M]．北京:民族出版社,2011.

[7]邱丕相．民族传统体育概论[M]．北京:高等教育出版社,2008.

[8]王岗．民族传统体育与文化自尊[M]．北京:北京体育大学出版社,2007.

[9]冯国超．中国传统体育[M]．北京:首都师范大学出版社,2007.

[10]芦平生．民族传统体育研究[M]．兰州:甘肃教育出版社,2002.

[11]王英．民族传统体育文化研究[M]．西安:西安地图出版社,2008.

[12]姚重军．少数民族传统体育文化研究[M]．北京:民族出版社,2004.

[13]韦晓康,张延庆．少数民族传统体育与文化传承[M]．北京:中央民族大学出版社,2009.

[14]贾亮,黎桂华,金龙．武术传统文化与实用套路解析[M]．北京:中国商务出版社,2008.

[15]张选惠．民族传统体育概论[M]．北京:人民体育出版社,2004.

[16]卢红梅．中华传统体育养生概论[M]．长春:吉林大学出版社,2009.

[17]蔡龙云．武术运动基本训练[M]．北京:人民体育出版社,2013.

[18]蔡仲林等．武术[M].北京:高等教育出版社,2005.

[19]国际武术联合会审定．棍术[M].北京:人民体育出版社,2013.

[20]国家体育总局武术研究院．剑术[M].北京:高等教育出版社,2010.

[21]孙永武．太极拳——运动健身丛书[M].福州:福建科技出版社,2013.

[22]王智慧．散打技术与实战训练[M].北京:人民体育出版社,2012.

[23]国家体育总局健身气功管理中心．健身气功·十二段锦[M].北京:人民体育出版社,2009.

[24]国家体育总局健身气功管理中心．健身气功:易筋经、五禽戏、六字诀、八段锦[M].北京:人民体育出版社,2005.

[25]周庆海．传统养生功法[M].北京:化学工业出版社,2011.

[26]北京市民族传统体育协会．民族传统体育100例[M].北京:北京体育大学出版社,2006.

[27]曲小锋,罗平,白永恒．民族传统体育研究[M].北京:中国商务出版社,2007.

[28]尹海立．传统体育养生方法导论[M].北京:高等教育出版社,2008.

[29]宋加华,崔素珍等．民族传统体育保健学[M].北京:民族出版社,2002.

[30]龚耘．龙狮文化与龙狮运动[M].武汉:湖北人民出版社,2010.

[31]毛骥．全球化浪潮下民族传统体育的生存与发展之道[J].贵州民族学院学报(哲学社会科学版),2003(4).

[32]杜炳辉．高校民族传统体育项目的发展现状研究[J].体育世界,2011(5).

[33]李荣芝,虞重干．体育全球化与中国民族传统体育传承研究[J].体育文化导刊,2007(4).